西方文明中的法治和人權

陳弘毅 著

商務印書館

西方文明中的法治和人權

作　　者：陳弘毅

責任編輯：蔡柷音

出　　版：商務印書館（香港）有限公司

　　　　　香港筲箕灣耀興道 3 號東滙廣場 8 樓

　　　　　http://www.commercialpress.com.hk

發　　行：香港聯合書刊物流有限公司

　　　　　香港新界大埔汀麗路 36 號中華商務印刷大廈 3 字樓

印　　刷：陽光印刷製本廠有限公司

　　　　　香港柴灣安業街 3 號新藝工業大廈 6 字樓 G 及 H 座

版　　次：2013 年 4 月第 1 版第 1 次印刷

　　　　　© 2013 商務印書館（香港）有限公司

　　　　　ISBN 978 962 07 6506 3

　　　　　Printed in Hong Kong

自　序

　　正如現代科學一樣，現代法治和人權的思想和實踐是文明的成果，是寶貴的精神財富，也是人類文明的共同遺產，具有普世價值和普適性。正如二十世紀大儒牟宗三先生曾經指出，雖然以法治和人權為基礎的現代政治理念和體制“先發自於西方，但是只要它一旦出現，它就沒有地方性，只要它是個真理，它就有普遍性，只要有普遍性，任何一個民族都該承認它。中國的老名詞是王道、藏天下於天下，新名詞則是開放的社會，民主政治，所以，這是個共同的理想。故而民主政治先發自於西方，但我們也應該根據我們生命的要求，把它實現出來，這就是新外王[1]的中心工作。”[2]

　　本書所探討的便是“先發自於西方”的法治和人權，所以書名是《西方文明中的法治和人權》。法律和權利的理念是如何在古代的西方文明裏萌芽的？現代的西方文明是如何把法治和人權保障發揚光大和付諸實踐的？法治和人權的理念和制度保障的歷史發展，是否可理解為人類文明的成就和人類在歷史中試錯、累積和總結經驗、反省、學習和進步的表現？作為二十一世紀的中國人，面對來自西方的法治和人權思想，我們應該如何自處？這些都是我希望在本書中與讀者一起思考的課題。

　　十分感謝商務印書館的陸國燊博士建議把我關於這方面的文章結集成本書，以配合和補充同時期由商務印書館替我出版的《法治、人權與民主憲政的理想》和《中國傳統文化與現代民主憲政》兩書。也十分感謝商務印書館的其他同事，包括符俊傑先生、張宇程先生、蔡枳音小姐、楊安兒小姐、馬穎妍小姐和張元小姐，他們都投入了認真和專業的工作。我把這三本書獻給所有關心祖國的法治、人權和民主憲政進程的香港市民，並向他們致敬。

陳弘毅
香港大學法律學院
2012 年聖誕節

註釋

1　儒家傳統中有所謂 "內聖外王" 之說，"內聖" 是指內在心性修養為聖人，"外王" 是指外在建功立業，成就正義仁愛的王道，牟宗三先生的 "新王道" 的提法由此而來。

2　牟宗三：《治道與政道》（台北：台灣學生書店，1996 年增訂新版），"新版序"，第 21 頁。

目　錄

第一章 文明與法治

⚖ 西方法律政治史上的私法與公法

在西方政治和社會思想史上，"公"（public）和"私"（private）這對概念原來是法律上的概念，可追溯至古羅馬法。[1] 根據查士丁尼大帝（Justinian）時期編纂的《羅馬法大全》（*Corpus Juris Civilis*）中〈學說匯纂〉（Digest）的記載，羅馬法學家烏爾比安（Ulpian）曾指出："公法（jus publicum）是關於羅馬國家的規定，私法（jus privatum）是關於個人利益的規定。"[2] 這部《大全》中權威性的〈法學階梯〉（Institutes）一開始也對公法和私法作了同樣的劃分。[3] 具體來說，羅馬法中的公法，主要是關於政府的組織、行政和司法機關的運作、國家宗教祭儀等活動及刑事事務。私法方面，則包括關於人身關係、家庭、繼承、財產、合同、侵權等方面的法律。[4] 相對來說，羅馬帝國的私法比公法發達得多，例如《查士丁尼法典》（*Justinian's Code*）中，前九卷都是私法，最後三卷才是公法。[5] 羅馬法學家的研究物件也集中在私法問題上，所以在〈學說匯纂〉的 50 卷中，關於公法的文摘只見於第一卷和最後一卷。[6]

公法與私法

關於古羅馬法中公法和私法的區分，當代著名法學家達維（Rene David）和布賴爾利（John E.C.Brierley）曾評論："羅馬法提出了公法和私法的劃分，但這樣做的目的在於撇開公法 —— 如果真的存在了公法的話。換句話說，法學家們謹小慎微地避開了這個危險的禁區。"[7]

在帝國時期羅馬是帝王專制統治的政體，皇帝的敕令便是法律，法律並不約束統治者或限制其權力。[8] 在一個由統治者壟斷，並使用武力以強制執行其意願的國家（State）裏，法律是統治的工具，一方面用來解決人民之間的糾紛，另一方面懲罰危害社會治安或政權的犯罪分子，而統治者本身則不受法律約束，這種情況在人類文明史中可算是常規（現代的法治主義和民主憲政則是例外情況）。從法制的實際運作角度來看，羅馬法並未突破這一常規。

法律是公義之學

但從思想、概念和哲學的層面看，羅馬法學卻是人類法律文明史上的一個重大突破。古希臘哲學家曾熱心探討公義（justice，或譯作"公道"或"正義"）的問題。羅馬法學家繼承和發揚了這個傳統，認為法律就是講公義之學，法律是鑒別某事情是否公道的標準。[9] 在古希臘哲學的斯多噶派（Stoics）的"自然法"思想影響下，著名的羅馬法學家西塞羅（Cicero）寫道：

"真正的法律，乃是與大自然相符合的正理；它是普遍適用的，不變而永存的；它以它的命令召喚人們負責盡職，以它的禁制防止人們為非作歹……試圖更改這種法律，乃是一種罪過；企圖廢除它的任何一個部分，也是不被容許的……在羅馬和雅典不會有不同的兩套法律，在現在與未來亦復如是，一種永恆不變的法律將適用於一切民族與一切時代……"[10]

羅馬世界裏的職業法學家從事的是法律諮詢和著述工作，在他們眼中，法律不只是一種統治工具，更是公義的體現；公義蘊藏在自然世界中，是客觀存在的，人類可以憑其理性思維追尋它、探索它、實現它。而系統完整、條理分明、思維嚴謹、分析精密的羅馬法，尤其是後來在帝國時期適用於羅馬管轄範圍內的各地方、各民族的"萬民法"（jus gentium），可算是這自然法的體現。因此**法律是莊嚴的、偉大的、值得尊敬的，它的權威並不來自它的暴力強制性，而來自它的理性、正義性**。[11] 這整個系統，便是古羅馬文明遺留給人類的其中一項寶貴的文化遺產。

傳承至今的法律體制

西羅馬帝國覆亡後，西歐經歷了數世紀的"黑暗時代"，穩定的政治和法律秩序不復存在。現代西方法律文明的起點，可追溯到 11、12 世紀時期古羅馬法的研究在西歐學術上的復興。[12] 中世紀的歐洲大學所教授和鑽研的主要學科中，法學佔有重要的位置 —— 包括《羅馬法大全》和以古羅馬法的架構為模式建立的教會法（尤其是《教規大全》，*Corpus Juris Canonici*）。[13] 在案件的審理上，羅馬法的原理也漸漸開始被應用，於是羅馬法聯同教會法、日爾曼的習俗、封建法、地方習慣法、新興城市的城市法和商法、新興國家君主的國家法（王法），開始塑造這個一直伸延到今天的羅馬日爾曼法系傳統，又稱大陸法系或民法法系（civil law family），其中尤以羅馬法的影響最為深遠。[14]

中世紀時期，歐洲大陸鑽研古羅馬法的學者，人才輩出，一代一代的學者把研究推展下去。首先是註釋法學家學派（glossators）（西元 11 世紀末至 13 世紀中葉），然後是評論法學家學派（commentators，又稱 postglossators）（13 世紀後期至 15 世紀），還有人文主義法學派（legal humanism）（16 世紀）和自然法學派（natural law school）（17、18 世紀）。[15] 中世紀學者就古羅馬法的研究，集中在私法方面，[16] 對於他們來說，羅馬法便是關於個人之間，關於人身、家庭、財產、合同、侵權等問題的法律規則。羅馬法的偉大、羅馬法的智慧，在於它指出了自然中關於如何公道地處理這些問題的真理，這些真理是憑理性思維發現的，是四海皆準的。[17]

中世紀中期羅馬私法的復興，有其社會和經濟的基礎。經過多個世紀的蠻族入侵、動盪和混亂後，歐洲社會開始穩定下來，商業、海上貿易和手工業迅速發展，市場、城市、商人和市民階級開始興起。[18] 正如古羅馬法適應了帝國統治那遼闊的地中海地區上，貿易和商品經濟的需要，在中世紀中期，古羅馬法的復興也是與再次興起的商業文明互為因果的。[19]

中世紀的歐洲歷史發展趨勢，除了商業的復興外，另一條主線便是以民族為單位的國家興起。政治權力較集中於帝王的制度，逐漸取代原來的權力高度分散的、多元的、地方性的封建制度。在這方面，復興中的古羅馬法也扮演了一定的角色。雖然正如上面所述，羅馬法中的私法遠較公法發達，但羅馬人在區分公法與私法的同時，強調了羅馬國家和帝王的權威與至上，羅馬統治者的權力，凌駕於私人關係之上。從這個角度看，羅馬法（公法部分）中關於政府的地位、權威和權力的概念，是有利於中世紀新興君主政體的統治權力的鞏固和合法化的。[20]

從帝王專政到憲治觀念

但正如上面提到，**羅馬帝國時期的皇權是近於絕對和無限的，不受任何更高的成文法所約束，而現代西方公法的基礎，卻是以法律（包**

括憲法）限制統治者的權力及規範其行使的這個原則。從羅馬的帝王觀念到現代的憲治觀念的過渡或躍進，是怎樣達到的呢？在這方面，我們要看看歐洲從中世紀進入近代史時的政治和思想發展。

首先，古希臘羅馬時代開始萌芽的"自然法"概念，與中世紀的基督教思想融合，成為一套更完整的學說。例如在中世紀最偉大的神學家湯瑪斯・阿奎那（St Thomas Aquinas）的思想體系裏，便有"永恆法"（eternal law）（神所訂立的法則）、"神聖法"（divine law）（人透過神的啟示而得以認識的）、"自然法"（natural law）（人的理性思維能夠發現的法律真理）和"人間法"（human law）（人自己制定的法律）等四個層次的法律概念。[21] 即使在中世紀晚期專制君主和國家主權思想崛起的時代，一般的意見仍認為一個本身享有立法權力的君主，仍須受更高的神聖法和自然法所約束。[22] 舉例來說，他不可無理地、任意地侵犯其子民的財產權，因為財產權被認為是自然法所認可的。[23]

其次，中世紀中期政治和經濟權力分散於君王、貴族地主、教會和城市市民階級的情況，對後來君主國家政體興起時，權力再集中的過程構成各種阻力，使近代歐洲各民族國家的中央政府集權的程度，低於世界其他文明的王國或帝國。國家內各種社會和思想力量的互相牽制、抗衡、結盟或競逐，形成了一種獨特的局面，於是只有有限權力的君主政體，逐步出現。例如英國 13 世紀的《大憲章》（1215 年）和 17 世紀革命產生的著名《權利請願書》（1628 年）和《權利法案》（1689 年），便是這種權力鬥爭過程中用法律文件的形式固定下來的成果。這些法律文獻，對國王的權力作出了限制，保障了其他社會力量的權益。[24]

第三，宗教改革時期關於宗教團體組織的理論和實踐，對近代西方民主政治的發展，也有一定的貢獻。一些新教教徒相信，教會管理層的成員，應由信徒選舉產生，後來這原則引申至社會的政治架構。在這方面，最著名的例子是 1620 年一羣百多位的英國清教徒在移民北美洲途中，在船上以全體成員簽署文件的形式，訂立了《五月花公約》（Mayflower Pact）（"五月花" 是他們所乘的船隻名稱），作為他們將在美洲建立的新社會約法，[25] 這約章是依照當時教社的教約（covenant）而訂立的。教約是教社成立的基礎，基於其成員的同意，具有契約的性質。

第四，西方近代國家的政治和公法的理論依據趨向成熟的階段，便是 17 世紀英國的霍布斯、洛克的關於 "社會契約" 和 "自然權利" 的概念，及 18 世紀法國啟蒙運動中孟德斯鳩、盧梭等關於 "分權制衡"、"主權在民"、法律作為 "總體意志"（general will，或譯作 "公意" 或 "共同意志"）的體現等原則。最清晰地表達這些思想的，是美國的《獨立宣言》（1776 年）和法國大革命時期訂定的《人和公民權利宣言》（1789年）。人權、自由、法治、憲政、分權、民主、議會享有立法權並由人民選舉產生、法律之下人人平等、司法獨立，所有這些現代西方政治和公法的基本概念和原則，都是這個啟蒙時代的產物。[26]

形成明確的公私法

在 19 世紀的歐洲，私法和公法都有突飛猛進的發展，各自形成了明確、完整的秩序和體系。在私法方面，在 1804 年制定的《法國民法典》（又稱《拿破崙法典》）是《羅馬法大全》以來最具影響力和被認為是最偉大的私法法律文獻，它以法典的形式，把私法中所有基本概念和主要規則，很有條理和邏輯地表達為精簡的法律條文。繼法國之後，其他歐洲大陸國家也相繼制定類似的民法典及關於其他法律部門的法典。[27]

　　在公法方面，繼美國和法國在 18 世紀末期首先訂立了成文憲法後，在 19 世紀，憲政主義和立憲運動席捲歐洲各國。[28] 它們都制定了憲法（大部分採用君主立憲的模式），以法律條文來界定政府的結構和它與公民的關係，法律既賦予政府權力，也限制這權力的運用，於是政府的權力置諸法律和獨立的司法機關的控制下。這種對統治者的行為和其手中強制性權力的"馴服化"，對人類文明史上不斷出現的專制、專政和暴政的防範，確是西方法律文明（在公法方面）的偉大成就。

現代公私法的定義

　　我們現在所理解的公法和私法的分野，也是在 19 世紀的歐洲大陸形成的。它的思想背景，不單包括啟蒙時代的政治思潮，也包括亞當史密斯創立的古典政治經濟學。[29] 根據該經濟學，個人在市場上自由地以平等主體的身分進行交易，不但滿足了他們個人的利益，也透過市場、價格、競爭等機制（所謂"無形之手"）促進了社會整體的利益，使資源的運用達到生產上的效益和分配上的效益。在模式中，政府的角色在於（也僅在於）維持治安、組織國防、保障產權、執行私人間訂立的合同（契約）及提供私人企業沒有興趣供應的"公共品"（public goods）。

　　在這一構想的影響下，私法的領域，便是市場經濟和公民社會（即非由國家政府控制的團體或個人的活動）；公法的領域，則是國家和政府。公法規定政府的組織，規範它的運作，從而保障各種人權和產權。而私法的基本原則，則包括私人間訂立契約（合同）的自由，財產權益不容侵犯，侵權行為所引致的法律責任決定於過失（疏忽）的存在等。[30] 私法是關於平等的主體，以自己自由意願所創設的法律權利和義務關係，而公法則是關於統治與服從的從上而下的權威行使，公法的規範有它的強制性，國民沒有選擇餘地，必須遵守。私法的目的，是保障私人的利益；公法則保障公共的、集體的、社會的利益。[31]

私法的公法化

但到了 20 世紀，法學界漸漸達成一種共識，便是認為現代法律發展的大趨勢，是 "私法的公法化"，[32] 私法和公法的界限變得模糊。越來越多具體情況，同時涉及公法（如刑法、行政法）和私法（如合同法、侵權法）的規範和法律後果，越來越多新興的法律部門（如勞動法、反壟斷法、城市規劃法、證券法、環境保護法等等），同時具有公法和私法的性質。這種法律發展方向的原因是多方面的。例如政制的進一步民主化（享有普選權的社會階層逐步擴大），使政府面臨壓力，要求它干預或參與市場的運作，以促進一些原本處於不利地位的階層的利益。在社會主義思潮的影響下，國家為人民提供各種社會保障和服務，"福利國家" 因而誕生。資本主義的性質也在改變，大型股份企業和大型工會的出現，使政府需要立法去規定它們的結構和相互的關係。此外，現代科技日新月異，需要政府立例管制以保障公共利益和安全的事項亦越來越多。

總括來說，我們回顧西方法律政治史後，或許可以就私法和公法的問題觀察到以下幾點：

（1）私法比公法容易發展，這是不難理解的。在一個以國家（State）形式出現的社會裏，統治者採用私法去解決其子民之間的糾紛，審判他們之間的訴訟，調整他們之間的關係，這種活動並不直接涉及統治者自身的利益。公法則有約束統治者、規限他們權力的傾向，所以統治者沒有明顯的理由去大力發展公法。

（2）從西方法律史看，私法的發達在時間上遠遠早於公法，這似乎是歷史的事實。上述第一點可能是解釋這事實的其中一個理由。

（3）私法的原則被認為是蘊藏於自然世界中關於公義的真理，人類可憑理性思維去理解它、發現它，這種從古羅馬時代一直延續至中世紀，以至近代西方的思想，大大增強了法律在西方社會（相對於例如中國傳統社會）的尊嚴和權威。

（4）私法的概念對後來公法的發展有一定的貢獻，“社會契約”的構想便是一個很好的例子。[33] 契約原是私法的概念，由兩個個人互相同意向對方承擔義務，並賦予對方權利而產生的。契約對雙方都有約束力，如其中一方悔約，對方便不再受契約約束。社會契約的理念是與此平行的：眾多的個人為謀求他們的共同利益，更有效地保障他們的權利，而締結社會契約；成立政府，政府有義務保障人權，如政府違反這義務，人民有權不再接受它的管治。

（5）像羅馬法這樣高度發達的私法出現，以至私法發展有助於後來的公法發展，這兩點似乎都不可算是歷史的必然發展方向，而是有高度的偶然性。例如古希臘羅馬的民族性格和獨特的推理思維方式，是古羅馬法高度發達的其中一個主要因素〔我們在其他古文明裏並未找到類似的法律（私法）體系〕。又例如近代西方公法和法治、人權等理論和實踐上的突破，也不是由於私法發達的自然結果，而有其獨特的、可說是偶然性的政治、經濟、宗教以至地理的因素。私法的發達可能是後來公法發展的必須條件，但決不是足夠的條件。

（6）當代公法和私法互相滲透和融合的趨勢，或許可理解為啟蒙運動的深化。啟蒙的意義，主要是人類憑其理性思維，對其身處的社會狀況進行批判性的反思，從而謀求建立一個更公道合理的社會，人類能更幸福地生活的社會。啟蒙時代、法國大革命時代的要求，是政治權力必須受到公眾的控制，政治權力的行使必須合理化。20 世紀的社會主義、福利主義以至各種爭取人權的運動所要求的，是各式各樣的權力（不單是正式的國家政治權力）應置諸大眾監督之下，也應合理化，而私法的公法化可以說是這過程在法律層面的反映。

註釋

1　Norberto Bobbio (author), Peter Kennealy (translator), *Democracy and Dictatorship,* (Cambridge, Polity Press, 1989), p1.

2　江平、米健：《羅馬法基礎》（北京：中國政法大學出版社，1991 年修訂本），頁 9。

3　陳盛清主編：《外國法制史》（北京：北京大學出版社，1987 年第二版），頁 64。

4　江平、米健：同註 2。

5　沈宗靈：《比較法總論》（北京：北京大學出版社，1987 年），頁 68-69。

6　同註 5，頁 94。關於刑法方面，比較法學家達維和布賴爾利都指出，羅馬法中刑法的發展是相對落後的：參見 Rene David and John E.C.Brierley, *Major Legal Systems in the World Today*, (London, Stevens and Sons, 1985 3rd edition), p48。

7　沈宗靈，同註 5，頁 95。

8　Bobbio，同註 1，頁 11。作者指出，根據羅馬法的原則："當人民把原屬於他們的權力授予君主後，凡是君主所訂立的便是法律。"

9　鄒文海：《西洋政治思想史稿》（台北：三民書局），頁 131-136。

10　A.P.D'Entreves 著，李日章譯：《自然法 —— 法律哲學導論》（台北，聯經出版事業公司，1984 年），頁 15。原文來自西塞羅所著的《共和國》（*De Republica*）。

11　W.Friedmann, *Legal Theory*, (London, Stevens and Sons, 1967 5th edition), pp101-103.

12　M.A.Glendon 等著，米健等譯：《比較法律傳統》（北京：中國政法大學出版社，1993 年），頁 15-17；Konrad Zweigert 等著，潘漢典等譯：《比較法總論》（貴陽：貴州人民出版社，1992 年），頁 145；江平、米健，同註 2，頁 42-43。

13　沈宗靈，同註 5，頁 78；李日章譯，同註 10，頁 29；Friedmann，同註 11，頁 108。

14　參見米健等譯，同註 12，第一章。

15　O.F.Robinson et al., *An Introduction to European Legal History*,(Abingdon,Oxon.,Professional Books Limited, 1985)，chapters 3,4, 10, 13, 15.

16　沈宗靈，同註 5，頁 68；Bobbio，同註 1，頁 10。

17　Bobbio，同註 1，頁 10；David and Brierley，同註 6，頁 46-47。

18　R.C.van Caenegem (author), D.E.L.Johnston (translator), *An Historical Introduction to Private Law*, (Cambridge,Cambridge University Press,1992), pp30-33.

19　沈宗靈，同註 5，頁 70-71；Anthony Giddens, *The Nation State and Violence*, (Cambridge, Polity Press, 1985), pp99-100.

20　Bobbio，同註 1，頁 11-15；Gianfranco Poggi, *The State Its Nature, Development and Prospects*, (Cambridge, Polity Press, 1990),pp43-45.

21　王哲：《西方政治法律學説史》（北京：北京大學出版社，1988 年），頁 78-81；J.W.Harris, *Legal Philosophies*, (London,Butterworths,1980), pp8-9.

22　Norberto Bobbio (author), Poger Griffin (translator), *The Future of Democracy*,(Cambridge, Polity Press,1987), p146.

23 Bobbio，同註 1，頁 12-13；Poggi，同註 20，頁 45；S.E.Finer,"Problems of the Liberal Democractic State: An Historical Overview", *Government and Opposition*, vol. 25 no. 3, 1990, pp334-358, 336.

24 左路生：《比較憲法》（台北：正中書局，1964 年），頁 4-8。

25 錢端升：《錢端升學術論著自選集》（北京：北京師範學院出版社，1991 年），頁 134。

26 沈宗靈，同註 5，頁 79-82；David and Brierley，同註 6，頁 63、82、87-88。

27 江平、米健，同註 2，頁 47-49；潘漢典等譯，同註 12，第 8 章。

28 左路生，同註 24，頁 14。

29 Bobbio，同註 1，頁 4。

30 沈宗靈，同註 5，頁 81；江平、米健，同註 2，頁 49-51。

31 美濃部達吉著，黃馮明譯：《公法與私法》（台北：台灣商務印書館，1966 年），第 1、2 章。

32 美濃部達吉著，同註 31，第 3 章第 6 節；沈宗靈，同註 5，頁 97-99。

33 Bobbio，同註 1，頁 12；Friedmann，同註 11，第 11 章。

⚖ 權利的興起：
對三大文明的比較研究

　　關於個人享有各種基本權利、侵犯這些權利是不道德行為和這些權利應當受到法律保護等概念，是現代西方文明的一個比較獨特的產物。它不存在於現代以前的各種社會的思想領域中，這些社會包括偉大的軸心期（Axial Age）的古希臘—羅馬世界文明、中世紀基督教文明及傳統的中華文明。本文力求探討和比較上述三大文明中，有關個人權利概念的道德面貌、政治與法律結構的各個方面，並試圖對現代情況下的"權利"現象，提供一種解釋。

　　關於"正義"、"公正的做法"或"正當的做法"的詞語和表述，存在於許多古代和現代的語言中，但"權利"（Right 或 rights）這個詞卻是比較現代的用語。[1]它被引進到歐洲的語言中是由於拉丁語詞"ius"（"jus"）在用法上變化的結果，這種變化發生在 14 世紀和 15 世紀。[2]"ius"這個詞獲得了它在古典時期所沒有的更多含義，即人類有一種固有的特性，按照這種特性，一個人應當擁有某些東西，能夠做某些事情，或應當不受某些干預，這乃是正確的和公正的。[3]在談論在對待某人時"甚麼是正當的"（或"甚麼是公正的"）與談論"一個人享有甚麼權利"之間的不同之處似乎是，在前一種情況下，我們關注的是從全面的或整體的觀點，從社會、社會秩序或從一種超然的道德秩序觀點，來看待正當和公正；而在後一種情況下，我們是從有關的個人自己觀點來談論甚麼是公正。[4]關於"權利"這詞彙的實用意義是，**權利**

能夠使個人（和集體）要求某些利益和權益，並聲稱這是他們應當得到的，並給這些聲稱賦予道德的合法性。[5]權利是一種特別有力的表達方式，它表達的是尊重個人，尊重他的尊嚴和價值，以及尊重他作為自主的道德主體的地位。[6]

中國傳統文化沒有個人權利概念

傳統的中國文明被作為國家意識形態的儒家思想或儒教統治了二千多年。這種文化的道德結構的核心是家庭倫理。社會被看成是一個大家庭。皇帝被認為是天子，奉天命進行統治。儒教的道德理論期望他關心臣民，就像父親關心子女一樣。官員們被稱為"父母官"。[7]在中國的傳統思想中，不存在關於個人及其權利的概念。[8]沒有把人看成是一個抽象的和自主的實體，即可以擁有權利的個人。在中國傳統思想中，個人是用他在其中生活的社會人際或人倫關係來定義的，[9]人性的實現是完成與個人擔任的社會角色相聯繫的道德義務，[10]不存在純粹的個人——只有兒子、女兒、父親、丈夫、妻子、臣民、統治者、官員等等。[11]因此，被強調的是人的社會性質。[12]人無法擺脫紛繁複雜的人際關係，而且隨時隨地被這些關係所包圍，而社會只不過是家庭關係和其他人際關係的網絡。[13]儒家宣揚仁，仁應當從一個人的家庭成員和親屬開始，然後擴展到其他的人際關係。[14]

人倫確立社會秩序基礎

在這個道德領域裏，有五種主要的關係：君臣、父子、兄弟、夫婦、朋友。其中三種關係是家庭成員之間的關係，另外兩種也被認為是按照家庭關係的模式建立的。[15]這些關係包括相互的在道德上的期望[16]

以及（在前四種關係中產生的）權威、服從和依附，它們構成了等級制度的社會秩序和政治秩序的基礎。[17] 關於遵"禮"行事的社會壓力，保證人們的舉止要循規蹈矩，"禮"是禮貌、禮儀、儀典和儀式的傳統的習慣性規範，它表達的是與各種社會角色和人際關係相聯繫的要求和期望。[18] 一般認為，"禮"是進行道德上的自我修養、人性的培育以及達到社會和諧的手段。[19] 統治者被指望去教導人們遵守這些道德規範，而他們自己則應以身作則，作為倫理的模範。[20] 這裏提倡的主要美德包括對統治者的忠誠（忠）和對父母的孝順（孝）。[21]

天人合一的和諧觀

　　家庭和人際關係的倫理居於主導地位，顯然是中國文明最突出的特點之一。[22] 個人對家庭的依附導致缺乏一種自主的、自立的和擁有權利的個人概念。[23] 中國文化的泛道德主義傾向，與社會和諧的至高無上價值以及與天人合一思想 [24] 結合在一起，也阻礙了任何權利觀念的出現。儒家的道德思想對"義"（正當或正義）和"利"（收益或利益）作了嚴格的區分。[25] 人應按照自己對社會關係中的另一方（例如一個家庭成員）所負的責任行事，而不顧自身的利益（這種利益被認為是私利），並以自我犧牲的精神對待他人。任何關於自身利益（"權利"）的主張都是道德上可疑的和缺乏正當性的，[26] 因為一個有良好道德的人是不自私的人，他關心他人比關心自己為重，而且他是禮讓的 —— 即在他的利益與別人的利益出現衝突時，他願意放棄自己的利益（"讓"）、妥協和作出讓步。[27] 因此，不鼓勵以訴訟作為解決爭端的方法，寧願調解和在法庭外解決，並認為這樣有利於社會和諧。[28] 關於個人權利的概念（從在利益互相衝突的情況下，把自身利益作為正當主張提出的意義

上看）是與道德上的理想主義格格不入的，這種理想主義支持一個由
人際關係網絡構成的“以誠信和道義為組織基礎的社羣”，其特點是大
家有共同的價值觀念、自我克制、相互尊重和團結的意識。[29]

中國重道德，古希臘重城邦

中國人和古代希臘人的世界觀有某些相似之處，[30]這些相似之處也
許使它們彼此更為接近，不像古典的和現代的西方文明之間那樣，存
在着意識形態的或象徵性的秩序上的巨大差距。和中國人一樣，希臘
人也認為社會等級制度是順乎自然的；認為人類的社會秩序是宇宙自
然秩序的一個組成部分；認為人格在於道德成長和人性發展；認為培
養美德和發揚人性的優點重於追逐物質利益；認為責任優先於權利，
以及認為個人應服從一個較大的社會羣體和它的權威、要求和目標。
正如上文提到，對中國人而言，個人不被認為是抽象的孤立體，而是
一個社會的存在。在古典的希臘，人被認為是社會的和政治的動物。
**家庭是中國傳統的道德和政治思想的焦點，古希臘思想更為關注的卻
是城邦。**這裏也不存在作為最小單位的自立自主的個人，參與城邦的
共同生活就是人性本質的一部分。

如果説在中國人的思想中，家庭和人際關係是自我實現的手段，
那麼在古典的希臘哲學中，城邦的公民身分就是相應的手段。城邦中
的公民生活包括民主參與和自治，共和制度和法治提供了創造美好生
活的環境。公民被期望為城邦的共同利益而獻身和致力。在為城邦的
生存或榮譽而戰時的勇敢和自我犧牲，是至高無上的美德。當一個人
在其公民同胞的心目中贏得了榮譽和尊敬，並受到城邦的集體銘記
時，他就實現了生命的意義。

正義與個人權利

在古典的希臘文中，沒有一個字眼表達關於一項或多項"權利"[31]的概念，儘管希臘哲學對正義問題進行了大量的探討，例如：甚麼是公正，甚麼是正當等。"正義"是一個多維的概念，它包括服從法律、建立好的社會秩序，和在利益互相衝突的情況下，給與每個人應得的份額。[32]可以論證的是，希臘思想中提到正義的上述最後一種意義，替以後的羅馬法學發展鋪平了道路，而羅馬法學又給現代的權利概念提供了思想基礎。在古典的希臘文中，同一個詞語可以用來表達"正義"、"法官"和"直線"。[33]當有互相衝突的不同主張出現，而引起訴訟或可能引起訴訟的情況下，給與每個人以他應得的份額這一概念，預示人們關於自身利益的某些主張可能是正當的；而且可能值得給予法律上和司法上的承認。[34]因此，這就暗含有關於權利的概念。這一思想模式與中國傳統模式恰恰相反，後者視對簿公堂為可恥之事，並且認為任何堅持一己私利的行為在道德上都是可疑的。

古典的羅馬法學中，最著名和最有影響的說法之一是，"正義"（iustitia）就是持續而經久地決意使每個人得到"公正"（ius）。[35]在這裏，"公正"可以翻譯為"他的份額"、"他值得得到的東西"，或"他應該得到的東西"。正如本文前面提到，現代歐洲的權利概念源於中世紀對"ius"一詞的含義和用法的擴大和修改。在古典的拉丁語中，"ius"至少有 10 種含義，其中 4 種可以用於那些使用現代詞語"權利"的場合。[36]"ius"的主要含義是正當或公正。[37]法律的概念都可以用"ius"表達，法庭和判決也是如此。它還可以用來包羅我們關於"權利"和"義務"的概念。[38]拉丁語中沒有明確的對應於現代意義上的"權利"的概念，或至少沒有有效的語言手段用來集中表達這種概念。[39]此外，

無論是 "dominium"（拉丁文中的財產所有權）還是 "libertas"（拉丁文的自由）都不被認為是 "ius"。[40]

　　儘管沒有明確的權利概念和詞彙，羅馬世界的法律和正義，與現代世界的個人權利之間的差異，不像傳統中國秩序與後者之間的差異那樣大。其中主要的一點是，羅馬沒有籠統地從道德上貶低個人的物質私利，相反，羅馬的私法對契約和財產交易中出現的，各種各樣的私利性質、範圍和執行作了精闢的界定、說明和闡釋。由於權利是道德上合理並獲法律上承認的物質私利，羅馬法學含有有力而默示的對權利的肯定。在斯多葛派的影響下，有一種把 "ius gentium"（國際法，或適用於羅馬帝國統治下不同地區人民的法律）與 "ius naturale"（自然法）聯繫起來的傾向。此傾向認為關於正義的普遍原則，可由人類理性發現，並用於評價或形成實證法。此思想為以後的自然權利概念鋪平了道路。

　　現代西方文明的雙重來源是猶太—基督教傳統和希臘—羅馬遺產。後者特別是羅馬的法學，可以說有助現代權利的萌芽。然而我們應當指出的是，這兩種傳統在很多方面都處於緊張和敵對的狀態。關於權利作為對物質私利的正當主張的問題，耶穌的登山寶訓中的下列章節值得大家深思：

　　"如果你被控告，在法庭外就與對方和解……若有人掌摑你的右臉，連左臉也轉過來給他打吧。若有人控告你，要奪取你的襯衫，連外衣也給他。如果有人強迫你走一里路，你就走兩里。"

（《馬太福音》，第 5 章，第 25 節、39-41 節）

　　這段話使人不禁想起中國儒家對待和解、體諒、向別人讓步，而不堅持自己權利的態度。的確，它們反映出一條共同的路線，這條路線顯然貫串軸心期各種文明中，包括各種偉大的世界性宗教和哲學道德思想，例如：施惠要比受惠好；自我克制要比從他人身上謀利好；奉行利他主義要比奉行利己主義好。

法學思想與宗教

中世紀鼎盛時期的最高思想成就，是古典的希臘哲學和羅馬的法學思想，與基督教信仰的融合。亞里士多德用"目的論"解釋人類、社會和自然世界的框架，被賦予基督教的內容。拯救個人的靈魂被視為宇宙活動的主要目的。教會作為信徒的團體和拯救靈魂的工具，有着至高無上的重要性。然而，在維持法律和秩序上，政治體制也起了有益的作用。正如在希臘思想中那樣，政治體制，連同它的等級制度和人身依附的封建關係，被認為是自然的，符合人的本性和需要。它的存在被莊嚴地批准，而且它構成了更大的宇宙秩序的一部分。[41]

"個人"這個詞在中世紀時期是不存在的。[42] 然而，在中世紀世界的確存在一些概念和社會政治的因素，這些因素預示後來對權利的要求。首先，每個個人都有靈魂，它和任何別人的個人靈魂一樣具有無限的價值。這個信念為人的尊嚴和對人格的尊重提供了堅實的基礎。[43]第二，法治概念，包括神法和自然法，被堅持用來反對專橫獨斷的權力。[44] 第三，私有財產制度得到肯定，儘管只是作為對人類薄弱意志的一種讓步，需要以物質獎勵的形式來提供刺激。[45]（但應當指出，在這方面像儒教和其他世界性宗教一樣，中世紀基督教也輕視追逐物質利益的本身；貪婪是一種罪惡，放高利貸或在交易中謀取不合理利潤的行為會受到譴責。）第四，領主與部屬的關係具有契約性質，導致互相承擔義務和有所期待。第五，中世紀社會政治秩序的分散性和多樣化，使得各種不同的團體（例如教會、統治者、貴族、城鎮、行會等）為了維護或增進自身的利益，而不斷與其他團體進行談判或鬥爭。與傳統中國不一樣，沒有全面的政治或意識形態的力量，能夠有效和有力地把這種對權利和特權的要求，加以非法化和壓制。[46]

"權利"一詞的誕生

關於權利此現代詞彙的創造，可以溯源到一些中世紀的基督教思想家，特別是奧康姆的威廉（William of Ockham）[47]（在 14 世紀從事寫作）和熱爾松（Gerson）[48]（在 15 世紀早期從事寫作）。他們的做法是把拉丁語詞"ius"的用法加以修改，背景則是（由聖芳濟各會修士奉行的使徒貧窮原則發起的）關於財產的持有、使用和所有權的討論。[49]現代語言中關於權利的表述，在 17 世紀早期蘇亞雷斯（Saurez）和格勞秀斯（Grotius）的著作中更為明顯。[50]

在同一個世紀，思想家霍布斯和洛克發展了關於國家的社會契約論（social contract theory），這種理論的基礎就是個人有自我保護的權利（霍布斯語）或有生存、自由和財產的權利（洛克語）。從那時以後，在西方的道德和政治思想中，權利的論述佔據了主導的地位。[51]這種論述模式在今天仍有巨大的影響。在本文的餘下篇幅，我試圖從四方面去解釋權利的話語日趨重要的原因。

（1）正如上文指出，權利使人可以從個人的觀點討論正義問題。因此，它很符合現代世界的個人主義意識形態。人類學家路易‧迪蒙（Dumont）曾經仔細研究這種意識形態（即社會流行的思想和價值觀念）的性質，並跟各種傳統文明的意識形態比較。[52]他得出的結論是，現代西方文明的獨特之處在於，它把價值體系中最高的價值賦予個人：在別的文明裏，社區、社會秩序或整體，總是處於優先的地位。他追溯這種獨特的個人主義，原來源自基督教信仰。基督教信仰經歷了許多個世紀才孕育出現代個人主義意識形態。因為基督教徒個人原來是一個"超凡出世的"個人──基督的王國不在這個塵世上，基督教徒的注意力被引向另一個世界。然而，由於天主教會參與世俗政治，而且在後來的宗教改革運動的思想影響下，基督教徒也開始積極參與現實世界的事務，結果誕生了現代的個人主義。

（2）現代人優先考慮權利，而不是良好的道德品質或靈性願望，因為現代人生活在一個多種道德系統和宗教共存的世界，在這個世界裏，對於人生追求的價值、意義或目標，已不可能再有一致認同的看法。早期的權利理論者和社會契約論者生活在一個宗教鬥爭激烈的時代。[53] 在那個時代裏，由於統治者和臣民中不奉國教者對立，還有屬於不同教派人士（儘管都是基督教徒）之間的鬥爭，令社會秩序十分緊張。在這情況下，關於權利，特別是人身自我保存權利和信仰自由權利的理論，成為了社會秩序的穩定和不同信仰者的和平共存的基礎。[54] 在現代以前，在西方和中國傳統文明中，統治者（或者在西方的情況下是統治者和教會一起）一直有責任和權利，教導他們的臣民甚麼是生活的真諦，並引導他們走向美好生活或靈魂拯救的道路。權利論，特別是在思想和信仰自由上富革命性的、前所未有的權利論，令政治掌權者失去了宣告和宣傳善良和美好生活概念或理想的權威，並把他們的角色限於保護社會成員的人身安全。

（3）以權利為基礎的道德觀，最適合於一個已經歷了韋伯（Weber）所說的"覺醒"（或"解魅"）和"合理化"的世界，這個世界的文化是索羅金（Sorokin）描述的"可感知的"文化。索羅金把歷史上的文化形式分成三個層次[55]："想像的"（ideational）、"理想的"（idealistic）和"可感知的"（sensate）。其中理想的文化，是想像的文化和可感知的文化的混合物。在想像的文化中，最終現實和價值被理解為超然的神或來世的秩序，而使人類達到完美境界的途徑，在於道德和精神的訓練和培養，在於對神靈那神秘的感應，在於對同胞的愛、奉獻和團結。在可感知的文化中，所有的現實都是可以感覺得到的，即可以由我們的感官察覺到的。人類追求幸福，就是要滿足他們對於娛樂、舒適、財富、權力和地位的種種慾望。

哲學家 A・I・梅爾登（Melden）解釋説，[56] 在一個沒有權利語言的道德世界裏，對一個人施加的侵害行為，僅僅是違犯了上帝的戒律，違犯了神法或自然法，或者違犯了社區法；加害人對上帝負責，但不對受害人直接負責，也不需要請求受害人的寬恕。另一方面，如果侵害行為被認為是侵犯了受害人的權利的話，受害人作為道德主體的自主性和尊嚴就得到了確認。因此，梅氏認為開展關於權利的討論是一種進步。[57] 然而，現代權利的興起以及現代人越來越依賴權利的概念，來進行道德和政治的討論，也可能由於現代人心中已經不再存在一個他們共同接受的、以道德規範為基礎的超然秩序。由於從想像的文化已經轉變為可感知的文化，當一項侵害他人的行為發生時，唯一的現實就是危害了受害人（表述為侵犯了他的權利），而不再被描述為違犯那超然的秩序中的客觀規範。

（4）最後，鑒於財產權和契約權是現代權利思想中的基本權利，權利現象可被理解為，是從傳統社會過渡到市場資本主義的產物。"從身分過渡到契約"〔如梅因（Maine）所理解的〕，從禮俗社會過渡到法理社會〔如滕尼斯（Tönnies）所理解的〕[58]，從"機械的"到"有機的"團結〔如涂爾幹（Durkheim）所理解的〕，從"人身依附關係"到"建立在物質基礎上的人身獨立"〔見馬克思的《政治經濟學批判大綱（初稿）》〕，[59] 或者從以人與人的關係為主到以人與物的關係為主〔迪蒙（Dumont）指出的現代意識形態的三個組成部分之一〕[60]，在這種過渡中，那些把社會團結在一起的紐帶，在性質上發生了變化。傳統的社會通常是由共同的文化、宗教或等級制度的規範團結在一起的，在這種制度中，人們知道自己的地位和任務，能在世上安身立命，並與其所屬的社會成員團結共處。相比之下，現代世界是在市場協調生產、交換和消費的基礎上運作的，在這個世界裏，佔支配地位的是從功利主義出發，計較自身的利益和權利，而不是依附和獻身於一個社會集體。

因此，由於現代性與個人主義、多元主義、社會合理化和市場化之間有着密不可分的聯繫，而且由於權利觀念與上述現代性的四個因素中的每一個因素之間的聯繫，因而在現代，關於權利的論述是無法遏制的，而且幾乎是不可缺少的。從 17 世紀以來權利觀念的興起乃是歷史的必然，或者甚至是無法避免的，因為我們所理解的現代性需要它，而且依賴它。關於權利的論述是否會延續到後現代性時期，似乎取決於這種後現代性的性質，特別是取決於個人主義（相對於社羣主義）、多元主義（相對於重新出現的對"美善"或"超然秩序"的一致意見）、[61] "覺醒"（韋伯意義上的解魅）和市場資本主義（相對於某些其他形式的經濟組織）。

（本文原文為英文，由中國社會科學院法學研究所的周葉謙教授翻譯成中文，作者僅此致謝。）

註釋

1 阿拉斯代爾‧麥金太爾：《追求美德》*After Virtue*（Notre Dame:University of Notre Press, 1981），頁 65-67：“……英語中‘權利’之類的詞語和英語及其他語言中性質相同的術語，只是在語言史上較晚的時期，即中世紀將近結束時方才出現……直到中世紀即將結束時為止，在任何古代的或中世紀的語言中沒有任何詞語可以用我們的‘權利’詞語加以翻譯；在大約西元 1400 年以前，無論是古典的或中世紀的希伯來語、希臘語、拉丁語或阿拉伯語中都沒有任何表達‘權利’概念的方式，更不用説在英語和日語中，直到 19 世紀中葉還沒有這種方式。”

關於‘權利’一詞用作名詞時的語言學上的分析，見羅斯科‧龐德：《通過法律進行社會控制》*Social Control through Law*（Hamden,Conn:Archon Books,1968, 1942 1st edition），頁 87-91。

2 參見約翰‧芬尼斯：《自然法與自然權利》*Natural Law and Natural Right*（Oxford:Clarendon Press,1980），頁 206-210；

埃爾西‧L‧班德曼和伯特倫‧班德曼編輯的《生物倫理和人的權利》*Bioethics and Human Rights*（Boston:Little,Brown & Co, 1978），頁 44-50；

馬丁‧P‧戈爾丁（Martin P. Golding）：《權利概念：一個歷史的概述》中的歷史分析。

3 龐德，同註 1，頁 85；羅斯科‧龐德：《法律史闡釋》*Interpretations of Legal History*（Cambridge:Cambridge University Press, 1930, 1923 初版），頁 158；芬尼斯，同註 2，頁 206-207。

4 芬尼斯，同註 2，頁 205。

5 喬爾‧范伯格：〈權利的性質和價值〉，載註 2，班德曼所編書，頁 19-31。他指出，説某人對某物擁有權利，是指他可以把它作為他應得之物而要求得到它，或者他有理由聲稱它是他應得之物（頁 21），即他可以提出對它的正當要求，而把他人排除在外（頁 24）；“（權利的）典型運用和明顯地適於運用權利的事物，就是可以聲稱、要求、肯定、堅持擁有的事物”（頁 27）；“簡單的結論是：擁有某項權利，就是可以針對某人提出某種主張，根據某些管理規章或道德原則，要求該人承認這種主張是有效的”（頁 31）。

馬丁‧P‧戈爾丁：〈權利語言的意義〉，《哲學問題》（*Philosophical Topics*），第 18 卷第 1 期（1990），頁 53：“人們彼此針對對方提出的主張和要求，是理解權利概念的關鍵……權利被用來支持某種主張或要求。權利似乎是一支‘道德槍’，儘管不是一支有形的槍，是一種道德權力，儘管不是一種有形的權力，我們用它從道德上執行我們的主張”（頁 57）。

A‧I‧梅爾登：《道德生活中的權利：一篇歷史—哲學論文》*Rights in Moral Lives: A Historical Philosophical Essay*（Berkeley:University of California Press,1988）。他指出：“關於權利的談論發生在——通常，至少發生在——當人們堅持或要求他們的權利的時候”（頁 11）；權利是“行為人的道德財產”（頁 76），是“某種可以被主張、要求、拒絕、剝奪、放棄、轉讓、沒收、遵守、移交、等等的東西”（頁 76）；“主張自己的權利就是以自己的名義要求權利，即是説，表明自己有權力限制他人的某種自由，當自己擁有這樣做的權利的時候”（頁 81）。

6 梅爾登，同註 5，他爭辯說，現代關於權利的論述，把個人的道德力量說成是一個值得尊敬的人，這個人擁有針對他人的某種道德權力或權威。由於現代以前的關於道德的論述，未能直接集中於權利概念，而且強調人的本身只是道德的執行人，因而在現代出現的權利思想，代表着道德思想上的一種進步。見戈爾丁對梅爾登的這一觀點評論，〈權利語言的意義〉，同註 5，頁 55 及以後各頁。

查理斯・泰勒在《自我的淵源：現代身份的構成》*Sources of the Self:The Making of the Modern Identity*（Cambridge,Mass: Harvard University Press,1989）pp11-13、395 中，也讚揚現代創造的關於權利的論述。他指出："很多文明都肯定這樣一個原則：所有的人都應受到尊重。在這些高級文明中，現代西方的獨特之處在於它已經從權利的角度，贊成建立這樣一種尊重的原則。"（頁 11）他認為，這種現代關於權利的論述，表明對人的道德自主有了深入的認識：關於權利的論述不僅表明傳統的"尊重人的生活和人格完整"的道德原則，而且認為人們是確立和保證尊重他們應當受到尊重的積極合作者（頁 12）；"關於主觀權利的說法，提出了一個規定某些重要的豁免權和利益的方式，它還提出了關於自由民在尊嚴的某些概念，因為它把這些豁免權和利益，說成是自由民的一種財富，這種財富可以由自由民用於他自己的目的"（頁 395）。對泰勒這些觀點的討論還見於昆廷・斯金納：〈現代性和覺醒：某些歷史的反思〉，載詹姆斯・塔利編《多元主義時代的哲學：查理斯・泰勒哲學質疑》*Philosophy in an Age of Pluralism: The Philosophy of Charles Taylor in Question*（Cambridge:Cambridge University Press,1994）chapter 3。

7 馮天瑜等：《中華文化簡史》（上海：上海人民出版社，1993 年），第三章〈家與國〉；

James C Hsiung 編：《東亞的人權：一個文化透視》*Human Rights in East Asia:A Cultural Perspective*（New York:Paragon House Publishers,1986）第 1 及第 4 章（〈儒教承認‘國’和‘家’的雙重結構〉頁 9）："用馬克斯・韋伯的話來說，中國是一個‘家庭化的國家’，家庭是國家的縮影，國家是擴大的家庭"（頁 88）；

梁啟超：《先秦政治思想史》（北京：中華書局，1986 年重印版），第三章〈民本的思想〉，頁 29："天的觀念與家庭的觀念互相結合，在政治上產生出一新名詞焉，曰‘天子’……天子作民父母以為天下王。"皇帝一面為天之子，一面又為民之父母，形成了"格於上下"的媒介。這種思想很簡單，但體現了很高的政治思想。

8 路易・迪蒙：〈非現代文明的比較研究論〉，《代達羅斯》季刊（*Daedalus*），1975 年春季，153 之 170，文中提及 Francis L Hsu：〈社會心理狀態的相對穩定和仁：高級心理人類學的思想工具〉，《美國人類學家》*American Anthropologist*，第 73 卷第 1 期，1971 年，頁 2。迪蒙還引證 Chie Nakane：《日本社會》*Japanese Society*（Berkeley:University of California Press,1970），指出在傳統的日本社會同樣缺少現代西方的關於個人的概念。

9 杜維明：〈儒教〉，載阿爾文・夏爾馬編《我們的宗教》*Our Religions*（New York:Harper Collins Publishers,1993），第三章，頁 205："儒教關於自我的概念不是建立在以個性作為人的核心概念上〔不像猶太—基督教關於靈魂的概念或印度教關於"我"（atman）的概念〕，而是把自我常常理解為各種關係的中心。"；

成中英：《知識與價值》，（台北：聯經出版事業公司，1986 年），頁 398："在儒家社會倫理的禮法中，人是被各種關係所界定，也在各種關係中發展。"

10　亨利‧羅斯蒙特（小）：〈為甚麼看重權利？儒家的批評〉，載勒魯瓦‧S‧魯內《人權和世界宗教》Human Rights and the World's Religions（Notre Dame: University of Notre Dame Press, 1988），第 10 章。羅斯蒙特指出，儒家關於自我的概念完全不同於"着重把自我看成是一個自主的、可以自由作出選擇的個體。對早期的儒家來説，不可能有從抽象意義上考慮的孤立自我：我是在與特定的其他人生活中角色的整體。我不是扮演或完成這些角色；我就是這些角色……在早期的儒家看來，通過執行這些關係所界定的義務，我們就是在走人的道路。"（頁 177）；

成中英，同註 9，頁 390："人的責任和權利，即在經過修養，俾使各種關係達到完美境地，這種修養的結果即稱為'德'"；

梁啟超，同註 7，頁 74-75；

梁漱溟：《中國文化要義》，（台北：正中書局，1975 年第 8 版），頁 120。

11　梁漱溟，同註 11，頁 90-91，梁氏引張東蓀先生所言："在中國思想上，所有傳統的態度總是不承認個體的獨立性。總是把個人認作'依存者'（Dependent Being），不是指其生存必須依賴於他人而言，乃是説其生活在世必然盡一種責任，即無異為了這個責任而生……中國的社會組織是一個大家庭，而套着多層的無數小家庭，可以説是一個'家庭的層系'（A Hierarchical System of Families）……在這樣層系組織之社會中，沒有'個人'觀念。所有的人，不是父，即是子。不是君，就是臣。不是夫，就是婦。不是兄，就是弟。"；

梁治平：《尋求自然秩序中的和諧 —— 中國傳統法律文化研究》，（上海：上海人民出版社，1991 年），頁 122："中國傳統文化不外是家的文化，孝的文化，它完全不承認個人的存在。"

夏勇：《人權概念起源》，（北京：中國政法大學出版社，1992 年），頁 183："在（傳統的）政治方面，個人不具備'公民'那樣的獨立社會政治身分。每個人的地位首先取決於其倫理身分，即作為父子、兄弟、男女、夫妻的血緣身分。由於家國一體，血緣身分與作為君臣官民良賤的社會身分又是相通的。"

12　羅斯蒙特，同註 10，頁 176："如果一貫地解釋早期的儒家著作的話，應當理解它們是堅持人類生活的總的社會性質"；

羅傑‧J‧艾姆斯：〈禮儀作為權利：儒家的抉擇〉，載魯內，同註 10，第 12 章，頁 205："……中國傳統中的人是不折不扣的社會人"。

13　梁漱溟，同註 10，頁 81："舉整個社會各種關係而一概家庭化之……中國人就家庭關係推廣發揮，以倫理組織社會……自古相傳的是'天下一家'，'四海兄弟'；

杜維明，同註 9，頁 141："通過一個包含家庭、社會、國家、世界和世外在內的不斷擴大的網路，儒家力求實現無所不包的完美的人道。"

14　梁啟超，同註 7，第三章。他指出，"仁"是一種同情心和同類意識。"孟子曰，'仁者以其所愛及其所不愛。'又曰，'人皆有所不忍，達之於其所忍仁也。'人類莫不有同類意識，然此'意識圈'以吾身為中心點，隨其環距之遠近以為強弱濃淡。故愛類觀念必先發生於其所最親習……由所愛以'及其所不愛'，由所不忍以'達於其所忍'，是謂同類意識之擴大……儒家之理想的政治，則欲人人將其同類意識擴充到極量，以完成所謂'仁'的世界，此世界名之曰'大同'。"

15 梁漱溟，同註 10，頁 28；

關於五種關係的簡要說明，見杜維明，同註 9，頁 186-193；

王賡武：《中國的中國性》*The Chineseness of China*（Hong Kong: Oxford University Press, 1991），第 9 章，尤其頁 172。

16 關於儒家關係中的相互性，見梁啟超，同註 7，頁 74-75；王賡武，同註 15，頁 170、176。

17 杜維明，同註 9，頁 193："用現代的平等和自由的觀點來看，儒家倫理的最不美妙的遺產是所謂'三綱'；即，君為臣綱，父為子綱，夫為妻綱……在歷史上，三綱的概念出現在……孟子首先提倡'五倫'之後約四百年……三綱完全改變了孟子想要把平等精神作為基礎的意圖。顯然，以統治/服從為基礎的三綱強調等級關係，是維持社會秩序的不可違反的原則。"。

18 史華慈：〈論對待中國法律的態度〉，載 M• 卡茨編《法治與個人》*Government Under Law and the Individual*（Washington,D.C.:American Council of Learned Societies,1957），頁 28-39："社會角色是儒家關於社會結構的定義中的關鍵術語：社會結構基本上是擔任某些社會角色的人們之間的一張關係網……在這個結構內，'禮'指的是這些基本關係中包含的行為規範。它們是指導個人在扮演他自己的社會角色時的行為和他對待別人在扮演他們社會角色時的行為的規則。實際上，'禮'有廣泛的含義……當我們研究一下在'禮'這個專案之下的一些具體規定時，我們發現其中很多涉及禮儀、禮節、禮貌、姿態和風采的問題。"（頁 29-31）；

艾姆斯，同註 12，頁 199-200，202："'禮'是構成社會和產生社會政治秩序中傳統的、主要的社會機制……'禮'這個字一般被翻譯成'禮儀'、'儀式'和'禮節'……遵守禮儀就是……成為它所界定的社會的一部分，從而被它所塑造和社會化……禮儀是在保存和傳播文化……儀式的作用是使人們在社會中成長。"

19 正如梁啟超指出的，儒家的目標是通過倫理、教育和政治的融合來提高人們的道德素質（見梁啟超，同註 7，頁 78-84）。

艾姆斯，同註 12，〈自我修養和人格化在使禮儀成為構成社羣的要素中所起的作用〉，頁 201、202："在中國的傳統中，對人道本身沒有作本質的界定。它被理解為一種進步的文化成就。有一種素質的優勢……它反映一個人通過禮儀活動改善自己的程度。"

20 梁啟超，同註 7，頁 81："儒家固希望聖君賢相。然所希望者非在其治民蒞事也，而在其'化民成俗'"；

史華慈，同註 18，頁 31："好的統治者及其官員們應該一方面根據禮給人民提供良好行為的榜樣……另一方面用禮教育人民。"

杜維明，同註 9："儒家的最高理想（是）'內聖外君'"（頁 147）："孔子及其追隨者從未忘記指出，美德是道德上的自我修養的結果，它是政治領導的一個不可分的方面"（頁 150）；儒家的概念（是）政治主要是道德感化"（頁 151）："統治者被認為是倫理的示範者，他用道德領導和示範教育而不是用暴力進行統治"（頁 185）。

梁漱溟，同註 10，頁 216，他指出，在傳統的中國，"士人於是就居間對雙方作功夫：對君主則時常警覺規諫他，要約束自己少用權力，而曉得恤民。對民眾則時常教訓他們，要忠君敬長，敦厚情誼，各安本分。"

21 王賡武，同註 15，頁 169，但是，王賡武指出："20 世紀初期的改良者和革命者並不全都抨擊儒家政治的主要理論，那些抨擊的人只是抨擊要求全體中國人履行的兩項特殊的但是絕對的義務，即對統治者盡忠和對父母盡孝……毫無疑問，忠和孝是傳統的中國兩項最突出的義務。"

22 梁漱溟，同註 10。

23 正如自黑格爾以來的一些思想家們指出，由於家庭之內的人類關係的特點是愛、信任、團結、共同生活和有共同的目標、自我奉獻甚至自我犧牲，家庭成員並不聲稱作為個人，擁有針對其他成員的權利。這種看法如果與家庭倫理在傳統的中國文化和社會中的統治地位放在一起，就給傳統的中國缺少關於權利的概念或論述提供了有力的解釋。見《黑格爾的權利哲學》*Hegel's Philosophy of Right*，英文譯者 T．M．諾克斯，（Oxford: Clarendon Press,1942）："家庭……的最大特點是愛（第 158 段，頁 110）……愛的第一個要素是，我不希望成為一個自我存在的和獨立的人，而且，如果我成為這樣一個人的話，我會感到有缺陷和不圓滿（增補第 158 段，頁 261）……因此，在一個家庭中，人們不是獨立的人而只是一個成員。（第 158 段，頁 110）……個人由於家庭整體而享有的權利……只有在家庭開始解體時……方才採取權利的形式。這時，那些應該是家庭成員的人……開始成為自我存在的人"（第 159 段，頁 110-111）；

K•H• 伊爾廷：〈文明社會的辯證法〉，載 Z•A• 佩爾琴斯基《國家和文明社會：黑格爾的政治哲學研究》*The State and Civil society: Studies in Hegel's Political Philosophy*（Cambridge:Cambridge University Press,1984），頁 211："在一個家庭裏……權利和義務是不明確的，只有模糊的界定，家庭成員還構成一個社羣，在這個社羣裏，個人在彼此打交道時不是完全獨立的。如果他們終於獨立了的話，家庭就實際上已經解體了。"（頁 213）；

Z•A• 佩爾琴斯基：〈黑格爾的國家哲學中的政治社會和個人自由〉，載佩爾琴斯基，同前書，頁 55："（家庭）要求每個人經常做出自我犧牲和把個性淹沒在共同生活中……（家庭的經歷）形成個人的天性並教給他倫理生活的要素 —— 承認和接受各種各樣的義務和道德教育，以克服種種奢望和私欲"（頁 69）；

查理斯•泰勒：《黑格爾》*Hegel*（Cambridge: Cambridge University Press, 1975）："家庭是一個感情的集體，愛的集體。人們感到自己是家庭的成員，而不感到是一些彼此擁有相對的權利的人。當權利進入家庭時，家庭正在解體。"（頁 431-432）；

戈爾丁：〈權利語言的意義〉，同註 5，頁 63："權利主要產生於彼此疏遠的、沒有人情的關係中，法院傾向於把各當事人之間看成是這種關係 —— 即他們彼此都是陌生人……談論權利往往是某種關係破裂的跡象，例如當親戚們彼此因要求實現某項主張而提起訴訟的時候。"

24 杜維明，同註 9，頁 145，杜維明指出，在儒家的世界觀（特別是宋朝以後的新儒家世界觀）中，理想的景象是人們生活在社會和諧中並實現人道和自然（"天"或"地"）的統一。他把這稱之為"人類與宇宙融合的景象"（anthropocosmic vision）："衡量人道的適當標準既有從人類出發的標準，也有從宇宙出發的標準；實際上它是人類與宇宙融合的標準"。

杜維明，同註 9，頁 196："儒家認為，存在的一切形式 —— 人、自然和精神世界 —— 互相有內在的聯繫。這種形而上學的（另可稱之為生態學）景象使得儒家有可能宣揚人在人類社會中體現其自身的重要性和宣揚人類與蒼天的合一。"

夏勇，同註 11，頁 189："中國的情形有些不同。如前所述，中國的文化傳統裏不存在西方那樣的人與自然、人與人、人與神的分裂、對抗。先民們追求天人合一、孝悌忠義，講究'和為貴'，不尚爭鬥。在當時的經濟、政治和文化條件下，和諧觀念的運用不免偏向連結、合一、強調禮讓、奉獻，因而未能創造出一套發達的權利制度和人權觀念。"

25　夏勇，同註 11，頁 29，如夏勇指出，在中國思想史上"將'義'同'利'對立起來，從而使'義'具有'給予'、'提供'、'出讓'的含義，'獲取'、'應得'、'接受'被視為'小利'，與正義不相容……追求私利是極不光彩的。因為私利不僅有損於'公'（即國家利益、社會利益），而且有礙於一個人立德成聖。也就是説，明辨義利、捨利求義、背私向公、大公無私，既是社會原則，也是人生主旨。義利一旦對立，利就喪失了正當性和權威性……倘若個人利益喪失了在道德上的正當性和權威性，便不可能生出現代意義的權利概念。"；

梁啟超，同註 7，頁 85："孟子之最大特色，在排斥功利主義。"他談到道德上的正義在於按照道德準則行事，按照自己的良心行事，"權利觀念，可謂為歐美政治思想之唯一的原素。"（頁 87）"此種觀念，入到吾儕中國人腦中，直是無從理解，父子夫婦間，何故有彼我權利之可言，吾儕真不能領略此中妙諦……權利觀念全由彼我對抗而生……其本質含有無限的膨脹性，從無自認為滿足之一日……孟子以為凡從權利觀念出發者，皆罪惡之源泉也。"（頁 87-88）

26　盧西恩·W·派伊：〈中國：不穩定的國家，受挫折的社會〉，《外交事務》（Foreign Affairs），1990 年秋季號，頁 56："反對個人宣稱擁有自己的物質利益的這種統治，使得自私自利成為中國最大的政治罪惡。由於公開提倡個人利益被認為是可恥的，因而甚至對中國的政治詞彙也施加了嚴格的限制。中國的政治語言大都限於支援道德秩序的價值觀念。"（頁 66）；

梁漱溟，同註 10："中國文化最大之偏失，就在個人永不被發現這一點上。一個人簡直沒有站在自己立場説話的機會。"（頁 260）；"一個人在中國只許有義務觀念，而不許有權利觀念，乃起因於倫理尊重對方，反而沒有站在自己立場説話的機會……各人站在自己立場則相爭，彼此互為對方設想則相讓。"（頁 266）；

艾姆斯，同註 12："認為中國古代和現代的傳統中有無私這一特點，是由於混淆了自私和無私。儒家的立場是，由於自我實現基本上是一項社會任務，個人主義的'自私的'考慮就會妨礙自我實現。歷經許多個世紀的中國哲學的主要問題，是個人的利與對包括個人在內的所有有關的人來説是合適的和重要的義之間可能存在的對立。前者是與被壓抑的個人發展（小人）聯繫在一起的，後者則是自我實現的模範人物（君子）的支柱。"（頁 205）

27　史華慈，同註 18：在儒家的概念中，"個人有合法的利益……（但是）給這些利益加上神聖的氣氛並把它們稱做'權利'，把維護這些個人利益提高到道德品質的水準，'堅持自己的權利'——那就完全違反了禮的精神（禮在這裏用在禮儀或禮節的意義上）。對待個人利益的正確處理態度是放棄而不是堅持的態度。"（頁 31-32）；

梁啟超，同註 7：〈與西方關於權利的概念截然相反〉"我儒家之言則曰：'能以禮讓為國，夫何有'。此語入到歐洲人腦中，其不能了解也或正與我之不了解權利同。彼欲以交爭的精神建設彼之社會，我欲以交讓的精神建設我之社會。彼笑我懦，我憐彼獷。"（頁 88）；

梁漱溟，同註 10："（中國）社會組織從倫理情誼出發，人情為重，財物斯輕。"（頁 83）"中國……以倫理組織社會……取義於家庭之結構，以製作社會之結構；—— 此即所謂倫理……人在情感中，恆只見對方而忘了自己；反之，人在欲望中，卻只知為我而顧不到對方。（頁 89）"〈西方關於權利的概念〉……權利……不出於對方之認許，或協力廠商面之一般公認，而是由自己説出……要之各人盡自己義務為先；權利則待對方賦予，莫自己主張。這是中國倫理社會所準據之理念。"（頁 92-93）；

夏勇，同註 11，頁 185："中國文化裏的個體人，是內省的、讓與的、利他的、與人諧和的道德主體，不是外制的、索取的、利己的、與人爭鬥的利益主體。這種個體容易成為普遍的義務主體，不大可能成為普遍的權利主體。"

28　梁漱溟，同註 10，頁 209："彼此調和妥協 —— 彼此遇有問題，即互相讓步，調和折衷以為解決，殆成中國人之不二法門，世界所共知。'一爭兩醜，一讓兩有'為我南北流行諺語。此以爭為醜之心理，固非西洋人所了解……舊日更有'學吃虧'之説，飽經世故者每以此教年輕人……中國倫理推家人之情以及社會一切關係，明著其互以對方為重之義，總使它對立不起來。在西洋，則幾乎處處形見對立之勢，雖家人父子夫婦不免。"；

夏勇，同註 11，頁 181："禮（禮儀或禮節）不是爭權奪利、相互衝突的根據，而是人們謀求無爭無訟、和合諧一的憑藉……人與人的關係不應該是一種相爭相索的利害關係，而應該是一種互愛互助的道德關係……中國古代最理想的政治原則是仁義、中庸、和諧，不是西方式的與權利義務糾紛相聯繫的公正或正義。"；

傑羅姆 •A• 柯恩：〈中國在現代化前夕的調解工作〉，載《加利福尼亞法律評論》（*California Law Review*）第 54 卷，1996 年，頁 1201。

29　杜維明，〈儒教：在當今時代的標誌和實質〉，載 R•W• 威爾遜和 S•L• 格林布拉特編《中國社會中的價值變化》*Value Change in Chinese Society*（New York: Praeger,1979），頁 46："以誠信和道義為組織基礎的社羣"（fiduciary community）這個詞是杜維明發明的；

梁漱溟，同註 10，頁 139、196：梁漱溟在説明中國社會的特點時，強調家庭倫理的支配地位是它的基本組織原則："倫理關係始於家庭，而不止於家庭。這是由近以及遠，'舉整個社會各種關係而一概家庭化之'……倫理為此一人與彼一人（明非集團）相互間之情誼（明非權力）關係；

黃仁宇：《中國大歷史》，（台北：聯經出版事業公司，1993 年），頁 137、200、235、253：黃仁宇概括中國許多個世紀儒家基本的治理原則是"本身的克制，對人的揖讓"，而社會體制基於血緣關係構成的內容（頁 200）。

30　與此有關的古代希臘人的看法，見利奧 • 斯特勞斯：《自然權利與歷史》*Natural Right and History*（Chicago: University of Chicago Press, 1953）；

大衛 •L• 諾頓：《民主和道德的發展》*Democracy and Moral Development*（Berkeley: University of California Press, 1991）；

湯瑪斯 •L• 潘格爾：《提升民主》*The Ennobling of Democracy*（Baltimore: John Hopkins University Press , 1992）；

R•N• 伯基（Berki）：《政治思想史》*The History of Political Thought*（London: Dent, 1977）

第 3 章：

G・G・薩拜因和 T・L・索爾森：《政治理論史》*A History of Political Theory*（New York: Dryden, 4th revision, 1973）第一部分。

31　梅爾登，同註 5，第 1 章；

戈爾丁：〈權利語言的意義〉，同註 5，頁 53；

龐德，同註 1，頁 83-84。

32　梅爾登，同註 5，頁 2-6；

戈爾丁：《權利概念：一個歷史的概述》，同註 2，頁 46；

斯特勞斯，同註 30，頁 127；

夏勇，同註 11，頁 32。

33　夏勇，同註 11，頁 31-32。

34　夏勇，同註 11；

龐德，同註 1，頁 83-84。

35　理查・塔克：《自然權利理論：它們的起源和發展》*Natural Rights Theories:Their Origin and Development*（Cambridge: Cambridge University Press, 1979），p13。

36　龐德，同註 1，頁 183；

夏勇，同註 11，頁 35。

37　塔克，同註 35，頁 7。

38　龐德，同註 1，頁 8；

夏勇，同註 11，頁 136。

芬尼斯，同註 2，頁 209。

39　指出此論點的是塔克，同註 35，頁 7；

龐德，同註 1，頁 183。

40　塔克，同註 35，頁 7、26。

41　奧托・弗里德里希・吉爾克撰寫，E・巴克譯：《1500-1800 年的自然法和社會理論》*Natural Law and the Theory of Society 1500-1800*（Cambridge: Cambridge University Press, 1958），p40；

關於中世紀的世界觀，見伯基，同註 30，第 4 章；

薩拜因，同註 30，第二部分；

A・J・古列維奇撰寫，G・L・坎貝爾譯：《中世紀文化類型》*Categories of Medieval Culture*（London: Routledge & Kegan Paul, 1985）。

42　安東尼・布萊克：《1250-1450 年歐洲的政治思想》*Political Thought in Europe 1250-1450*（Cambridge: Cambridge University Press,1992），p31；

埃里奇・佛洛姆：《逃避自由》*Escape from Freedom*（New York: Avon Books, 1965，1941 1st edition），頁 56-60。

43　路易・迪蒙：《個人主義論文集：人類學分析中的現代思想》*Essays on Individualism: Modern Ideology in Anthropological Perspective*（Chicago: University of Chicago Press, 1986）pp27, 30-31.

44 古列維奇，同註 41，第 5 章。

45 弗羅姆，同註 42，頁 71。

46 布萊克，同註 42，頁 28；

萬金・卡門卡：〈一個觀念的剖析〉，載尤金・卡門卡（Kamenka）和愛麗絲・埃一桑・泰（Tay）編《人權》Human Rights（London: Arnold, 1978）第 1 章，頁 8。

約翰・霍爾：《權力和自由》Powers and Liberties（Harmondsworth: Penguin Books,1986）第 5 章。

47 戈爾丁，同註 2，頁 48；

塔克，同註 35，頁 22-24。

48 塔克，同註 35，頁 25-26。

49 塔克，同註 35，頁 50。

50 塔克，同註 35，頁 54-55、60；

戈爾丁：〈權利語言的意義〉，同註 5，頁 57；

戈爾丁，同註 2，頁 48；

芬尼斯，同註 2，頁 206-207。

51 查理斯・泰勒：〈原子論〉，載阿爾基斯・康托斯編：《權力、財產和自由》Powers, Possessions and Freedom（Toronto: University of Toronto Press, 1979），頁 39-61。

52 迪蒙：〈非現代文明的比較研究論〉，同註 8，頁 158-159；

迪蒙：《個人主義論文集：人類學分析中的現代思想》，同註 44，頁 9，23-25，44-56，61，279；

迪蒙：《從曼德維爾到馬克思》From Mandeville to Marx（Chicago: Unviersity of Chicago Press, 1977），頁 4、7、15。

梅爾登，同註 5，頁 73；

弗羅姆，同註 42，頁 60 頁以後各頁和 76。

53 理查・塔克：〈權利和多元主義〉，載塔利編，同註 6，第 10 章，頁 162；

羅傑斯・M・史密斯：《自由主義與美國憲法》Liberalism and American Constitutional Law（Cambridge Mass: Harvard University Press, 1985），頁 14-15；

潘格爾，同註 30，頁 133-136；

伯基，同註 30，頁 125；

迪蒙，同註 43，頁 72、94。

54 斯特勞斯，同註 30，頁 180-187；

諾頓，同註 30，頁 20-27；

伊恩・漢普舍一蒙克：《現代政治思想史》A History of Modern Political Thought（Oxford: Blackwell, 1992），頁 4。

55 皮蒂里姆・A・索羅金：《我們時代的危機》The Crisis of Our Age（Oxford: Oneworld, 1992），頁 16-19、66 以後、114 以後、138 以後各頁。

56 梅爾登，同註 5，頁 80-81，140-143；

戈爾丁：〈權利語言的意義〉，同註 5，頁 57、63；

范伯格：〈權利的性質和價值〉，載班德曼和班德曼編，同註 5，頁 19-31。

57　梅爾登，同註 5，頁 91、101。

58　尤金・卡門卡和愛麗絲・埃—桑・泰書中的討論，〈超出了資產階級個人主義：當代法律和法學思想的危機〉，載尤金・卡門卡和 R・S・尼爾編《封建主義、資本主義和其範圍以外》 *Feudalism, Capitalism and Beyond*（London: Edward Arnold, 1975）第 6 章，頁 135-137；卡門卡：〈一個觀念的剖析〉，同註 46，頁 6。

59　迪蒙：《從曼德維爾到馬克思》，同註 53，頁 178、185。

60　迪蒙：同註 59，頁 6、54-60、67、81；
迪蒙：《個人主義論文集：人類學分析中的現代思想》，同註 43，頁 61-62；
迪蒙：〈非現代文明的比較研究論〉，同註 8，頁 158；
C・B・麥克弗森：《持個人主義觀點的政治理論》 *The Political Theory of Possessive Individualism*（Oxford: Clarendon Press, 1962），頁 1-3，263 以後各頁。

61　參見泰勒，同註 51，第 3、4 章。

第二章 古代、現代與
後現代的法治進程

從哈貝馬斯的哲學
看現代性與現代法治

一、前言

關於甚麼是現代法，眾說紛紜。梅因把從古代法到現代法的演化，理解為從"身分"到"契約"的進程。[1] 韋伯則提出"理性法"的概念，認為現代法的特點是它的理性化和形式化，即是說它是一套有普遍適用性的抽象規範，其運作有相於政治、宗教和道德的自主性。[2] 昂格爾進一步指出，現代法是一種獨特的"法律秩序"，具有普遍適用性、自主性（包括實體上、制度上、方法上和職業上的自主性）、公共性（由政府而非由私人團體實施的）和實證性（它是成文的、明確的）。[3]

在 20 世紀 90 年代，德國思想大師哈貝馬斯（Jürgen Habermas）提出了他的現代法治觀，這可算是西方法理學傳統發展的一個里程碑。眾所周知，哈貝馬斯是 20 世紀後半期至今西方最重要的思想家之一，2001 年春天他到中國訪問和進行演講活動，他的吸引力媲美當年杜威和羅素訪華。[4] 哈貝馬斯的研究領域橫跨哲學、社會學、政治學、歷史學以至法學，是集大成的思想界巨人。他的各部著作，從 1962 年的《公共領域的結構性轉變》，[5] 到 1981 年的《交往行為理論》（或譯作《溝通行為理論》），[6] 再到 1992 年的《在事實與規範之間》，[7] 都膾炙人口、影響深遠。例如在法律和政治哲學的領域，《在事實與規範之間》一書在思想史上的地位，相信可與哈特的《法律的概念》、[8] 德沃金的《認真地對待權利》[9]和羅爾斯的《正義論》[10]相提並論。

　　本文的主要目的，是介紹哈貝馬斯的現代法治觀和其相關的思想。但是，由於哈貝馬斯的理論體系是跨學科的、全方位的，所以要了解他的現代法治觀，便不能不先了解他的一般哲學和他對現代社會的看法。第二部分先介紹他的一般哲學，尤其是他對於人類行為和人類理性的分析，和他對於真理問題的看法。第三部分討論哈貝馬斯對於現代社會的分析和評價。第四部分便在前兩部分的基礎上，探討哈貝馬斯的法哲學。第五部分進一步討論哈氏的理論中，法治和民主的重要聯繫。第六部分進而探討與法治和民主關係相關的問題，尤其是自由主義和社羣主義的對比，和哈氏怎樣嘗試以他的法治和民主觀，融合自由主義和社羣主義。第七部分是結論，將對哈氏的有關觀點進行總結、反思和評價。

二、人類行為、理性和真理

　　如果有一個概念可以用來總結哈貝馬斯一生（到目前為止）的學術志業和追求的話，這應該是"溝通理性"（communicative reason 或 communicative rationality）的概念，這裏的溝通或可譯為"交往"、"商談"、"協商"或"對話"。要了解甚麼是溝通理性，先要明白"溝通行為"（communicative action）（或譯作"交往行為"）的概念。

　　哈貝馬斯對人類的活動或行為作出分類，這個分類建基於各種行為的不同性質和目的。[11]例如，第一類行為是目的性的，即人為了某個目標的實現而作出此行為，此行為是達成該目標的手段。第二類行為是受規範調節的行為，這即是説，人之所以作出此行為，由於它是社會的道德規範或生活習慣所要求的。第三類行為是所謂"戲劇化"的行為，即此行為是為了表現人的自我而作出的。哈氏指出，除了這些行為之外，還有一種十分重要、但往往被論者忽略的人類行為，這便是他所謂的"溝通行為"。[12]

溝通行為是人與人之間在互相承認的基礎上，進行互相了解的互動行為，它以語言或符號為媒介。哈貝馬斯指出，人類使用語言的原始形態，便是進行這樣的溝通。溝通行為是人與人之間的相互主體性（inter-subjectivity）的表現，相互主體性是指人作為主體，與另一個作為主體的人互動，這有別於人作為主體，以他人或客觀世界為客體的目的性行為。

溝通行為的特點，在於它的非工具性、非目的性、非策略性。它不是以"成功"為取向的（不是為了成功地實現某外在目標），而是以"理解"為取向的。純粹的溝通行為沒有任何外在目標（如賺錢或替自己謀取某種利益），目標最多只是理解對方，與對方交換意見，從而嘗試達到共同的認識（共識）。

哈貝馬斯指出，溝通行為的重大意義，在於它的前提是人與人之間的相互尊重和承認，因為嘗試了解對方的觀點，或嘗試說服對方接受自己的觀點這個行動本身，便蘊涵着對對方作為主體的尊重和承認。因此，溝通行為是人與人之間互相尊重和承認的表現。在這裏，我們會聯想到黑格爾曾指出，人有得到別人承認的心理需要，以至康德談到人應以他人為目的，而非手段。

根據哈氏的理論，以語言為媒介的溝通行為，可協調和聯繫社會中不同的人的行動，促進社會有效運作，雖然溝通行為並非具有這種協調功能的唯一機制，但仍有其好處。哈氏更把以溝通行為為基礎的"互動"，與馬克思所說的"勞動"相提並論，認為兩者都是人類歷史發展的動力或脈絡。勞動是物質的生產，互動則取決於符號（如語言文字）的生產，哈氏認為，兩者是同樣重要的。[13]

理性溝通行為

現在讓我們從溝通行為談到溝通理性。正如哈貝馬斯把目的性或策略性的行為予以區分，他也在"工具理性"和"溝通理性"之間作出區分。工具理性運用於已確定目的的階段，為了達到這個目的，採用甚麼的手段、方法或策略最為有效？怎樣設計有關手段的具體內容？人類便使用其工具理性去解答這些問題。舉例，如果我們的目的是派人登陸月球，那麼為了實現此目的，我們便要用工具理性來建造火箭和太空船，以及進行有關的物理學和天文學計算。

至於溝通理性，則是在人與人之間的溝通行為中表現出來。當一羣人通過理性的商談和討論去互相理解、協調行動、解決問題或處理衝突時，這便是溝通理性的體現。反過來說，如果人類訴諸暴力以至戰爭來解決問題，這便是溝通理性的反面。由此可見，當人們用和平的、理性的語言溝通行為來進行交往時，他們便是在使用和發揮其溝通理性。

那麼，怎樣才算是理性的討論、理性的溝通行為呢？在這裏，哈貝馬斯提出了一個重要的觀點，就是討論是否算理性，取決於是否能滿足一些程式上的先決條件。程式對於溝通理性的發揮是有關鍵作用的，因此哈氏形容溝通理性為一種"程式理性"（procedural reason）。為了描述有關的程式性條件，哈氏發展出他有名的"理想交談情境"（ideal speech situation）的理論。[14]

理想交談情境不是憑空想像出來的東西，根據哈貝馬斯的理解，它是建基於人類語言溝通行為本身的內在邏輯，亦即是說，**當人類進行溝通行為時，他們其實已預設了某些條件，這些預設或假設蘊含於溝通行為的性質之中**。雖然溝通者通常不會自覺這些假設的存在，這些假設需要通過哲學分析去發掘出來。

根據這些假設，哈貝馬斯建構出理想交談情境的以下特徵。首先，在理想交談情境下，參與討論的機會是開放和平等的，討論的內容是自由的。"開放"是指任何有興趣參加的人都可以來參加，"平等"是指所有參加者都有平等的機會去發言，"自由"是指參加者可以暢所欲言，發言在內容上不設限制。

理想交談情境的第二個特徵是，溝通和討論不會受到權力的或權力關係所造成的扭曲。例如，如果參加者包括僱主及其僱員，僱員由於害怕被僱主解僱，不敢說僱主不喜歡聽的話，在這情況下，溝通便是受到權力的左右。同樣，如果參加者有平民和官員，平民害怕得罪官員而不說出心裏話，不敢據理力爭，這也是權力扭曲商談空間的例子。**在理想交談的情境裏，溝通是無強迫性或強制性的，沒有人會因為權威的壓力，而被迫說不真心的話或被迫保持沉默。**

理想交談情境的第三方面涉及的是，參加討論者的心態或取向。參加討論者必須持有一種開放和理性的態度，這就是說，他們必須尊重其他參加者，認真聆聽他們的意見。在思考問題時，參加者不應只從自己的角度去考慮問題，而應願意把自己放進他人的位置去考慮問題，嘗試從他人的角度和利益出發來思考。最重要的是，參加討論者應尊重有關事實和道理，不固執於己見，而須從善如流，勇於放棄自己的意見，而去接受他人提出的更有理、更好、更具說服力的觀點。當然，這不是容易做到的，正因如此，理想交談情境是一個"理想"的模式，是應然而非實然的東西。

在理想交談情境的條件獲得滿足的情況下，人們進行的溝通討論便是理性的，是人類溝通理性的體現。從溝通理性出發，哈貝馬斯又發展出溝通權力（communicative power）的概念。[15] 當一羣人在一起發揮他們的溝通理性、進行理性討論時，在他們之中便產生一種溝通權力。在人類社會和歷史裏，溝通權力是一種理性的力量，它是一種權力，但和基於暴力、武裝或強權的權力不同，溝通權力是一種比較理性的、人道的、文明的權力形態。以下當我們談到哈貝馬斯的法律觀時，我們會看到溝通權力怎樣表現為社會的公共輿論、公共意志和法律。

理性討論才有真理

在結束本節之前，我們還需介紹哈貝馬斯的真理觀，還有它與溝通行為理論的密切關係。哈貝馬斯追隨康德和韋伯等思想家的觀點，認為現代化的其中一個特徵，是西方中世紀以宗教為基礎的知識文化世界中，在現代分化（分殊化）為三個各自自主的領域，一是科學（關於客觀世界的真理）；二是道德、政治和法律（關於適用於人類和社會的規範）；三是藝術（即“美”的範疇）。[16] 在科學的領域，真理的標準是比較明確的，科學真理可通過實驗和其他實證研究來檢驗。但是，在道德、政治和法律的領域，真理的概念又是否有意義呢？

根據 18 世紀啟蒙運動的思維，人類憑理性可以發現道德、政治和法律範疇的真理，但後來興起的價值相對主義（relativism）和後現代主義（postmodernism）則認為，在這些範疇內根本無真理可言，道德、政治和法律秩序都不外是歷史和社會中的權力鬥爭的偶然性、暫時性、妥協性的結果。[17] 哈貝馬斯則反對後現代主義的相對主義，並以捍衛現代性和尚未完成的現代事業為己任。[18]

為了對治相對主義和重建啟蒙時代對人類理性和社會進步的信心，哈貝馬斯在溝通行為理論的基礎上，提出了關於真理的"共識論"。[19] 根據這個理論，在自然科學領域範圍外的道德、政治、法律等領域，探討和追求真理仍是有意義、有價值的。那麼，甚麼是真理？哈氏的真理"共識論"認為，**人們通過理性討論而達成的共識便是真理，當然這"真理"並不是絕對或永恆的，而是相對於當時的歷史和社會語境的。**但是，這種真理仍不失為人們建立其政治和法律制度的基礎。由此可見，哈貝馬斯把真理的標準，重新建立在人類理性的基礎之上，不過他與啟蒙時代的思想家不同，哈氏的理性不是主體性的，而是相互主體性的，真理不是存在於孤獨的個人心中，而是存在於人與人之間的互動、交往和對話之中。

三、現代社會的分析

甚麼是現代社會？現代社會和傳統社會的主要分別在哪裏？這一向是社會學的核心課題之一。在這方面，哈貝馬斯在社會學的系統理論（包括曾經與哈氏進行論戰的德國社會學大師盧曼（Niklas Luhmann）的社會系統論和他的溝通行為理論的基礎上，對現代社會的性質進行了分析和批判。[20]

哈貝馬斯那現代社會觀的基本概念包括"社會系統"、社會系統的"操控媒介"、"生活世界"、"公共領域"和"私人領域"，我們會逐一闡述。首先是社會系統。複雜的、有自主性和獨特運作邏輯的社會系統，是社會演化的結果。現代社會的其中一個主要特徵，便是它的系統十分發達，人類大部分的生活情況都被系統掌握其中。哈貝馬斯認為，現代社會中主要的系統有兩個，一是經濟系統，即市場經濟或商品經濟，二是政治系統，即國家、官僚和行政的體系。

經濟和政治系統的操控

哈氏指出，這兩個系統有各自的操縱媒介，經濟系統的操控媒介是金錢，政治系統的操控媒介是權力。系統的存在和運作有正面的社會功能，如維持社會秩序和促進經濟效益，但此系統的根本問題是，它以某種非人化、甚至是非人道主義的邏輯為依歸，不會因一般人的意願而轉移。這是因為在系統中協調和整合人們行為的，並非溝通行為，而是金錢、權力等系統操控媒介。在系統的運作中，理性是有其作用的，但這種理性主要是工具理性，而非溝通理性。

那麼，溝通理性出現在現代社會嗎？這便帶出"生活世界"的概念。生活世界原來是現象學（phenomenology）的概念，哈貝馬斯則把它和自己的溝通行為理論跟現代社會觀結合起來。生活世界是人們日常生活的世界，也是他們的親身感受和經驗。生活世界的運作媒介不是金錢或權力，而是人與人之間溝通時所使用的語言符號。哈貝馬斯強調，生活世界是人類溝通行為的背景和基礎，而溝通行為則可被理解為對生活世界的表述。在生活世界裏，人們在互為主體的基礎上進行交往、互動、對話和溝通，他們尋求互相承認和理解。

哈貝馬斯既肯定現代社會有其進步的一面，但同時對現代社會的異化趨向提出了批判。他指出現代社會的其中一個主要危機，便是"系統對生活世界的殖民化"。[21] 這是指系統的運作邏輯過分膨脹，金錢和權力操控的媒介越來越取代溝通行為，成為社會整合的力量，溝通理性的活動空間縮小，人類發揮溝通理性的能力亦萎縮。這樣，系統的宰制（domination，或稱為操控）使人失去了自由和尊嚴，人漸漸成了系統的奴隸。

當代公共領域

關於哈貝馬斯的生活世界理論，還有一點是關鍵性的，便是"通過市民社會的社團網絡而植根於生活世界"[22]的公共領域（public sphere）。公共領域是社會大眾理性地討論公共事務的空間或溝通網絡，它是一個自由和自主的空間，不隸屬於政治系統或經濟系統，是溝通理性在社會層面的最高體現。如果在公共領域中上述理想交談情境的條件大致上能得以滿足，人們可以自由和平等地、在不受權力扭曲的溝通環境中就社會問題進行理性討論，從而形成公共輿論以至公共意志。那麼，溝通理性便被彰顯，溝通權力便得以發揮，這便是人類處理社會問題的最佳方案。

在哈貝馬斯早期的著作裏，他已經從西方近代史的角度論證公共領域的興起。[23]他把公共領域的起源追溯到17、18世紀的西歐，它表現為在諸如咖啡館、沙龍、報章和雜誌等媒介所進行關於公共事務的理性討論，而它的經濟和社會基礎是市場經濟和新興的資產階級。哈貝馬斯又提出了與公共領域相對的"私人領域"（private sphere）的概念，例如資產階級的私有財產和家庭生活，便屬私人領域的範疇。私人領域和公共領域都在生活世界之中，都以語言溝通行為為運作媒介，而且兩者關係密切，例如哈氏指出私人首先是在私人領域形成的，然後才進入公共領域。

由於在現代，大眾傳播媒介和市民社會（指不受國家操控的各種民間社會組織和力量）越趨發達，今天的公共領域比 17、18 世紀時是更為龐大和複雜的溝通網絡，從街頭集會到跨國的電子媒體，都是公共領域的構成部分，而參加討論者的背景也極為多樣化，從個人以至跨國性的非政府組織，都是當代公共領域的參加討論者。

四、哈貝馬斯的法律觀

哈貝馬斯的法律觀[24] 是相當獨特的，是以上文提到的各個哲學和社會學概念為基礎建構而成。簡單來說，哈氏認為在現代社會裏，法律的正當性（legitimacy）來自民主的立法程序，民主立法的社會基礎，便是公共領域中溝通理性的活動。公共領域是生活世界的一部分，所以法律是來自生活世界的，但它又可進入社會系統裏，調控系統的運作。因此，通過法律，溝通理性可對治系統對生活世界的殖民化。以下會詳細說明這些觀點。

哈貝馬斯指出，傳統法和現代法的其中一個主要區別，在於它們的正當性依據有所不同。所謂法律的正當性，是指為甚麼人民須要服從法律，亦即是說，除了害怕因犯法而受到統治者的制裁這個現實的、功利主義的考慮外，有甚麼道義上的理由，去說明法律是應當遵守的。哈氏認為，在前現代的階段，法律的正當性依據來自宗教或傳統。例如，人們可能相信某些法律符合上帝對人的旨意，由於人須服從上帝，所以人也須遵守這些法律。大致來說，這便是西方自然法學說的觀點。此外，從歷代祖先繼承下來的習慣法，也可能被認為是神聖的，因而應該遵守的，這便是以傳統的不證自明的約束力，作為法律的正當性依據。

哈貝馬斯以為，現代是一個後形上學的時代，所有傳統都受到理性的檢驗和批判，社會的世俗化使宗教失去了原來的影響力，所以法律的正當性那原有基礎已經瓦解。哈氏認為，在現代的語境裏，法律正當性的唯一解釋，便是法律是人民自己為自己訂立的，這個構想來自盧梭和康德，哈氏則採用了他自己的溝通行為理論，把這個構想發揚光大。

法律制衡經濟及政治權力

人民怎樣成為自己的立法者？在這裏，溝通行為和公共領域等概念便大派用場。制定法律的過程，最終可追溯至公共領域中對有關社會問題的討論。**如果人們能就有關問題進行理性討論，並在此討論的基礎上形成公共意見（公共輿論），再形成公共意志，那麼這種公共意志便有可能轉化成法律。這個轉化過程便是正式的民主立法程序，包括在立法議會提出、辯論、修改、投票通過法案等程序。**在這種情況下制定的法律，既是溝通理性的體現，也是人民自主和負責地自我立法的表現，因此，這樣的法律是有其正當性的。

當人們在公共領域中進行理性討論，發揮他們的溝通理性時，他們便凝聚了一股力量，可稱為溝通權力。哈貝馬斯認為，通過民主立法，這種溝通權力可轉化為行政權力，從而進入社會系統之中，對系統的運作進行規範和調控，並把系統合法化。從這個角度看，法律有其雙面性：它一方面誕生於生活世界的公共領域，另一方面可在社會系統裏發生作用。它既帶有溝通理性的烙印，又能與政治、官僚和行政系統的權力邏輯發生關係，並成為行政權力的媒介。因此，哈氏把法律形容為生活世界與社會系統之間的仲介，它在現代社會中有舉足輕重的角色。由於它同時接觸生活世界和系統，並把溝通理性帶進社會系統，所以它有助於化解系統的非人化、異化的危機，對治生活世界被殖民化的問題。

關於民主立法，一般學者比較重視正式的立法程序，從法案的起草，議會中審議法案和政治角力，到法案最終投票通過，而立法的民主性則主要基於議會中，由民主選舉產生的民意代表上。哈貝馬斯則特別注意正式立法程序之前，以至於進入正式立法程序時，那些進行中的公共領域辯論、社會輿論的發展和公共意志的形成。在他的著作中，他花了不少篇幅去研究在公共領域中不同層次、不同渠道、不同形式和不同性質的理性討論，例如關於道德問題及實務問題，關於利害關係、利益衝突和協調，以至在價值觀念層面的討論等。

補充道德倫理規範

除了指出法律在調控系統運作上的重要功能外，哈貝馬斯又提到法律在現代社會的另一個重要功能，就是法律能把生活世界中人們相互承認的關係予以普遍化和抽象化，建構為法律主體之間的關係。在生活世界中，我們能親身經驗和體會到人與人之間的互相尊重、承認、對話和理解。但是，在複雜而龐大的現代社會中，有需要把這種人際關係抽象化、普遍化為法律關係。亦即是說，透過法律，把在生活微觀層面的道德、倫理關係等，大規模地轉化為在整個社會中普遍適用的規範。

因此，哈貝馬斯認為，在現代社會裏，法律和道德的關係乃在於它們的互相補充。和傳統社會不同，在現代社會中，道德規範所能發揮的作用是比較有限的。因此，有需要採用有強制約束力的法律，來補充道德規範的不足之處，以調控人們的行為，以至複雜的社會系統操作。

五、法治與民主

法治和民主有甚麼關係？在不民主的政治體制裏，法治是否仍有可能實現？哈貝馬斯從溝通行為理論出發，論證了法治和民主是密不可分、相輔相成的，他認為，如果沒有民主，法治是沒有可能存在的，反過來說，如果沒有法治，民主也是沒有可能存在的。[25]

我們從哈貝馬斯的法治觀談起。哈氏認為，法治的核心，是一個權利的體系（system of rights），及對此體系中權利的有效保障。[26] 他所說的權利體系主要包括兩大類的權利，他分別稱為私人自主（private autonomy）的權利和公共自主（public autonomy）的權利。

私人和公共自主權利

私人自主權利是指每個人擁有自由和平等，在他們組成的羣體中，每個成員都應該享有的權利，這即是說，即使沒有政府的存在，只要一羣人結合為一個羣體，並互相承認對方的自由及自己和他人的平等性，那麼便須承認每人都有私人自主權利。此權利包括一般所謂消極的自由，如言論自由、人身自由，也包括作為社羣成員的權利（membership rights）（如居留權）和正當程序（due process）的權利。

至於公共自主權利，則是因國家或政府的成立而產生的。哈貝馬斯認為，公共自主權利包括政治參與的權利，即參與公共領域中討論的權利，以及一般的選舉權、被選舉權等。此外，此權利也包括得到社會福利保障和救濟的權利，這是國家對其國民應有的責任和承擔。

雖然權利的體系大致上可分為私人自主和公共自主兩大部分，但是，哈貝馬斯指出，權利的體系內容（即哪些權利應受承認和保障）絕不是不言而喻、不證自明的，惟有通過公共領域中理性的、民主的討論，形成公共輿論和公共意志，而此意志又通過民主立法程序昇華為法律，權利體系的具體內容才得以彰顯。由此可見，法治（作為權利的體系）對民主有高度的依賴性。

哈貝馬斯舉出 18 世紀末美國立憲過程中《權利法案》的制定為例子。[27] 毋庸置疑，《權利法案》是美國法治制度的靈魂，但《權利法案》中的權利是從哪裏來的呢？哈貝馬斯指出，在美國立憲過程中，公共領域發揮了關鍵性的作用。通過理性討論，社會大眾形成了關於《權利法案》的制定及其應包括的內容共識，最後，《權利法案》便被寫進《美國憲法》之中。由此可見，法治是透過民主立憲過程而建立的。

程序主義的重要

哈貝馬斯把自己的法律觀（或法治觀）形容為"程序主義的法律觀"（proceduralist paradigm of law），並把它與他另外觀察所得的"資產階級形式主義的法律觀"（bourgeois formal law）和"社會福利國家實體化的法律觀"（welfare-state materialized law）予以區分和對比。[28] 在他看來，資產階級形式主義的法律觀強調個人權利自由和私人自主，福利國家實體化的法律觀重視實體性的社會因素和社會保障，而他的程序主義法律觀，則把產生法律的程序視為現代法的精髓。

在哈貝馬斯眼中，產生法律的程序不單包括在立法機關的正式程序，還包括在公共領域進行理性討論的程序性前提，即上述討論的公開性、自由性、平等性和不受權力的扭曲等程序性保障。在這些程序性規範的保護下，民主精神得以實踐，公共意見和意志得以形成，並提升為立法。因此，哈貝馬斯的法律觀和民主觀都是程序主義的，他又以程序主義的概念來闡釋司法裁判的正當性：他指出法院對案件判決的正當性，取決於司法審判程序的公正，例如公開審訊、法官必須大公無私、訴訟當事人有陳詞和辯論的機會、法院必須解釋其判決理由等。哈氏指出，立法和司法都是溝通理性的體現，在立法中，人們就規範的證成（justification）進行理性討論；在司法中，人們則就規範在具體案件中的適用程度進行理性討論。[29]

　　除了法治對民主的依賴性外，哈貝馬斯又指出民主對法治的依賴性。哈氏提到民主需要以法治來制度化，這令我想起中國在 1978 年中共十一屆三中全會的歷史性決議中的一句話：“為了保障人民民主，必須加強社會主義法制，使民主制度化、法律化”。由於哈貝馬斯的民主觀是程序主義的，所以他特別重視法律關於民主的程序性規定。在議會中的民主實踐，有賴於法律對議會中的理性討論的制度化、程序化。至於在公共領域中的理性討論和民主實踐，亦有賴法制提供的制度性保障，如言論、出版、集會、遊行自由等保障。

六、自由主義和社羣主義

　　哈貝馬斯認為，他對法治（尤其是權利的體系）和民主（尤其是公共領域的民主討論和民主的立法程序）的關係論證，確立了法治和民主的內在聯繫，而同一套論證方法，還可用來協調和整合表面上對立的自由主義（liberalism）和社羣主義（或共和主義，即communitarianism 或 republicanism）。[30]

　　在哈貝馬斯眼中，自由主義強調的是個人的權利和自由，尤其是他所謂的私人自主。自由主義肯定私有產權和市場經濟，亦即哈耶克指出的自發形成的社會秩序（spontaneous order）。國家政府的角色是相當有限的，例如限於維持治安、對權利提供法制保障、建造基礎設施以方便經濟發展、組織國防力量等。從自由主義的角度看，每個人都應有權在不傷害他人的前提下，享受最大程度的自由，包括選擇自己的價值信念和生活方式，以實現自己的個性和人生理想。自由主義無可避免地助長這樣的一種心態，就是個人可以個人主義地、自利地生活，毋須太關心周圍的人以至國家民族，毋須把他人或羣體的利益和價值放在自己之上。從這個角度看，“犧牲小我，成全大我”的心態是難以理解的。

至於社羣主義或共和主義，哈貝馬斯認為它強調的是人民主權（而非個人權利）和公共自主（而非私人自主）。社羣主義對人的自我或人性的理解與自由主義不同，認為人的自我認識或身分認同，與他作為社羣的一份子這個事實和與社羣文化、傳統與歷史是密不可分的。這即是說，“我是誰？”這問題很大程度上決定於我生活在甚麼樣的社會、文化、國家、民族或傳統之中。這些外在的社會和歷史因素，決定了自我認識和人生追求的想法。

因此，社羣主義認為，人必須積極參與和投入羣體的生活，把自己貢獻出來，人才能找到其身分認同，才能實現其生命的意義和價值。社羣主義思想嚮往古希臘城邦的公共生活，在那裏公民不單享有民主參與、決定公共政策的權利，更對城邦作為一個命運共同體負有神聖的責任。在城邦危急存亡之際，公民須為城邦獻出自己的生命。社羣主義強調公民不單是權利的主體，也是義務的主體，義務包括對他人、對整個社羣的義務，甚至對國家、民族、傳統和文化的責任。

協商式民主

哈貝馬斯在溝通行為理論的基礎上，提出協商式政治或協商式民主（deliberative democracy）的概念，[31] 用以融合自由主義和社羣主義的精華，並同時極力避免各自的極端化和弊病。協商式民主理論從自由主義那裏吸收的，是法治和個人權利的保障；從社羣主義吸收的，是公共生活的重要性，尤其在公共討論的基礎上，如何形成公共意志。

根據協商式民主的理論，民主的精髓在於公共領域裏的理性，和民主的討論與協商，但公共領域的存在和繁榮，則有賴於對言論自由、新聞自由、資訊自由、出版自由、集會遊行自由、結社自由等自由權利作制度性的保障。自由主義的法治提供了這種保障，所以它對於協商性民主的實現，是功不可沒的。

協商式民主與自由主義的不同之處，就是前者與社羣主義的相似之處，在於協商式民主不贊成"各人自掃門前雪"的取向，反對人們只顧自己的利益和權利，只在自己的私人生活中尋求滿足，而對公共事務漠不關心。協商式民主主張個人必須積極參與公共事務的討論，投入公共領域中的溝通協商活動，這便是協商式民主與社羣主義的共通點。

但是，協商式民主與社羣主義（至少是較強勢的社羣主義）也保持距離。協商式民主並不要求人們全心全意地、毫無保留地把自己奉獻給偉大的祖國或民族，它不需要人們為一些高層次的社會理想而自我犧牲。它要求公民所盡的責任，無非是積極地、認真地、誠意地、理性地參與在公共領域中進行的討論協商，從而對公共輿論和公共意志的形成，以至權利體系的內容確定，作出自己能力範圍之內的一點貢獻。

協商式民主的理想只限於程序層面，而不涉及實體性的社會共同理想，這便是它和社羣主義或共和主義的不同。**協商式民主提倡人民參與公共事務的討論，但不要求他們認同和獻身於某種實體性的社會理想或主張，如愛國主義或民族主義**。在這方面，哈貝馬斯提出了"憲政主義的愛國主義"（constitutional patriotism）的概念。[32]

憲政主義的愛國主義和一般的愛國主義有甚麼不同？以德國為例，希特拉的納粹主義便是一種極端的愛國主義和民族主義，它認為德意志民族是最偉大、最優秀的民族，有最光榮的歷史文化傳統。作為這個民族的成員，為民族和國家奉獻自己，甚至犧牲自己，便是生命意義的最高體現。和愛國主義不一樣，"憲政主義的愛國主義"的效忠對象不是國家或民族，而是國家的憲政秩序、權利體系和公共領域，即尊敬、信任、認同和忠誠於這個保障人的自由、平等和溝通理性的政治和法律秩序，願意參與其運作，為其運作略盡綿力。

哈貝馬斯嘗試在自由主義和社羣主義之間，開拓出一條中庸之道，這就是協商式民主。他指出，自由主義的最高價值之一是寬容，即容忍和尊重與自己不同的價值信念和生活方式，大家和平共存。但是，他認為光是寬容是不夠的，因為這可能導致人們對他人漠不關心，因此，除了寬容之外，還需要商議，[33] 即大家一起討論共同關心的事情，羣策羣力，凝聚共識。

但是，在多元主義的現代世界，就着不少價值觀念和生活方式的問題，人們沒有可能達成完全的共識。共識較為可能的領域，便是社會秩序中的程序性、制度性的安排和權利體系的內容，包括法制的架構。這樣，通過法治、憲政和協商式的民主，我們便可儘量實踐正義。**正義是指所有人的尊嚴都受到平等的尊重**。但是，由於現代社會中價值的多元，我們沒有可能也毋須保證每個人都能過美善的生活（good life）。哈貝馬斯對於正義的關注遠超於他對美善生活的關注，從這個角度來看，他在自由主義和社羣主義之間開闢的第三條道路，還是比較靠近自由主義。

七、結論

在思想文化的領域，現代性的起源可追溯至 17 世紀自然科學的重大發現，和 18 世紀啟蒙時代對於更合理和更美好的社會和政治秩序的追求。啟蒙運動的思想家相信，正如人類可以憑理性識破關於自然宇宙的科學真理，人類也可以運用其理性，把自己從過往的愚昧和壓迫中解放出來，建設一個更自由、更人道、更進步的社會。

在後現代主義思潮氾濫的今天，哈貝馬斯仍然堅持啟蒙和現代性是尚未完成，但值得繼承的事業，對此我十分同意和欣賞。哈貝馬斯提出溝通理性的概念和真理的共識論，在我們對於理性和真理逐漸失去信心的今天，起了力挽狂瀾的作用，為我們開出一條可行之路。

哈貝馬斯對於現代社會的進步及帶來的代價，它的光明面和陰暗面的分析是具啟發性的。在現代，出現了公共領域，出現了法治、憲政、民主和"權利的體系"，這都是哈貝馬斯所肯定的、有進步性的事物。但是，哈氏同時看到了現代社會系統中，金錢和權力這些操控媒介的力量過分膨脹的危機，尤其是它對於人類的溝通理性的威脅，這種對現代社會的批判是發人深省的。

哈貝馬斯法律觀的獨到之處，在於他把現代法理解為人類高貴的溝通理性的體現，並把法律的來源追溯至生活世界中公共領域的理性討論。他認為法律是生活世界與社會系統的仲介，指出法律可以作為人類溝通理性抗衡社會系統中，那非人化的金錢和權力邏輯的工具，這些觀點能使我們加深對現代法的功能、價值和意義上的認識。

哈貝馬斯說明法治和民主的內在聯繫，又嘗試融合自由主義和社羣主義各自的睿見，這對當代政治和法律哲學的發展有深遠的意義。尤其重要的是，哈氏指出，法治的核心是權利的體系，但這個體系的具體內容，必須通過公共領域中的理性和民主的討論及民主的立憲和立法過程，才能彰顯出來。他又指出權利體系中言論、出版、集會、結社等自由的關鍵性，因為它們是公共領域的民主運作的制度性基礎。

至於哈貝馬斯思想的主要弱點，可能在於他過於理想主義，高估了人們參加公共事務的討論能力和意願，又對於人們不堅持己見、願意接受他人意見、從善如流以達成共識的可能性，過於樂觀。懷疑者可以指出，很多人在討論中都不是理性的，很多問題都不是通過溝通便能解決的，對於絕大部分問題，共識都是沒有可能的。

但是，哈貝馬斯提出的"理想交談情境"，顧名思義，始終不外是一個理想。他也承認，在公共領域之中，現實上很多討論都不能滿足理性討論的條件或前提。我們未能實現某一理想，並不表示我們便應放棄此理想。哲學的功能便是替人類勾畫出一些理想和方向，一些值得我們努力去實現的目標。

回顧人類歷史，我們會發現，社會進步並非不可能的事，而且確實曾經發生。進步不單發生在物質文明和科技的領域，也發生在精神文明和思想文化的領域。舉例來說，以前奴隸制度被認為是理所當然的，在今日世界，絕對否定奴隸制度的人權思想已在國際間得到最普遍的承認。由此可見，人類的確有理性反思和通過溝通對話，而形成共識的能力。

　　對於我們法學工作者來說，哈貝馬斯在跨科際的層次對法理學的研究和反思，具有重大的意義和啟發性。我們可以明白，現代法律是現代社會的一個環節，它與現代社會的其他部分，如哈貝馬斯所謂的公共領域、生活世界、政治系統和經濟系統都息息相關。我們可以通過對現代社會的性質和結構的研究，去了解現代法律。反過來說，我們又可從現代法律的特點和內容出發，進而研究現代社會。我們更可從現代法的價值信念、理想和追求之中，看到現代人的需要和掙扎，看到我們作為法學工作者，在現代社會中的角色和使命。這些便是哈貝馬斯的哲學，對我們法學工作者的啟示。

註釋

1　Henry Maine, *Ancient Law* (Beacon Press, 1963).

2　*Max Weber on Law and Economy in Society,* ed. M. Rheinstein (Harvard University Press, 1954).

3　Roberto M. Unger, *Law in Modern Society* (Free Press, 1976)，或中譯本昂格爾著，吳玉章及周漢華譯：《現代社會中的法律》，（北京：中國政法大學出版社，1994 年）。

4　逢之：〈哈貝馬斯中國之行記述〉，《二十一世紀》（香港），2001 年 6 月號（總第 65 期），頁 112。

5　英譯本為 Jürgen Habermas, *The Structural Transformation of the Public Sphere*, transl. by Thomas Burger (MIT Press, 1991)。

6　英譯本為 Jürgen Habermas, *The Theory of Communicative Action*, vol. 1, transl. by Thomas McCarthy (Polity Press, 1986); Jürgen Habermas, *The Theory of Communicative Action*, vol. 2, transl. by Thomas McCarthy (Polity Press, 1989); 中譯本為哈貝馬斯著，洪佩郁及藺菁譯：《交往行動理論》（兩卷本），（重慶：重慶出版社，1994 年）。

7　英譯本為 Jürgen Habermas, *Between Facts and Norms*, transl. by William Rehg (MIT Press, 1996)。

8　H.L.A. Hart, *The Concept of Law* (Oxford University Press, 1961).

9　Ronald Dworkin, *Taking Rights Seriously* (Duckworth, 1977).

10　John Rawls, *A Theory of Justice* (Harvard University Press, 1971).

11　曾慶豹：《哈伯瑪斯》，（台北：生智文化事業，1998 年），第 7 章。

12　曾慶豹，同註 11。

13　羅曉南：《哈伯瑪斯對歷史唯物論的重建》，（台北：遠流出版公司，1993 年）；
高宣揚：《哈伯瑪斯論》，（台北：遠流出版公司，1991 年），第 4 章。

14　黃瑞祺：《批判社會學》，（台北：三民書局，1996 年），第 8、10 章；
艾四林：《哈貝馬斯》，（長沙：湖南教育出版社，1999 年）第 7 章；
高宣揚：《當代社會理論（下卷）》，（台北：五南圖書，1998 年），第 23 章。

15　Habermas，同註 7，第 4 章；
曾慶豹，同註 11，第 10 章。

16　Habermas, "Modernity: An Unfinished Project", in M.P. d'Entréves and Seyla Benhabid (eds.), *Habermas and the Unfinished Project of Modernity* (Polity Press, 1996), chap. 1.

17　參見本書下一篇文章〈從福柯的《規訓與懲罰》看後現代思潮〉。

18　Steven Best and Douglas Kellner, *Postmodern Theory* (Guilford Press, 1991), chap7.

19　黃瑞祺，同註 14，頁 177-181、244-264。

20　汪行福：《走出時代的困境 —— 哈貝馬斯對現代性的反思》，（上海：上海社會科學院出版社，2000 年）；
張博樹：《現代性與制度現代化》，（上海：學林出版社，1998 年）；
李忠尚：《第三條道路？ —— 馬爾庫塞和哈貝馬斯的社會批判理論研究》，（北京：學苑出版社，1994 年）。

21　William Outhwaite, *Habermas: A Critical Introduction* (Polity Press, 1994), chap. 6.
　　Larry J. Ray, *Rethinking Critical Theory* (Sage Publications, 1993), chaps. 3, 4.

22　Habermas，同註 7，頁 359。

23　Habermas，同註 5；
　　Craig Calhoun,"Introduction: Habermas and the Public Sphere", in Craig Calhoun (ed.), *Habermas and the Public Sphere* (MIT Press, 1992), chap 1.

24　Habermas, 同註 7；
　　Mathieu Deflem ed., *Habermas, Modernity and Law* (Sage Publications, 1996)；
　　Michael Rosenfeld and Andrew Arato eds., *Habermas on Law and Democracy：Critical Exchanges* (University of California Press, 1998).

25　哈貝馬斯著、景躍進譯：〈法治與民主的內在關係〉,《中國社會科學季刊》(香港), 總第 9 期 (1994 年 11 月), 頁 139-143 (英文原文刊於頁 132-138)；
　　Martin Leet, "Jürgen Habermas and Deliberative Democracy", in April Carter and Geoffrey Stokes (eds.), *Liberal Democracy and Its Critics* (Polity Press, 1998), chap. 4.

26　Habermas，同註 7，第 3 章。

27　Habermas，同註 7，頁 148。

28　Habermas，同註 7，第 9 章。

29　Habermas，同註 7，第 5 章。

30　哈貝馬斯：〈民主的三個規範性模式〉,《中國社會科學季刊》(香港), 總第 8 期 (1994 年 8 月), 頁 144-152 (包括英文原文和中文提要)；
　　曾慶豹，同註 11，第 11 章；
　　童世駿：〈'填補空區'：從'人學'到'法學'── 讀哈貝馬斯的《在事實和規範之間》〉,《中國書評》, 總第 2 期 (1994 年 11 月), 頁 29-43。

31　Leet，同註 25。

32　Habermas，同註 7，頁 491-515。

33　曾慶豹，同註 11，頁 303。

從福柯的《規訓與懲罰》看後現代思潮

後現代主義是當代西方學界內重要潮流之一，其影響力遍佈人文社會學科的不同領域。後現代主義的源流是多方面的，它並不是一個結構完整、內容統一的體系。研究後現代主義的其中一個較可行的方法，是從一些主要的思想家入手，例如德里達（Derrida）、利奧塔（Lyotard）、福柯（Foucault）、波德里亞克（Baudrillard）、羅蒂（Rorty）等。本文將以福柯的思想，尤其是他的重要著作《規訓與懲罰》[1]為出發點，探索後現代思潮的啟示。雖然福柯未曾以後現代主義者自居，但是，由於他"對現代社會和整個西方傳統文化的深刻批判，使他在客觀上成為了後現代主義在理論上的真正啟蒙者。"[2]

至於《規訓與懲罰》一書，福柯曾說這是"我的第一本書"（其實它並非福柯的首部著作，這裏應是指福柯自己真正滿意的第一本書），"這並非毫無原因：因為就福柯作品的壓卷之作而言，此書因極盡語言與結構、表述風格與篇章順序之能事而頗具競爭力；就引人入勝而言，它絲毫不亞於《癲狂與文明》；而就原創性而言，也不亞於《事物的秩序》。福柯又一次挖掘出最出乎意料的原始資料，他對歷史記錄的重新詮釋，又一次天馬行空而發人深省。"[3]此外，由於本人是法學工作者，而《規訓與懲罰》是一部刑罰的現代史，所以特別感興趣。

本文以下分為四部分，第一部分簡介《規訓與懲罰》的研究取向和主要論點。第二部分把該書放進福柯一生的學術志業之中，並對福柯的思想作一總評。第三部分，嘗試勾畫後現代主義的輪廓，並以此為背景，探討福柯與後現代的關係。最後，第四部分就《規訓與懲罰》、福柯和後現代思潮給我們的啟示，予以反思。

一、《規訓與懲罰》

《規訓與懲罰》的副題是"監獄的誕生"，原著為法文，出版於1975 年。該書開首繪影繪聲地敍述了一名法國人達米安在 1757 年因企圖弒君罪而被公開處決的場面；達氏受到的折磨可謂慘絕人寰、令人毛骨悚然，類似中國的凌遲和五馬分屍。然後，福柯把鏡頭迅速移至80 年後"巴黎少年犯監管所"的規章，並列出犯人每天生活時間表的詳細規定。於是，福柯指出：

"19 世紀初，肉體懲罰的大場面消失了，對肉體的酷刑也停止使用了，懲罰不再有戲劇性的痛苦表現。懲罰的節制時代開始了。到 1830 年至 1848 年間，用酷刑作為前奏的公開處決，幾乎完全銷聲匿跡。"（頁 15）

在西方現代法制史中，酷刑和肉刑在 18 世紀啟蒙時代後的廢除，以至監禁成為了刑事犯罪的主要處罰方式，在人類歷史中，這是否啟蒙運動帶來的進步？是否"‘人性勝利’的進程"（頁 8）？是否意味着"更少的殘忍，更少的痛苦，更多的仁愛，更多的尊重，更多的‘人道’"（頁 17）？雖然福柯沒有正面回答這些問題，但從書中可以看到，他會對這些問題給予否定的答案。

從酷刑看權力操控

在福柯看來，無論是中世紀的酷刑制度（即對人的肉體進行折磨），還是現代的監獄制度（即對人的肉體進行“規訓”〔包含紀律、教育、訓練、訓誡、規範化等意思〕）（頁 375-6），都不外是權力運作的模式之一，尤其是權力以人的身體作為媒介進行運作。福柯指出：

“肉體也直接捲入某種政治領域；權力關係直接控制它，干預它，給它打上標記，訓練它，折磨它，強迫它完成某些任務、表現某些儀式和發出某些信號。”（頁 27）

福柯把自己在這方面的研究稱為“肉體的政治技術學”和“權力的微觀物理學”（頁 25、28）。這個研究的意義不限於人的肉體，也涵蓋人的靈魂：

“它〔靈魂〕確實存在着，它有某種現實性，由於一種權力的運作，它不斷地在肉體的周圍和內部產生出來。這種權力是施加在被懲罰者身上的 ⋯⋯它⋯⋯生於各種懲罰、監視和強制的方法 ⋯⋯這個靈魂是一種權力解剖學的效應和工具；這個靈魂是肉體的監獄。”（頁 31-32）

西方現代以前的刑罰為甚麼是那樣殘酷的肉刑，而且要當眾展示或“表演”？福柯指出，肉刑的形式和份量不是任意的，而是“經過計算的痛苦等級”（頁 37）：

“酷刑是以一整套製造痛苦的量化藝術為基礎的⋯⋯酷刑將肉體效果的類型、痛苦的性質、強度和時間與罪行的嚴重程度、罪犯的特點以及犯罪受害者的地位都聯繫起來。製造痛苦有一套法律準則⋯⋯人們會根據具體的規則進行計算。”（頁 37）

至於當眾的折磨和行刑，福柯理解為王權無上威力的宣示和對膽敢挑戰王法的犯人作出報復：

> "犯罪者破壞法律，也就是觸犯了君主，而君主，至少是他所授權
> 的那些人，則抓住人的肉體，展示他如何被打上印記、被毆打、被摧
> 毀。因此，懲罰的儀式是一種'恐怖'活動……即用罪犯的肉體來使所
> 有人意識到君主的無限存在。公開處決並不是重建正義，而是重振權
> 力。"（頁 53）

監禁制度的意識形態

　　針對這樣的一種刑罰制度，信仰理性、人權和進步的啟蒙時代思
想家（如貝卡里亞）提倡改革，難道不是善意的嗎？誰能否認酷刑、肉
刑和公開行刑的消失，不是人類文明進步的表現？福柯卻獨排眾議，
力陳刑罰制度改革背後的陰險一面。他指出，刑罰制度改革的背景是
經濟的發展、資本主義的興起和犯罪形態的改變。暴力罪行減少了，
而對於財產的犯罪卻隨着產權結構的改變而大幅度增加，這直接威脅
到資產階級的利益。在這種社會轉變出現之前，資產階級曾願意對民
間的一些非法行為採取姑息的態度，現在則有需要對新興的非法行為
作更嚴厲的對治。因此，刑法的改革並非真的以人道主義為本，而是
為了加強社會控制、對各式各樣的犯罪進行全面的、細微的和高效率
的管理。福柯說：

> "改革運動的真正目標……與其說是確立一種以更公正的原則為基
> 礎的新懲罰權利，不如說是建立一種新的懲罰權力'結構'（或譯作'經
> 濟'），使權力分佈得更加合理"（頁 89）；"使對非法活動的懲罰和鎮
> 壓變成一種有規則的功能，與社會同步發展；不是要懲罰得更少，而

是要懲罰得更有效；或許應減輕懲罰的嚴酷性，但目的在於使懲罰更具有普遍性和必要性；使懲罰權力更深地嵌入社會本身。"（頁 91）

但福柯指出，對於啟蒙時代的刑法改革家來說，監禁並非是最主要、最普遍適用的刑事處罰方法。他們希望建立的是福柯形容的"符號的技術"（頁 104），即通過各種刑罰的高透明度的實施，向整個社會不斷傳遞訊息：犯罪者必定會受到其罪有應得的懲罰，以收阻嚇作用。福柯把這種方法稱為"運用於在一切人腦海中，謹慎地但也是必然地和明顯地傳播着的表象和符號的遊戲"（頁 111），但"把監禁作為一種萬能的刑罰"是與"這一整套技術格格不入的"（頁 129），因此，"關於刑事監禁的觀念受到了許多改革者的公開批判"（頁 128）。那麼，為甚麼監獄制度迅速在 19 世紀成為了刑罰制度的主體？

現代社會是監獄

福柯給我們的答案是驚人的。他說，監獄是一種規訓組織，是規訓權力的表現。而整個現代社會是充滿規訓組織的，如學校、工廠、醫院、精神病院、軍隊等。規訓組織所體現的是規訓權力，而現代社會的政治和經濟制度都是以規訓權力為基礎的。作為規訓機構，監獄與現代社會的其他主要構成部分是同質相通的，只不過監獄比其他是更為"徹底的規訓機構"（頁 264）：

"它必須對每個人的所有方面 —— 身體訓練、勞動能力、日常行為、道德態度、精神狀況 —— 負起全面責任。學校、工廠和軍隊都只涉及某些方面的專業化，而監獄遠遠超過它們，是一種'全面規訓'的機構 …… 它實行的是一種不停頓的紀律 …… 它對犯人施展一種幾乎絕對的權力。它具有壓迫和懲罰的內在機制，實行一種專制紀律。它最大限度地強化了在其他規訓機制中也能看到的各種做法。"（頁 264）

因此，對於福柯來說，**整個現代社會都是一所監獄，所有人都在接受規訓，只不過程度上有所不同而已**。於是，我們發現《規訓與懲罰》不單是一本關於現代監獄制度的性質和起源的書，更是一本關於西方現代社會性質和起源的書。

《規訓與懲罰》的第三部分題目是"規訓"，這部分離開了刑事處罰的主題，轉而論述"規訓"的性質、目的、內容和手段。規訓首先是針對人的肉體的，旨在塑造"馴順的肉體"（docile bodies），使它一方面服從指示，另一方面又能滿足既定的技能上或操作上的要求，就如機器一般：

"肉體是馴順的，可以被駕馭、使用、改造和改善。"（頁 154）"許多規訓方法早已存在於世，如在修道院、軍隊、工廠等。但是，在 17 和 18 世紀，紀律變成了一般的支配方式……要建立一種關係，要通過這種機制本身來使人體在變得更有用時也變得更順從，或者因更順從而變得更有用……當時正在形成一種強制人體的政策，一種對人體的各種因素、姿勢和行為的精心操縱……這樣，紀律就製造出馴服的、訓練有素的肉體，'馴順的'肉體。紀律既增強了人體的力量（從功利的經濟角度看），又減弱了這些力量（從服從的政治角度看）。"（頁 155-156）

福柯詳細和具體地描述和分析了這種營造馴順肉體的"政治解剖學"或"權力力學"（頁 156），它的手段包括空間的分配、時間運用的管理、對於身體的動作和姿勢細緻的調校、各類型的訓練、操練和練習，對人的活動、行為、表現或能力不斷和深入地觀察、監視、監督、檢查、考核,並把所得資料記錄在案。此外,又對同一組別或羣體中的個人進行量度、比較、區分、評核、等級化,並設定一些關於甚麼才是"正常"或"好"的標準、規範,從而對個人作出評價、分類或對個別人士予以排斥,並迫使人就範,即施以壓力使其接受和遵從這些標準。

福柯特別強調監視系統在規訓機構中的關鍵作用。書的第三部分的第三章題為"全景敞視主義"(Panopticism),這是福柯創造的詞語,其含義來自英國功利主義哲學家邊沁(Bentham)的"敞視式監獄"(Panopticon)(或譯作"全景式監獄"或"全景敞視建築")的建築圖則。這個建築設計的中心是一座瞭望塔,周圍是環形的建築,內有很多小囚室。窗戶、光線和窗簾的設計,使瞭望塔的人可隨時觀察到每個囚室的人的一舉一動,囚室的人卻不能看到瞭望塔的人,也不能看到其他囚室的人:

> "然後,所需要做的就是在中心瞭望塔安排一個監督者,在每個囚室裏關進一個瘋人或一個病人、一個罪犯、一個工人、一個學生。"(頁 224)

在福柯眼裏,"全景敞視建築展示了一種殘酷而精巧的鐵籠……它是一種被還原到理想形態的權力機制的示意圖。"(頁 230)他並指出,"在 19 世紀 30 年代,全景敞視建築成為大多數監獄設計方案的建築學綱領。"(頁 279)

規範統治無處不在

規訓不但體現於建築形態,更與現代學術和專業知識有密不可分的聯繫。福柯認為,現代臨床醫學、精神治療學、兒童心理學、教育心理學、犯罪學等關於人的科學發展，與現代的醫院、精神病院、學校、監獄等機構所體現的規訓權力是相輔相成、互為因果和狼狽為奸的。"知識的形成和權力的增強，有規律地相互促進，形成一個良性迴圈。"（頁251）例如，規訓組織通過對人的監視和觀察而累積的檔案資料，便成了這些學科的研究材料。"關於人的科學就是這樣誕生的嗎？這一點或許可以在這些'不登大雅之堂'的檔案中得到解答。"（頁214）此外，這些學科又建立了甚麼是正常的人、健康的人，甚麼是好學生、好公民的標準或規範，以這些標準或規範來統治社會：

　　"對是否正常進行裁決的法官無處不有。我們生活在一個教師—法官、醫生—法官、教育家—法官、'社會工作者'—法官的社會裏。規範性之無所不在的統治就是以他們為基礎。每個人無論自覺與否，都使自己的肉體、姿勢、行為、態度、成就聽命於它。"（頁349-350）

　　於是，福柯在《規訓與懲罰》中就權力和知識之間的關係作出他那經典論述：

　　"我們應該承認，權力製造知識……權力和知識是直接相互連帶的；不相應地建構一種知識領域就不可能有權力關係，不同時預設和建構權力關係就不會有任何知識。"（頁29）

　　除了把規訓與關於人的科學聯繫以外，福柯也探討了規訓與現代法治和現代資本主義的關係。關於前者，福柯指出，從表面上看，現代法治制度體現社會契約和主權在民的精神，保障人人平等權利，並實施民主憲政，看來是很美好的，

　　"但是，規訓機制的發展和普遍化，構成了這些進程的另一黑暗

面。保障原則上平等的權利體系的一般法律形成……是由我們稱之為紀律的那些實質上不平等和不對稱的微觀權力系統維持的……真實具體的紀律構成了形式上和法律上自由的基礎……'啟蒙運動'既發現了自由權利，也發明了紀律……紀律應該被視為一種反法律……紀律實施的方式，它所調動的機制，一輩人受到另一輩人的不可逆的支配，永遠屬於一方的'過剩'權力，在共同的規章面前，不同的'合作者'那不平等地位，這一切都使紀律聯繫區別於契約聯繫，並且使契約聯繫從具有一種紀律機制的內容之時起，就可能受到系統的扭曲。"（頁 249）

以上的文字使我們想起馬克思對資本主義法制的批判，福柯也引用了馬克思關於資本累積的概念，用以闡明他的規訓概念。他指出，正如資本累積的技術促進了"西方的經濟起飛"（頁 247），規訓所代表的"人員積聚的管理方法"有助於西方的"政治起飛"（頁 247）：

"實際上，這兩個過程——人員積聚和資本積累——是密不可分的……資本主義經濟的增長造成了規訓權力的特殊方式。"（頁 247-248）

監獄制度鞏固政權

現在，讓我們進入《規訓與懲罰》的第四部分，亦即它的最後部分。福柯指出，在遏止犯罪方面，其實現代監獄制度並不成功，它不但無助於減低犯罪率，而且成為了生產累犯和"過失犯"（delinquents）的溫床。在福柯眼中，過失犯是現代心理學和犯罪學所創造的概念，指一種不正常的人，因其生活和成長的環境惡劣或性格有缺陷，而有犯罪傾向的人（頁 281），一種被認為需要接受治療和改造的人。福柯在這裏提出一個驚人的論點，他說，監獄制度表面上看來並不成功，這只是因為我們未能看到它的真正功能：

"監獄及其一般的懲罰並不旨在消滅違法行為，而是旨在區分它們，分配他們，利用它們……它們傾向於把對法律的僭越，吸收進一種一般的征服策略中……刑罰不是簡單地'遏制'非法活動，而是'區分'它們，給它們提供一種普遍的'經濟機制'（general economy）。"（頁 307）

福柯指出，現代監獄制度其實是成功的，因為

"監獄極其成功地製造出過失犯罪（delinquency）這種特殊的、在政治上或經濟上危害較小的、有時可以利用的非法活動形式……把過失犯罪構造成一種知識物件的過程包含着能夠分解非法活動、從中分離出過失犯罪的政治運作。"（頁 312-313）

福柯認為，監獄生產出過失犯，又把過失犯從其他罪犯中區分出來，這符合統治階級的利益，正因如此，監獄制度能在批評聲中屹立不倒。他指出，在 18 世紀末、19 世紀初的西歐，社會矛盾日趨激烈，對於政權和有產階級的挑戰和鬥爭往往採取了"犯罪"的形式，"一系列的非法活動也被納入反對法律及反對推行法律的階級的自覺鬥爭中"（頁 309）。在這情況下，把監獄制度和打擊犯罪活動的矛頭對準在"過失犯"，有助於使犯罪非政治化，從而減低犯罪活動在整體上對政權構成的威脅。

此外，過失犯對於統治階級也有利用的價值。統治階級中那些進行非法活動的人可以吸納過失犯以經營娼妓、販毒等勾當，警方又可以吸納他們為犯罪分子中的告密者。過失犯的增加又為警權的擴張提供條件，現代員警組織可以肆無忌憚地對整個社會進行全面監控：

"過失犯罪及其導致的密探和普遍的治安控制，構成了一種對居民進行不間斷監視的手段：它是一種有可能通過過失犯本身對全部社會領域進行監視的機制。"（頁 317）

二、福柯的研究事業

福柯一生的事業，可以理解為以一種特殊的批判角度和獨特的觸覺去研究西方現代史的一個嘗試。"對於許多研究歐洲大陸哲學的學者來說，福柯是一位把哲學和歷史學結合起來的思想家。正是在這樣的結合中，福柯對現代文明提出了令人深思的批評。"[4] 福柯選擇研究的歷史領域是不尋常的，如精神病、臨床醫學、監獄、性，他所關注的都是社會裏的邊緣羣體，如精神病人、囚犯、同性戀者。他"為一切被傳統視為'異常'的人們和事物鳴不平，進行翻案"，[5] 他從事的是"對於我們自身的永恆批判"、"對於我們的歷史時代的永恆的批判"，[6] 從而"探討自由的無限可能性"[7]。他相信"我們在我們的自主性中的不斷繼續創造"，[8] 他相信他的歷史研究"能從使我們現在如此這般的偶然性中分隔出這樣的一個可能性，即我們不再是、不再做和不再想我們現在所是、所做和所想的東西的可能性"。[9]

在福柯看來，歷史是權力鬥爭的舞台，正如它是戰爭的故事。他說："權力是戰爭，即以非戰爭的手段延續的戰爭"，所以應該用"鬥爭、衝突和戰爭"的概念去分析權力的運作。[10] 福柯說，在人類歷史中：

"人類並非從戰鬥到戰鬥，然後逐漸進步至一個由法治終於取代戰爭的普遍互惠狀態；人類把它的每一個暴力裝置在規則制度裏，因而從宰制再到宰制。"[11]

大量的權力中心

福柯對於權力和"權力—知識"的論述，是他的思想中最有影響力的部分。他指出，關於權力的傳統分析把焦點放在國家（政府）的權力那裏，這是很不足的。福柯認為，**在現代社會中，權力是無處不在、無孔不入的，它在社會的每一個角落、每一個層次、每一個機構、每一個人際關係中運作，權力構成了一個千絲萬縷的網絡，所有人都身墮其中**。福柯把權力形容為"一個交錯和能動的力量關係場域，它產生深遠的、但永不是絕對穩定的宰制效果"。[12] 他認為在現代社會中存在比以往更多的權力中心，其中還有更多的迴圈接觸和聯繫。[13] 現代社會中的權力是沒有統一中心的，它並非集中在若干國家機關，也並非掌握在個別的人或階級手裏。權力是分散的、星羅棋佈的，它在社會中的運行管道就正如血管在人體中的分佈。作為主體的人很大程度上是權力關係（及其相關的話語和實踐）所塑造出來的，他們成為了權力流通的渠道。

正因為權力是無所不在的，所以受壓迫者對權力的反抗，可在社會的每個角落進行。因此，福柯所認同的社會鬥爭是局部的、地方性的、社區性的（如婦女、同性戀者、少數羣裔、囚犯等人進行的爭取權益鬥爭），而非馬克思主義所主張的由工人階級發起的、針對國家最高權力機關的革命。在福柯的著作中，包括在《規訓與懲罰》裏，福柯不忘提醒讀者，各種被遺忘的鬥爭在歷史中的存在。例如他在談及公開處決的刑罰制度時，提到被處決者有時得到民眾的同情，甚至因此而出現騷亂。後來的"鐵鏈囚犯隊"的使用和廢除，"也與各種衝突和鬥爭有關"。[14] 在討論過失犯的問題時，他論及當時代表工人階級的報章，向正統官方的論述提出批判，指出犯罪的成因主要是社會不公，而非過失犯個人性格上的所謂犯罪傾向。在公開發言中，福柯甚至"明確宣稱囚犯的首要任務就是設法越獄"，[15] 使當局為之震驚。

知識和權力互相依附

福柯不相信有客觀、普遍和中立的真理存在。在他看來，任何關於真理的知識都是帶着權力的烙印，因為，正如他在《規訓與懲罰》中強調，知識和權力永遠是互相依附的。真理又反過來論證權力的正當性，從而強化權力。於是，社會中的人所信以為的真理，原來不外是社會權力網絡所製造出來的海市蜃樓。

福柯關於"權力—知識"的看法，表面上類似馬克思主義者對於被奉為真理、實際上反映統治階級的利益和世界觀的"意識型態"的批判，其實兩者是截然不同的。馬克思主義肯定科學與意識型態兩者的區分，科學是符合客觀真理的，而意識型態則是虛假的意識，當被壓迫者在不知不覺中接受了這種意識型態時，他們其實是被欺騙了。代表科學真理的馬克思主義的任務，是把他們從這種被蒙蔽的狀態中釋放出來，使他們認清他們被壓迫的真相，從而投身革命事業。但在福柯看來（在這方面他追隨尼采的觀點），客觀真理並不存在，真正的科學也並不存在，所以科學與意識型態的區分是不能成立的。福柯又把馬克思主義評判為"全盤性、全能主義的理論"（global, totalitarian theories），[16] 這些理論試圖用一套概念體系對歷史作整體性的解釋，福柯認為是無濟於事的、對歷史研究弊多於利的。

福柯的學術生涯可以分為三個階段。[17] 第一階段是 50 年代末到 60 年代，其代表作為《癲狂與文明》（1961 年）、《精神診療所的誕生》（1963 年）、《語詞與事物》（1966 年，英譯本名為《事物的秩序》）、《知識考古學》（1969 年）。在這階段，他研究的主要是現代的"知識型"（epistemes）和"話語"（discourse，又可譯為"論述"）的歷史條件和建構規則，他把這種研究稱為"知識考古學"。在關於現代精神治療學的研究中，福柯的

> "目的是要說明，以精神治療學為代表的近代科學知識，是如何一方面以真理的身分，打着客觀科學知識的旗號，在社會中普遍地傳播開來；另一方面又作為權力干預和控制社會的基本手段，起着規範化和法制正當化的功能。"[18]

在《語詞與事物》一書中，福柯追溯了現代關於人的學科的起源，包括關於生命的學科（生物學）、語言的學科（語言學）和勞動的學科（政治經濟學），人 —— 包括生活的人、說話的人、勞動的人 —— 成為了現代科學研究的對象，"人"便是這樣誕生的、由話語論述所建構出來。

福柯的事業的第二階段在 70 年代，《規訓與懲罰》便是這個時期的代表作。在這個時期，福柯的研究取向從"知識考古學"轉向所謂"權力系譜學"，"系譜學"這個用語來自尼采。知識考古學的關注點主要是知識、理論、話語的層次，而權力系譜學則轉而研究知識在社會組織中的應用，還有相關的歷史實踐及權力現象。《規訓與懲罰》對於馴服人體的規訓權力的技術運作進行仔細分析，又點出了現代關於人的科學與這種權力的互相依附的關係，可以說是這個時期的登峰造極之作。

第三個時期是 70 年代末到 80 年代初，其代表作是三卷的《性史》。在福柯生命的最後階段，他的研究旨趣從人宰制他人的技術，轉移至

人"對於自身的技術"，即人怎樣對待其自身，怎樣創造自己、掌握自己、以至改變自己；[19] 他同時調整了以往對於啟蒙運動、現代性和其價值理念的全盤否定想法。例如，在"甚麼是啟蒙？"一文中，[20] 他承認他所主張及對現實批判的精神，是與啟蒙運動一脈相成的，他正面評價現代性中"急於對現在作出想像、把它想像為另類的模樣並改變它"的態度，[21] 又說"啟蒙運動的歷史意識核心包涵這個原則"，即"批判原則和我們在自主性中不斷創造的原則"。[22] 除了提到人的自主性以外，福柯在文中又不止一次提到人對自由的追求。人的自由和自主性，這不正是以康德為代表的啟蒙精神的終極關懷嗎？

三、福柯與後現代

甚麼是後現代，眾說紛紜。正如一位西方學者指出："'後現代'並不代表一套有系統的理論，或一個全面而完整的哲學，它是對於現今文化的一些不同的分析和註釋，及對於一些互相關連的現象描述。"[23] 在《後現代論》一書中，高宣揚指出：

"不管後現代主義思想家們賦予'現代性'甚麼樣的內容和含意，他們都以批判現代性為己任……'後現代'孕育於'現代性'內部、而又不斷地進行自我超越。對現代性的批判，乃是後現代主義自我形成、不斷自我超越的一個內在動力和重要條件，因而構成後現代主義的一個重要特徵……後現代批判原則與現代批判原則的基本特徵不同之處，就是立足於活生生的多元化人類生活，將批判活動變成為無固定原則、無固定中心、無確定目的、無固定形式以及無完整體系的、理論與實踐相結合的遊戲活動。"[24]

　　因此，後現代主義可以理解為對現代性的反動。在本文這個部分，將在描述現代性的基礎上，嘗試勾畫後現代主義的輪廓，然後探討福柯與後現代的關係。由於後現代主義的足跡，幾乎遍佈當代西方思想文化世界的所有領域，不可能在這裏一一處理，本文所論述的後現代主義，主要局限於哲學和社會思想的範疇。

　　"現代"和"前現代"應如何分界，在歷史學中並無定論，但相信大家都會同意，宗教改革運動以前的歐洲中世紀屬於前現代，而啟蒙運動和法國大革命以後則屬於現代。從前現代到現代的進程，可理解為發生於兩個不同而相關的層面，一是思想文化的層面，二是政治、經濟、科技和社會變遷的層面。例如在第一個層面，我們可以看到基督教的主導地位減退，科學和啟蒙理性的興起，以至後來的浪漫主義文化潮流；在第二個層面，我們可以看到民族國家的建立、資本主義的興起、民主憲政體制的誕生，以至工業革命、都市化、帝國主義等現象。

啟蒙運動的現代觀

　　對於甚麼是現代性 —— 尤其是思想文化層面的現代性 —— 的精髓，哈貝馬斯在〈現代性：一個尚未完成的事業〉一文中有精闢的論述。[25] 他提到法國啟蒙運動的精神："追求完美的理想，及一個來自現代科學啟發的概念，即知識的無限進步，以及社會和道德的不斷進步。"[26] 他指出，啟蒙運動健將孔多塞（Condorcet）相信，"文藝和科學的發展不但將給予人類駕馭大自然的能力，還將帶來人類對自身和世界的了解、道德進步、社會制度中的正義，以至人類的幸福。"[27]

　　同時，哈貝馬斯引用了韋伯對現代性的認識，即現代性是以往由宗教思想所主導的世界觀，分為三個獨立的價值領域 —— 科學、道德和藝術。科學追求的是客觀世界的真理，道德追求的是規範人類行為的普遍原則和社會及法制中的正義，藝術則追求美。哈氏指出：

"18 世紀啟蒙運動思想家構想的現代性事業，便是一方面根據其各自的內在邏輯，不斷發展客觀化的科學、道德和法律的普遍性基礎及自主的藝術，同時把它們的高深形式和實踐運用所累積的認知能量釋放出來，藉以進行生活條件和社會關係的理性建構。"[28]

由此可見，啟蒙精神是現代性（至少是社會和哲學思想範疇中的現代性）的精髓。啟蒙思想家受到 17 世紀科學突飛猛進的啟迪，堅信人類理性不但可以使人類明白大自然和宇宙這個物質世界的真相，還可以幫助人類批判其歷史中的社會不公，從而建設一個更正義、更合理、更符合人的尊嚴、價值和潛能的社會。換句話說，理性將把人從愚昧和壓迫中解放出來，人類的未來將比過去更加美好，人類將在歷史中實現進步，漸臻完美。這種進步不限於物質文明，還涵蓋精神文明；不限於人所掌握的種種知識，還涵蓋人的道德情操。

現代西方政治和社會思想的主流，包括自由主義、民主主義和社會主義，都可理解為啟蒙精神的體現。自由主義對過往的專制政體提出批判，強調政治權力被濫用的惡果，因此提倡法治、憲政、人權和自由。民主主義認為國家主權在民而不在君，因而努力建設一個人民真正當家作主的、反映人民利益和意願的政體。以馬克思主義為代表的社會主義追求人從"必然王國"到"自由王國"的跳躍、所有人的潛能得以全面發展，它批判資本主義的不公，堅持人類解放進步的事業和共產主義的理想。三大主義中異曲同工之處，在於它們均相信人類的理性，和人類憑此理性去建設一個更美麗的世界的可能性，甚至必然性。這便是我們所說的啟蒙精神。在中國，九十多年前的五四運動，已高舉"民主"和"科學"的旗幟，不愧被譽為中國現代史上的啟蒙運動。

否定客觀真理的後現代

那麼，甚麼是後現代？在《後現代狀況》這部關於後現代的經典著作中，利奧塔一針見血地指出，"我把後現代定義為對於後設敍事話語（metanarratives）的不予置信。"[29]"後設敍事話語"又可譯作"元敍事話語"，或"宏觀敍事話語"（grand narratives），例子是黑格爾關於絕對精神在人類歷史中的辯證發展和體現的敍事話語，及馬克思等思想家關於人類進步和解放事業的歷史軌跡的論述。利奧塔認為，西方社會已處於後現代，這些宏觀敍事話語已失去其可信性、說服力和吸引力，它們顯得蒼白無力，再無能力為任何思想或行為提供正當化（legitimation，即正當性或合法性的論述）。

後現代主義者看到的世界是支離破碎的，由無數零散的經驗片段和互不相容或互不協調的話語或"語言遊戲"所交織而成。利奧塔認為，在後現代的境況下，"社會'原子化'（atomization）為很多由語言遊戲組成的、有靈活性的網絡"。[30]每個語言遊戲都有各自的規則，但我們沒有可能發現"這些語言遊戲之間共通的後設規則（metaprescriptives）"。[31]因此，給予語言遊戲其正當性（legitimacy）的資源是內在的，而非外在的，即來自參與這個遊戲的詮釋者公共體（community of interpreters）："正當化只能來自人們自己的語言實踐和溝通互動"。[32]至於曾經雄霸一時的科學，利奧塔認為科學也有其獨特規則的語言遊戲："科學在玩它自己的遊戲；它無能力為其他語言遊戲提供正當化"。[33]

後現代主義和代表現代性思想的啟蒙傳統之間，兩者的基本分歧在於，對"真理"、"理性"、"知識"、"人的主體性"、"歷史中的進步"等基本問題有不同的認識，尤其對"真理"有不同的看法。19 世紀，代表後現代主義的尼采哲學理論已談及真理。不少學者認為，尼采是"後現代思想的主要先知（central prophet）"。[34]尼采對於"真理"和"事實"持懷疑、批判和否定的態度，他不相信客觀真理或事實的存在，也不相信人類的語言能掌握客觀現實世界，唯一存在的是人們對世界的不同詮釋，對事物的不同視角，而不同視角之間沒有真假之分。他猛烈批評西方傳統基督教的道德文化為否定生命的奴隸道德，他歌頌人類原始生命力的激蕩，強調人的意志擁有無限創造力，主張人類那英雄式的、不斷奮鬥和超越自我的精神。在後現代主義的思想裏，在福柯的著作裏，我們都不難看到尼采哲學的蹤影。

啟蒙傳統相信人作為主體是自由、自決和理性的，人通過理性可認識客觀世界以至人類自身歷史的真理，獲得知識，而知識把人從愚昧和壓迫中解放出來，人類因而可在其歷史中取得進步。

後現代主義則質疑客觀和普遍的真理是否存在及其可知性，懷疑理性能力，指出它的陰暗面，並認為主體是虛構的，歷史中的進步是虛幻的。後現代主義又進一步批評普遍真理的話語或宏觀論述不但虛假，還具有壓迫性和排他性，有鞏固宰制和鎮壓"他者"的效果，助長西方文明以"理性"、"文明"、"人道"、"進步"這些冠冕堂皇的口號，來征服其他民族和文化，又在階級、種族、性別等基礎上壓迫西方社會中的弱勢羣體。為了反對以普遍真理自居的全能主義性質的抽象話語，後現代主義者提倡地方性的、具體的、以生活經驗為依據的話語和知識，並支持對宰制和壓迫進行地方性的反抗。後現代主義歌頌文化和生活方式的多樣性、多元性和差異性，尤其同情被正統、主流話語邊緣化的弱勢羣體的處境及其爭取權益的鬥爭。

後現代主義對於客觀和普遍真理的懷疑，並非如尼采般非理性，而是有其哲學和社會學上的論據。後現代主義基於對人類語言的反思，認為語言有其嚴重的局限性。傳統思想家以為，人類的語言內容與客觀現實世界是對應的，通過語言，人可以了解、描述和分析客觀世界。後現代主義者則指出，語言及其他類似的符號系統，不外是人類文化和社會的產物，任何語言或符號系統都蘊含着既定的、預設的世界觀、價值觀和偏見，因而有其主觀性、任意性和偶然性。意義是由詞語或符號之間的相互關係所產生的，至於詞語或符號與外在世界的關係，則不得而知。我們用語言來了解和談論世界，就等於戴着有色眼鏡看世界。任何語言都是有色眼鏡，並不存在相當於無色眼鏡的中立語言。但是，我們又不能除下眼鏡，因為離開了語言或符號系統，我們認識的世界便不再存在。眼鏡或語言，便相當於利奧塔說的語言遊戲。由於語言遊戲之間存在着不可跨越的鴻溝，所以普遍真理是遙不可及的。

理性是倒退，還是前進

福柯是否後現代主義者？我們可以從他對真理的觀點談起。福柯在《規訓與懲罰》及其他著作中對知識和權力兩者關係的論述中，看到他清楚顯示，他並不相信真理可以客觀的、可脫離權力而自我證成的情況下出現。在他看來，現代關於人類的科學，如心理學、精神治療學、醫學、教育學、犯罪學,不但不是真理,更是宰制人的權力工具。同時,他對馬克思主義作為全能主義式的理論,採取跟利奧塔一樣的批判立場,不相信這類宏觀論述作為真理的有效性。因此,福柯的真理觀很明顯是後現代的。

後現代主義對人的主體性進行解構,福柯也參與了這項工作。他在現代"人的科學"的話語,談到的"知識考古學"中指出,人或主體的概念是由這些話語所建構的。在以《規訓與懲罰》為代表的"權力系譜學"中,他更分析與這些"人的科學"相輔相成的現代規訓權力,怎樣馴服現代人的身體和塑造其靈魂。在關於性的歷史研究中,他又論證現代社會中關於性的話語,闡釋政策怎樣規範人的自我認識、道德觀念和行為。人的主體性是虛幻的,是由話語、社會、文化和權力所決定,這又是後現代的主題之一。

後現代主義對啟蒙傳統持批判態度,對啟蒙時代所信奉的理性和進步觀念提出質疑,福柯也是否定理性和進步的一羣。他不相信啟蒙時代的理性帶來一個更人道、更自由的社會。反之,福柯認為由於現代社會是規訓社會,是一個由各種類似監獄的社會機構組織而成的監獄網絡,所以現代社會對人的監督和控制,比前現代的社會有過之而無不及。啟蒙理性帶來了規訓,也帶來了壓抑人、強迫人接受某些"甚麼是'正常'人"的標準,所以理性絕非人類的救星。在歷史中福柯看不到進步,歷史不外是由一種宰制變為另一種宰制的歷程。在他的思想中,啟蒙運動者和馬克思主義者所看到的光明和希望並不存在。

福柯對現代社會的批判,比不少後現代主義者來得更嚴厲,這反而使他的思想帶有現代、反現代和前現代的混合色彩。一些後現代主義者的著作瀰漫着遊戲人間、玩世不恭或隨波逐流的態度,因為他們放棄了對真理和理想社會的信奉，他們再沒有堅固的基礎，去進行社會批判。福柯對現代性的猛烈批判，反映出他仍然有一種執着，就是對追求自由和解放的執着，這不正是現代啟蒙傳統的宗旨嗎？福柯以現代社會對人宰制和操縱為理由批判現代社會，可以說是以現代精神來反對現代的實況。而他一方面反叛現代，另一方面又提不出如何改造社會的積極方案，令人懷疑他是否鍾情於前現代。有學者認為，福柯是“一個結合了前現代、現代和後現代觀點的理論家”、“一個充滿深奧矛盾的思想家”，[35] 這是有一定道理的。

有些論者甚至不認為福柯是後現代主義者。例如哈貝馬斯在上面引述過的〈現代性：一個尚未完成的事業〉[36] 一文中對三類知識份子和三種主義予以區分：“年青保守主義者的反現代主義、舊保守主義者（Old Conservatives）的前現代主義和新保守主義者的後現代主義”，[37] 並把福柯歸於第一類。對於哈氏來說，這類人反對工具理性，企圖遁出現代世界，追求自我的體驗、創造和無窮的想像力；哈氏認為，尼采和德里達也屬於這類人。另一位學者多特（Nigel Dodd）也持類似哈氏的觀點，認為福柯不是後現代主義者，而是反現代主義者。[38]

最後，還有一個具啟發性的看法，就是把福柯形容為一位“新無政府主義者”（neo-anarchist），這是麥魁爾（J.G. Merquior）在他關於福柯的專著中提出的。[39] 麥氏指出，福柯不相信總體性的革命，而寄望於分散的、自發性的反抗運動；不相信階級鬥爭，而寄望於如婦女、同性戀者、囚犯等羣體的鬥爭，又不相信制度化的安排，這些都是與無政府主義一脈相承的。但麥氏認為，在兩個論點上福柯與克魯泡特金（Kropotkin）為代表的無政府主義者不同，所以要稱福柯為新無政府主義者。第一，他反對烏托邦主義，不相信能設計理想社會藍圖。第二，他是非理性主義的，否定科學，而克氏卻相信他的無政府主義理論是有科學根據的。

四、結論

任何思想建設都沒有可能十全十美、無懈可擊，它可能有它的洞見，使人受到啟發，同時又有它的盲點、弱點，令人感到不足。後現代主義以至福柯的思想也不例外。

後現代主義的主要貢獻在於糾正啟蒙理性的狂妄自大，還有它的傲慢與偏見。以啟蒙傳統為代表的現代思想，對人類的理性能力估計過高，對人類前途的看法也流於過分樂觀。後現代主義指出啟蒙理性的局限、真理的複雜多元性，促使我們對不同傳統、信念、價值觀和生活方式，持更加寬容、更加開放的態度。後現代主義又教我們認識到，以真理為化身的宏觀話語的霸道性，它們把一些另類價值和弱勢羣體予以邊緣化或予以排除，因而是有壓迫性的。

反思權力、知識與真理

福柯對於權力、知識和真理的論點是發人深省的。他提醒我們，號稱為科學的知識或話語，不一定是科學和可信的，它們總是和權力糾纏在一起，所以絕非客觀和中立。這些知識不一定能幫助人，反而可能被用來操縱人、勞役人，我們必須引以為戒。

福柯批判現代社會的規訓都很有啟發性。他使我們認識到，現代化不一定帶來進步，現代化的代價可能十分昂貴。在某些重要方面（例如在學校上課的學生、在公司工作的僱員、各官僚體系的成員），現代人比前現代的人更不自由、更受權力的支配。現代人從公開行刑的野蠻中解脫出來，卻進入監獄制度的另一種野蠻之中。

　　如果福柯對於權力的散佈性、網絡性和無所不在性的分析是對的話，那麼啟蒙時代提出的，用以馴服國家權力的法治、憲政、人權以至民主都是不足的，因為它們只能對治國家機關行使權力的問題，對於在現代社會各層次、各領域、各機構裏，受到權力操縱和擺佈的人則是無能為力的。因此，我們必須對權力的治理問題重新思考。正如馬克思主義指出，在財產分配不公的情況下，資本主義法治所賦予的平等權是虛假的；福柯的研究則指出，在規訓權力的運作中，這些平等權也是虛假的。

　　但是，福柯或者是"新無政府主義者"，他迴避了權力正當性（legitimacy）的問題。是否所有權力都無正當性可言？如果是這樣，而社會和歷史又是如他所指般充滿權力的角逐和鬥爭，那麼哪些鬥爭才是正義的、值得支持的呢？如果鬥爭是無正義與否之分，那麼世間的公理何在？

　　公理便是社會中和人際間的真理，於是我們回到真理的課題，即現代與後現代之爭的焦點。人類社會之所以能延續至今，人之所以能分工合作、和平共處，就是因為他們都願意接受某些關於政治和道德的規範性原則，這就是一種有一定普遍意義的真理，儘管它只是暫時性的、局部的、尚待修改的。**如果社會並非處於無政府狀態的社會秩序中，那麼權力的安排便是不可或缺的，但我們需要區分正當（legitimate）的權力和不正當的權力，正當的權力是值得鞏固和維護的，不正當的權力則是需要監控，甚至杜絕的，而且對不正當的權力作出反抗，是正義的。**如果要區分正當和不正當的權力，惟有依靠規範性、道德性、法律性的原則，別無他途。

　　至於這些原則是甚麼，大家可能有不同的意見。但是，如果我們相信真理和正義的存在，我們便可以進行理性討論，因為真理是越辯越明的。我們可以提出有力的論據，據理力爭，以理服人，凝聚共識。但是，如果我們不信有真理和公理，不同的論據是同樣任意的、無真假之分、無強弱之分，那麼辯論便是徒然的。

　　後現代主義指出不同的知識系統、話語論述或語言遊戲的互不相容性，這是有一定道理的，例如回教原教旨主義與基督教原教旨主義之間，便有難以跨越的鴻溝。但是，因此而把所有語言遊戲一視同仁，以為它們只能是自我證成的，距離真理同樣遙遠，則似乎是言過其實了。再引用有色眼鏡的比喻，不同的有色眼鏡並不是同樣差勁的，它們顏色不同，顏色的深度不同，鏡片的度數也不同，它們對真實世界的歪曲程度同樣是不同的。

　　就以現代科學為例，把人送上月球，又把他們平安帶回來，古代的巫術能做到這件事嗎？現代科學是否比古代巫術更接近客觀真理？後現代主義者可以回答，在實用上的成就，不能用以證明真理，但這不能說服科學家放棄真理的追求，也不能解釋現代科學在全球範圍內廣被接受的現實。

　　又以人權規範為例，後現代主義者可以說它不外是啟蒙時代西方文化的產物，沒有客觀性和普遍性，不應強加於其他文化和民族。但是，這不能解釋為甚麼人權觀念在國際社會間越來越受認同，越來越多國家不但在其國內憲法中規定人權的保障，更自願加入各種國際人權公約，承擔那尊重和保障人權的國際法上的義務。難道人權思想與納粹主義是同樣程度地偏離於真理嗎？

　　再舉一例，源於達爾文的生物進化論認為，人是從較低等的生物進化而來的，一些基督教原教旨主義者則堅持《聖經》中“創世紀”的字面涵義，拒絕接受進化論，堅持亞當和夏娃是由上帝以超自然力量創造的。在這兩種說法或語言遊戲之間，我們是否真的沒有可能作出理性的抉擇？

個人認為，無論是後現代主義或福柯的研究成果，都未能說服我們放棄這個信念：現代啟蒙精神憑理性追求真理、進步和一個更人道、更合理的社會，此為偉大而崇高的事業。如果說這是一套宏觀敍事話語，那麼就讓我們承認它是宏觀敍事話語吧！須知道納粹主義和以神道教為基礎的日本軍國主義，也是宏觀敍事話語，難道它們與啟蒙時代及其產生的自由主義、民主主義和社會主義中，關於人類進步和解放事業的宏觀敍事話語相比，同樣值得我們委身嗎？因此，即使在後現代的今天，我們是毋須以啟蒙理性為恥的。

註釋

1 Michel Foucault (author), Alan Sheridan(translator), *Discipline and Punish: The Birth of the Prison* (Harmondsworth: Penguin Books, 1979)；中譯本蜜雪兒‧福柯著，劉北成及楊遠嬰譯：《規訓與懲罰》，（北京：三聯書店，1999 年）。本文摘錄的引文均取自中譯本。

2 高宣揚：《後現代論》，（台北：五南圖書出版公司，1999 年），頁 309。

3 麥魁爾著、韓陽紅譯：《福科》，（北京：昆侖出版社，1999 年），頁 104。英文原著 J.G.Merquior, *Foucault* (London: Fontana Press, 2nd ed. 1991)。

4 麥魁爾，同註 3，頁 8。

5 高宣揚，同註 2，頁 311。

6 高宣揚，同註 2，頁 188、318-319。

7 高宣揚，同註 2，頁 318。

8 Michel Foucault, "What is Enlightenment?" in Paul Rabinow (ed.), *The Foucault Reader* (London: Penguin Books, 1991), pp32,44.

9 Michel Foucault，同註 8，頁 46。

10 Michel Foucault, "Two Lectures," in Nicholas B. Dirks et al. (eds), *Culture/Power/History: A Reader in Contemporary Social Theory* (Princeton: Princeton University Press, 1994), pp200, 208.

11 Michel Foucault, "Nietzsche, Genealogy, History," in Rabinow (ed.), 同註 8，頁 76、85。

12 Michel Foucault, *The History of Sexuality: An Introduction* (London: Penguin Books, 1984), p102.

13 Michel Foucault，同註 12，頁 49。

14 Michel Foucault，同註 1，頁 296。

15 麥魁爾，同註 3，頁 4。

16 Michel Foucault，同註 10，頁 202。

17 高宣揚，同註 2，頁 326-329。

18 高宣揚，同註 2，頁 326。

19 高宣揚，同註 2，頁 328；
Steven Best and Douglas Kellner, *Postmodern Theory: Critical Interrogations* (New York: Guilford Press, 1991), pp61.

20 Michel Foucault，同註 8。

21 Michel Foucault，同註 8，頁 41。

22 Michel Foucault，同註 8，頁 44。

23 Steinar Kvale, "Themes of Postmodernity," in Walter Truett Anderson (ed.), *The Fontana Postmodernism Reader* (London: Fontana Press, 1996), pp18, 19.

24 高宣揚，同註 2，頁 109、187。

25 Jürgen Habermas, "Modernity: An Unfinished Project," in Charles Jencks (ed.), *The Postmodern Reader* (London: Academy Editions, 1992), p158.

26　Jürgen Habermas，同註 25，頁 159。

27　Jürgen Habermas，同註 25，頁 163。

28　Jürgen Habermas，同註 25，頁 162。

29　Jean-Francois Lyotard, "The Postmodern Condition, "in Steven Seidman (ed.), *The Postmodern Turn* (Cambridge: Cambridge University Press, 1994), p27.

　　關於後現代法學，可參見鄭強：〈美國後現代法理學概觀〉，《外國法譯評》，2000 年第 2 期，頁 44；

　　信春鷹：〈後現代法學：為法治探索未來〉，《中國社會科學》，2000 年第 5 期，頁 59。

30　Jean-Francois Lyotard, *The Postmodern Condition* (Minneapolis: University of Minnesota Press, 1984), p17.

31　Jean-Francois Lyotard，同註 30，頁 65。

32　Jean-Francois Lyotard，同註 30，頁 41。

33　Jean-Francois Lyotard，同註 30，頁 40。

34　Richard Tarnas, *The Passion of the Western Mind* (New York: Ballantine Books, 1993), p395.

35　Best and Kellner，同註 19，頁 36。

36　Jürgen Habermas，同註 25。

37　Jürgen Habermas，同註 25，頁 167-168。

38　Nigel Dodd, *Social Theory and Modernity* (Cambridge: Polity Press, 1999), p104.

39　麥魁爾，同註 3，頁 191-193。

🏛 古今中外酷刑現象的反思

　　人是萬物之靈，此靈既有其至善之面，也有其至惡之面，於是人類的歷史和文明既有其光明之面，也有其陰暗之面。正因為人是萬物之靈，人便在其歷史和"文明"中精心地、無所不用其極地設計出層出不窮的方法、技術和器具去虐待、折磨和摧殘他人的身體和精神，務求使對方在不失去其感官知覺的情況下，體驗到最大程度的痛苦。這是動物不會對其他動物做的事，也不是人會對動物做的事，卻是人對人會做的事。本文要談論的是酷刑，它不是指一般罪犯在犯罪時對他人作出的暴行，而是指行使國家權力的官員，在對人民執行死刑或其他刑罰時，還有在對人民進行刑訊逼供時，作出的殘暴行為。1987 年生效的、至今已有超過 150 個國家簽署的《禁止酷刑和其他殘忍、不人道或有辱人格的待遇或處罰公約》，對酷刑作出了以下的定義：

　　"酷刑"是指為了向某人或第三者取得情報或供狀，為了他或第三者所作或涉嫌的行為對他加以處罰，或為了恐嚇或威脅他或第三者，或為了基於任何一種歧視的任何理由，蓄意使某人在肉體或精神上，遭受劇烈疼痛或痛苦的任何行為，而這種疼痛或痛苦是由公職人員或以官方身分行使職權的其他人所造成或在其唆使、同意或默許下造成的。

　　酷刑 —— 包括最極端殘忍的種類 —— 都廣泛存在於中外法制史上，是鐵一般的事實，任何認真對待人類"法制文明"的學者都不能迴避此問題。對人權的傷害，以酷刑為最。在法制史和法理學的研究中，酷刑不應是邊緣的、可有可無的課題，而應是核心課題。但是，要正視酷刑問題並不容易。多夫曼教授（Ariel Dorfman）在其為《酷刑》一書所寫的序言中說：“酷刑的現象要求我們變得盲、聾和啞，因為如果不是這樣，我們便難以生活下去。要不斷留意着那不斷的恐怖，我們是難以生活下去的。”[1] 這段話和魯迅先生的一段文字不謀而合。在〈病後雜談〉一文中，魯迅談到古書記載的剝皮酷刑：

> “又，剝皮者，從頭至尻，一縷裂之，張於前，如鳥展翅，率逾日始絕。有即斃者，行刑之人坐死。”也還是為了自己生病的緣故罷，這時就想到了人體解剖。醫術和虐刑，是都要生理學和解剖學知識的。中國卻怪得很，固有的醫書上的人身五臟圖，真是草率錯誤到見不得人，但虐刑的方法，則往往好像古人早懂得了現代的科學……單說剝皮法，中國就有種種……明初，永樂皇帝剝那忠於建文帝的景清的皮，也就是用這方法的。大明一朝，以剝皮始，以剝皮終，可謂始終不變……清朝有滅族，有凌遲，卻沒有剝皮之刑，這是漢人應該慚愧的……真也無怪有些慈悲心腸人不願意看野史，聽故事；有些事情，真也不像人世，要令人毛骨悚然，心裏受傷，永不痊癒的。殘酷的事實盡有，最好莫如不聞，這才可以保全性靈，也是“是以君子遠庖廚也”的意思。[2]

魯迅謂“有些事情，真也不像人世，要令人毛骨悚然”，讀者如欲得悉，不怕“心裏受傷，永不痊癒”，可翻閱以下幾本書。金良年的《酷刑與中國社會》[3] 從四方面介紹了中國傳統中的酷刑：刑罰（包括死刑、肉刑和法外酷刑）、拷訊（包括法定的拷訊手段和非法拷訊）、獄政和私

刑，並探討酷刑的社會背景和成因。王永寬的《中國古代酷刑》[4]分 27
節描述了中國古代酷刑的施行手段和典型事例：凌遲、車裂、斬首、
腰斬、剝皮、炮烙、烹煮、剖腹、抽腸、射殺、沉河、絞縊、鴆毒、
黥面、割鼻、截舌、挖眼、斷手、刖足、宮刑、枷項、笞杖、廷杖、
鞭撲、獸咬、拷訊（使用各種手段和器具）和雜刑。

此外，李高峰和杜永明主編的《黑二十四史》（第五卷）[5]中有一部
酷刑史，上篇為〈酷刑和刑具漫話〉，下篇為〈酷刑例典〉，下篇的內容
與上述王永寬的書相同。還有包振遠、馬季凡編著的《中國歷代酷刑實
錄》，[6]上編是〈死刑〉，包括凌遲、車裂、斬首、腰斬、剝皮、炮烙、
烹煮、抽腸、剖腹、射殺、沉水、絞殺、鴆毒、火焚、釘顱、活埋、
食人和另外七種其他死刑；中篇是〈罰刑〉，包括劓刑、割舌、墨刑、
毀眼、砍手、刖足、宮刑、枷項、笞杖、廷杖、鞭刑、獸咬、雜刑；
下編是〈訊刑〉，分為常規訊刑（拷打）和非常規訊刑（包括 25 種不同
手段）。以上的書內容固然慘不忍睹，卻令我們對人性和歷史有更全面
和深入的認識。

清末李伯元著有小說《活地獄》，[7]他在楔子中寫道："我為甚麼要
做這一部書呢？只因我們中國國民，第一件吃苦的事，也不是水火，
也不是刀兵……不是別的，就是那一座小小的州縣衙門……試問那些
書辦、衙役，叫他們靠甚麼呢……衙門裏的人，一個個是餓虎飢鷹，
不叫他們敲詐百姓，敲詐那個咧？"於是，沒有賄賂衙役的老百姓便
受到最不人道和不公平的對待。阿英在《晚清小說史》中對《活地獄》
作以下評介：

> 因為要揭發衙門裏這些惡德，書裏所寫的，差不多全是些令人驚

心動魄的事，無所不至的敲詐奸騙行為，想入非非的刑具。每當接觸到一個故事，總會使人有天愁地慘之想……晚清衙門裏種種的黑暗，以及刑罰的殘酷，從以上十五個具體事實裏，是可以想見了……這是中國描寫監獄黑暗，寫慘毒酷刑的第一部書。[8]

魯迅先生曾經指出："自有歷史以來，中國人是一向被同族和異族屠戮、奴隸、敲掠、刑辱、壓迫下來的，非人類所能忍受的楚毒，也都身受過，每一考查，真教人覺得不像活在人間。"[9] 從酷刑史的角度看，酷刑卻絕非中華文明的專利，西方文明史上的酷刑 —— 無論是在死刑的執行方法或刑訊逼供方面 —— 的慘烈和廣泛程度毫不遜色於中國。例如日本人川瑞博所著的《揭開歐洲拷問史祕辛》，[10] 便圖文並茂地介紹了歐洲中世紀的拷問和執行死刑時所用的器具及其使用方法，這些器具都是現存的實物，曾在 1997 年日本明治大學刑事博物館《歐洲拷問展 —— 關於人類權利自由的思考》展覽中展出。現抄錄該書的目錄如下：

　　第一章：串刺刑・斬首刑（內容包括紐倫堡的 "鐵處女"、串刺
　　　　　　刑、看守的槍、創子手的劍、斷頭台、坐式絞首器（螺環
　　　　　　絞刑））。
　　第二章：異端審問・火刑・灌涼水（內容包括審問椅、火刑、灌
　　　　　　涼水、異端者的叉子、鐵猿彎）。
　　第三章：吊刑・車輪刑（內容包括吊籃、"猶大的搖籃"、鐘擺、
　　　　　　絞首刑、吊刑、車輪軋刑、伸拽式拷問台、梯子式拷
　　　　　　問台）。
　　第四章：示眾刑（內容包括示眾台、圓木桶示眾刑、懲戒式項
　　　　　　鍊等）。
　　第五章：鞭刑・切斷刑・粉碎刑（內容包括鎖鞭、貓鞭、"西班牙

式胳肢器"、"西班牙蜘蛛"、鋸刑、頭蓋骨粉碎器、頭蓋骨壓碎頭箍、拇指壓碎器、膝蓋粉碎器)。

第六章:拘束刑・性器刑(內容包括鸛、手腕及腳踝用鐵環、重枷、刺枷、苦行用腰帶、束縛帶、起釘器與手鉗、烙刑、口腔、肛門、陰道用"梨"、貞操帶、乳房撕裂器)。

在歐洲有些刑法史的博物館,例如上述 1997 年的展覽,便是意大利中世紀犯罪博物館與明治大學合辦的。在德國的羅滕堡(Rothenburg),也有一個中世紀刑事博物館,我在多年前曾到訪,並買了該館出版的《歷史中的刑事司法》一書,[11] 其中介紹的死刑方式包括斬首、絞刑、以輪裂體(breaking on the wheel)、溺斃、沸騰、火燒、活埋、肢解(quartering,類似五馬分屍),另外也介紹了以下的肉刑:挖眼、斬手、斬手指、割耳、割舌。此外,在英國出版的一部《刑罰和酷刑史》[12] 則圖文並茂地介紹了西方從古羅馬到近代的一些酷刑,如釘十字架、火刑、刺字、針對身體不同部分的肉刑、各種拷問方法和器具、宗教裁判所的酷刑、對女性和女巫的酷刑、枷(pillory)、鞭打、對奴隸的酷刑、斷頭台、電椅、毒氣室等。

西方的拷問制度

以下讓我們以拷問(刑訊逼供)為例,探討這種在西方史上常見的酷刑形式及其演變。[13] 拷問在西方可謂古而有之,在古希臘,人有公民、奴隸和外邦人之分,在刑事和民事案件中,奴隸和外邦人均可被拷問以取證。在古羅馬,拷問的使用有一個發展過程,其適用範圍由窄而闊,初時只適用於被控刑罪的奴隸,後來包括被要求作證人的奴隸,被控謀反(叛國)的羅馬公民,進而再擴至被控其他重罪的羅馬公民。歷史學家指出，[14] 拷問制度的強化和羅馬帝國時期皇權的強化息息相關，隨着皇帝地位提升，被神化為整個羅馬國家和人民的人格化代表，皇帝任意拷問"叛徒"或其他人民公敵的權力獲得了正當性。另一方面，羅馬法學十分發達，法學家並非不知道刑訊逼供所獲得的證據可能不可靠，他們嘗試在法理上對拷問制度予以規範，並儘量確保證據的可靠性。

羅馬帝國覆亡後，西歐進入黑暗時代，審判以"神判"為主，並不重視證據和理性思維，拷問反而變得沒有必要。到了 12 世紀，對羅馬法學的研究復興，神判制度衰落，歐洲大陸的國家和教會同時發展出訊問制（inquisitorial）的審判制度，重視證據和對案情事實真相的確定。在證據的層級中，兩個證人的見證或被告人的招供被視為最可靠的證據，於是古羅馬的拷問制度在 13 世紀後再次流行於歐洲大陸。從當時起直至 18 世紀初，拷問在歐洲不但習以為常，而且是合法的。[15] 在涉及嚴重罪行（即可判死刑或肉刑）案件的偵查階段時，法律容許以各種刑具對當事人（起初是指被告人，後來更包括證人）進行拷問，法律同時對拷問予以規範，如拷問的先決條件是已有相當證據，指出當事人很可能是有罪或知情的，拷問不應導致對方死亡或永久傷殘，酷刑使用的時間長短和嚴厲性由法官決定，醫生應在場等。但是，歷史學家指出，[16] 在實際案件中這些對拷問的規範形同虛設，書面的規定不外是一紙空文，實際的執行卻完全是另一回事。徒法不足以自行，古今中外皆如是。

在中世紀的歐洲，拷問不但實施於國家設立的司法機關，也實施於天主教會設立的宗教裁判所。13 世紀以來，異端（heresy）罪的嚴重性與叛國罪相提並論，異端者甚至被視為"靈魂的盜賊和謀殺者"，[17]

因而值得像盜賊和殺人犯一般以嚴刑獲取口供。中世紀宗教裁判所使用了最殘忍的酷刑，卻以為這些行為是正義的和對異端者的靈魂有益的。學者指出，[18] 中世紀宗教裁判所和世俗的刑事法院的審訊方法互相影響，使歐洲的刑事程序越趨嚴苛。

在歐洲大陸被拷問制度蹂躪的中世紀，英格蘭卻得天獨厚，大致上倖免於難。學者指出，這並非因為英國人比歐洲大陸人更加人道或理性，而是因為英國人的 "刑事程序粗糙得毋須使用拷問"。[19] 和歐陸不一樣，在英倫取代神判制度的是陪審團（jury）制而非法官訊問制，由人民組成的陪審團判案時採用的證據標準，不如在歐陸那般嚴格，國家檢察官的制度在英倫又不發達。在這背景下，英倫沒有全面發展拷問制，雖然有學者指出，[20] 在 1540 年起的一世紀內，英國樞密院在至少 81 宗案件中曾頒令授權拷問，主要是叛國案。但樞密院乃直接隸屬英王，並非法院或國會，所以 18 世紀英國法學家布萊斯頓（William Blackstone）認為拷問乃法外之刑，拷問所用之刑具是 "國家的機械，而非法律的機械"（an engine of state, not of law）。[21]

英倫沒有建立歐陸式的拷問制度，並非由於英國人比歐陸人更講人道，而一定程度上是歷史的偶然。同樣地，歷史學家指出，拷問制度在 18、19 世紀在諸歐陸國家相繼廢除，並非完全由於或甚至主要由於啟蒙時代的人道主義者對酷刑的批判："酷刑的逐漸消失，與其說是一個廢除酷刑的運動結果，不如說是一些在不同領域發生的轉變匯合，這些轉變各自獨立地出現於 17 和 18 世紀。"[22]

拷問的廢除

其實早在 16、17 世紀，拷問制度的存廢已引來不少爭論，對於此制度的抨擊，已經屢見不鮮，但這些思想言論在當時並沒有動搖到拷問制度。對於拷問和酷刑史有深入研究的蘭本教授（John Langbein）指出，[23] 拷問制度在 18 世紀後被廢除的其中一個主要因素，乃是在 16、17 世紀出現的刑罰制度和證據法上的變更。對於重罪來說，原有的刑罰只有死刑（當然有執行死刑的各種殘酷方法）和肉刑（涉及對於身體造成永久傷殘），但在 16、17 世紀逐漸出現新的刑罰，如勞役刑和流放。於是在法院裏逐漸發展出新的證據標準：原有的證據標準（要求定罪必須基於至少兩人的見證或疑犯的招供）被認為只適用於該判死刑或肉刑的案件。如果案件所涉罪行的刑罰只是勞役刑或流放，則法院在定罪時可採用略低的證據標準，即被告人的招認並非必要條件。這樣，數世紀以來視被告人的招供為關鍵的證據制度便開始變質：「隨着拷問此法律技術基礎的瓦解，一向以來在邏輯性、道德性和社會性批評之前屹立不倒的拷問制度終於開始動搖。」[24] 蘭本教授也指出：「拷問的使用明顯減少，在這情況下，18 世紀廢除酷刑的運動意義只是象徵性的。」[25]

但歷史事件往往是諸多因素的偶然聚合而成，誰能保證，沒有 18 世紀啟蒙時代那波瀾壯闊的對酷刑的人道主義批判，拷問會否這麼快、在「兩代人的壽命」[26] 的數十年間，在歐洲各國的刑法條文中銷聲匿跡？歷史學家指出，在 18 世紀，「大量從法律和道德角度譴責酷刑的文獻相繼出現和廣為傳播」，[27] 酷刑（拷問以及執行死刑的殘忍方式）不時成為了「啟蒙時代對歐洲舊體制（ancien regime）的批判焦點，也是歐洲早期在法律和道德領域的野蠻和不合時宜的焦點。」[28] 在這場批判運動中，伏爾泰和貝卡里亞（Cesare Beccaria）（尤其是他在 1764 年出版的名著《論犯罪與刑罰》）等啟蒙思想家功不可沒。[29] 在 18 世紀，

歐洲人對酷刑的看法出現了根本的改變，酷刑普遍被視為壞事，站在
人權的對立面。"有人說歐洲進入近代社會是從拷問制度的廢止開始
的"，[30] 專門研究酷刑的美國歷史學家利亞（Henry Charles Lea）在 1866
年出版的《迷信與暴力》一書中更如此評價酷刑的廢除：

> 這是人類有史以來首次承認，構成人類社會基礎的元素應包括基
> 督教所宣揚的博愛和慈悲⋯⋯在多世紀的緩慢演化過程中，只能通過
> 比較相距遙遠的時代才能看到進步；但進步是存在的，或許未來的世
> 代最終能從迷信和暴力的殘酷和恣意的宰制中完全解放自己。[31]

"一代又一代的思想家與殘酷的拷問制度作了艱苦卓絕的鬥爭"，[32]
在 18 世紀末的歐洲終於有了成果。法國作家雨果（Victor Hugo）甚至
以為對酷刑的鬥爭已經贏得了徹底的勝利，他在 1874 年宣稱，"酷刑
已經不再存在"。[33] 雖然在 21 世紀初的今天看來，他絕對是過於樂觀，
但無可否認的是，歐洲近代史中酷刑在法律層次的被廢除和在思想層
次的被否定，確是人類的文明、理性和人道的一次勝利、一個跳躍、
一種進步，其意義可與奴隸制的被廢除和否定相提並論。如果"現代
性"（modernity）有具進步意義的話，我相信它必然包括對酷刑和奴隸
制的告別。

中國傳統酷刑制度

以上回顧的是西方文明史，那麼中華文明又是怎樣面對酷刑的
呢？我準備從兩個歷史轉捩點看這個問題，一是漢初，二是清末。在
秦朝及之前，我國的刑罰體系主要由"奴隸制五刑"構成，該五刑是
墨刑（或稱黥，即刺墨於面額）、劓刑（割鼻）、剕（或稱刖、臏或髕）

刑（斷足或去掉膝蓋骨）、宮刑（或稱腐刑，即男子割去生殖器，女子破壞生殖機能）和大辟（由各種殘酷方式執行的死刑），其中前四種均被稱為肉刑，因為涉及對人的身體、肌膚和機能的毀損。[34] 雖然在先秦時期，關於刑罰的其中一派思想是"象刑"論（此說法後來為荀子所反對），[35] 認為堯舜等聖王沒有用過像五刑的實刑，"當時只是在犯罪者的身體上放一個甚麼象徵性的標誌，以表示其人有罪"，[36] 但是，在先秦包括儒家在內的諸子百家，似乎沒有對當時實行的五刑，提出根本的質疑或主張予以廢除。[37] 在這個背景下，漢文帝劉恆在西元前 167 年廢除肉刑之舉，的確是中國法制史上的大事。

那便是家傳戶曉的"緹縈救父"的歷史佳話，記載於《漢書・刑法志》。漢文帝十三年（西元前 167 年），齊地太倉縣令淳于公犯了罪，押解長安，他沒有兒子，但有五個女兒。他的小女兒名叫緹縈，向文帝上書說："妾父為吏，齊中皆稱其廉平，今坐法當刑。妾傷夫死者不可復生，刑者不可復屬，雖後欲改過自新，其道無繇也。妾願沒入為官婢，以贖父刑罪，使得自新。"文帝看了十分感動，下詔書曰：

蓋聞有虞氏之時，畫衣冠、異章服以為僇，而民弗犯（指古時候刑罰雖輕，老百姓犯罪卻不多），何治之至也！今法有肉刑三（這裏指黥、劓、刖（斬左右趾）三種肉刑），而奸不止，其咎安在？非乃朕德之薄，而教不明歟！吾甚自愧。故夫訓德不純而愚民陷焉。詩曰："愷弟君子，民之父母。"今人有過，教未施而刑已加焉，或欲改行為善，而道亡繇至，朕甚憐之。夫刑至斷肢體、刻肌膚，終身不息，何其刑之痛而不德也！豈稱為民父母之意哉？其除肉刑，有以易之……

結果是中國歷史上刑罰制度的一次重大改革，三種肉刑被廢除，黥刑以徒刑取代，劓刑和斬左趾以笞刑取代，原斬右趾的刑罰則改為棄市（死刑的一種）。後來漢景帝更深化了改革，減少了笞刑所用的笞數和規範了笞刑的具體執行方式。漢代的這些改革為後來的新五刑刑罰體系奠下了基礎，新五刑在隋《開皇律》和《唐律疏議》中發展成熟，該五刑為笞、杖、徒、流、死。此五刑構成的刑名體系一直沿用至一千年後的清朝。[38] 上文曾引述利亞（Lea）的一句話：“在多世紀的緩慢演化過程中，只能通過比較相距遙遠的時代才能看到進步”。那麼，當我們比較秦代以前的“五刑”和唐代以後的“五刑”，我們應可看到“進步”，而肉刑的廢除乃其中的關鍵。

反對依賴嚴刑

從上面引述漢文帝廢除肉刑的理據來看，儒家思想傳統在這方面確實發揮了積極的作用。儒家重視道德教化，反對盲目依賴嚴刑峻法，主張為政者應反求諸己，仁政愛民，這些價值理念都見諸上述漢文帝的話。例如漢文帝從犯罪問題聯想到自己和政府的不足之處——“朕德之薄，而教不明”，他的詔書更流露出對人民以至罪犯的體諒、憐憫和同情。他理解到“教未施而刑已加”是不對的，他又明白給別人改過自新的機會的重要性，肉刑的弊端之一在於它對“欲改行為善”的人構成障礙。此外，他更認識到肉刑的殘忍：“夫刑至斷肢體、刻肌膚，終身不息，何其刑之痛而不德也！豈稱為民父母之意哉？”我想，這段話可算是我們中華文明對人類文明史上反酷刑事業的一點貢獻。

儘管人類歷史充滿野蠻和殘酷，常令人感到歎息、灰心以至絕望，但畢竟歷史的陰暗面並非全部，歷史中畢竟仍有光明，人性的光輝永不泯滅。中華法律文明史中令我們值得自豪的一點是，雖然在漢文帝以後，在東漢、三國、兩晉等時代以至宋代，都出現關於應否恢復肉刑的爭論，但主要的肉刑（至少在法律條文上）始終沒有復活，統治者始終沒有採納恢復肉刑論者的主張。"廢除肉刑的根本趨勢已不可逆轉"，"肉刑在人們的心目中視為'不仁'之刑的觀念已根深蒂固"。[39]

　　恢復肉刑論者的論點主要有以下四點。[40]首先，他們批評漢文帝把斬右趾之刑改為死刑，是對刑罰加重而非減輕，故應予以還原。第二，他們認為肉刑是死刑和生刑〔如徒、流、笞、杖、髡（毛髮刑）〕之間適當的中間刑，對於某些罪行來說，判死刑太重，生刑則太輕，如《漢書》的作者班固和南宋理學家朱熹便有這種意見。第三，肉刑是"對犯罪者採取以其人之道，還治其人之身"[41]的辦法，如西晉武帝時，任廷尉的劉頌上表說，肉刑"乃去其為惡之具，使夫奸人無用複肆其志……亡者（指逃亡者）刖足，無所用覆亡；盜者截手，無所用複盜；淫者割其勢，理亦如之。"[42]第四，肉刑有較強的"威懾、警誡世人的一般預防作用"，[43]例如劉頌便強調罪犯"殘體為戮，終身作誡。人見其痛，畏而不犯，必數倍於今"。[44]

　　至於反對恢復肉刑的理據，基本上就是漢文帝當初廢除肉刑的理由，例如應以道德教化為預防犯罪之本，應給予罪犯改過自新的機會，不應使用殘忍的、有損人道和仁政精神的肉刑。例如東漢光武帝詔令群臣集議是否恢復肉刑時，光祿勳杜林引用孔子的話大力反對恢復[45]："孔子曰：道之以政，齊之以刑，民免而無恥；道之以德，齊之以禮，有恥且格。"東漢末年曹操輔政時期，向百官徵求對肉刑的看法，多數人主張恢復，孔融獨排眾議，把肉刑和紂王的暴行相提並論，"天下謂之無道"。他更指出，若恢復肉刑，"被刑之人，慮不念生，志在思死，類多趨惡，莫複歸正"，往往"為世大患"，[46] 甚至成為帶頭造反的禍首。

魏文帝曹丕即位後，恢復肉刑論再次興起，在魏明帝時期爭論進入高潮，百餘人參加了辯論。任職司徒的王郎指出："前世仁者，不忍肉刑之殘酷，是以廢而不用。不用以來，歷年數百。今複行之，恐所減之文未彰於萬民之目，而肉刑之問已宣於寇讎之耳；非所以來遠人也。"[47] 他的意思是恢復肉刑只會使"親者痛，仇者快"，[48] 在魏蜀吳三國鼎立的情況下，恢復肉刑將使魏國更難吸引人才。東晉時期，在另一場關於肉刑的辯論中，大將軍王導認為："百姓習俗日久，忽複肉刑，必駭遠近。且逆寇未殄，不宜有慘酷之聲，以聞天下。"[49] 到了南宋，陳亮對朱熹傾向支持肉刑的觀點提出反駁，指出它違反"以仁恕為本"的原則。[50]

雖然肉刑從未有全面地、正式地恢復，但肉刑從未真正在中國法制史中銷聲匿跡。刑罰包括法定之刑（法律明文認可的刑罰）和法外之刑（統治者有使用但沒有法律正式規定的刑罰），肉刑作為法外之刑仍然在一定程度上長期存在。此外，某些種類的肉刑在後來確曾復活，例如宋代的刺配刑中的刺字（黥面）便是古代黥刑的復活，[51] 至明清兩代，刺字（於手臂或面部）之刑仍保留下來。元代不但恢復了黥刑，也一度恢復了劓刑。[52]

無論如何，在歷史長河中，漢文帝二千多年前廢除肉刑仍不失為壯舉，為人類的反酷刑歷史道路留下不可磨滅的足跡。現在讓我們看看另一組足跡，便是清末沈家本主持的修律，特別是廢除重刑和禁止刑訊。[53]

重刑乃指殘忍和不人道的刑罰，刑訊則指本文上述的拷問。重刑和刑訊在中西法制史上都廣泛存在，不相伯仲，主要不同的是它們在西方文明進入現代史時已被廢除，但在清末的中國卻仍然存在。1902年，清廷任命沈家本和伍廷芳為修訂法律大臣。1905年，他們向朝廷奏上《刪除律例內重法折》，[54] 這是晚清修律的一份重要文獻。奏疏就中西刑事法律的比較指出：

> 綜而論之，中重而西輕者為多。蓋西國從前刑法，較中國尤為慘酷，近百數十年來，經律學家幾經討論，逐漸改而從輕，政治日臻美善。故中國之重法，西人每訾為不仁。其旅居中國者，皆藉口於此，不受中國之約束……臣等竊維治國之道，以仁政為先。自來議刑法者，亦莫不謂裁之以義而推之以仁，然則刑法之當改重為輕，固今日仁政之要務，而即修訂之宗旨也。

至於奏疏的具體建議，便是廢除《大清律例》內其中三種執行死刑的方式（凌遲、梟首和戮屍）、刺字刑和緣坐（家族株連，即基於親屬關係連帶負刑事責任）。這些建議很快便得到清廷的接受，其涉及的幾項重刑被明令廢除。

刑訊的廢除，則可追溯至光緒 27 年（1901 年）兩江總督劉坤一和兩湖總督張之洞的《第二次會奏變法事宜疏》（又稱《江楚會奏變法三折》第二折）。[55] 這份奏折的 “省刑責” 條就刑訊問題指出：

> 敲撲呼號，血肉橫飛，最為傷和害理，有悖民牧之義。地方官相沿已久，漠不動心！夫民雖犯法，當存哀矜。供情未定，有罪認否，尚不可知，理宜詳慎……擬請以後除盜案命案證據已確而不肯供認者准其刑嚇外，凡初次訊供時及牽連人證，斷不准輕加刑責。

奏折中也提到外國人對我國刑事司法的觀感：

外國人來華者，往往親入州縣之監獄，旁觀州縣之問案，疾首蹙額，譏為賤視人類。

清廷命沈家本、伍廷芳核議這份奏折，他們在 1905 年奏上《議覆江督等會奏恤刑獄折》，不但同意縮小刑訊的適用範圍，而且建議對刑訊作出比劉張二人的原建議更嚴格的限制："除罪犯應死，證據已確而不肯供認者准其刑訊外，凡初次訊供時，及流徒以下罪名，概不准刑訊，以免冤濫。"[56] 這個建議得到清廷的接受，於是刑訊在法律上被有條件地廢除。這項改革在當時遭遇到一些反對（如御史劉彭年便曾上書表示反對），在實踐中也未能貫徹推行（如"號稱全國文明審判之地"[57]的上海租界會審公堂，便不願意實行此改革，並予以蔑視）。此外，此改革並不徹底，仍容許刑訊在一定範圍的存在，直至民國成立，孫中山先生在 1912 年 3 月 2 日終於宣佈：

不論行政司法官署，及何種案件，一概不准刑訊。鞫獄當視證據之充實與否，不當偏重口供……其以前不法刑具，悉令焚毀。[58]

正如張國華教授所言："孫中山的命令雖被北洋軍閥踐踏，但其精神是令人欽佩的！徹底廢除和禁絕一切刑訊的歷史任務，只能俟諸來日。"[59] 下文將指出，此"歷史任務"在今日中國仍未完全成功，同志仍須努力！

讓我們先回顧一下上述奏疏中提出廢除酷刑的理據。首先，沈家本等人指出，和當時的西方比較，中國的刑罰遠為嚴厲和慘酷。但是，沈家本也提到，"西國從前刑法，較中國尤為慘酷"，如今在刑法上"中重而西輕",乃由於西方刑法在近代已經改革,"政治日臻美善"。在這方面,中國尚未改革,所以中國已經顯得落後。但是,問題的關鍵是,為甚麼西方的刑罰較輕,便是更為先進呢?為甚麼中國要跟着西方走?用甚麼標準來判斷中國的刑法制度是否落後?即使承認西方船堅炮利,中國在科技上落後於西方,這並不表示中國的刑法制度也應被視為落後於西方。

如果細讀有關奏疏,不難找到答案。沈家本等人動員了中國傳統本身的道德資源,來對現行制度進行反思和批判,並以此為改革提供動力。對現代西方刑法制度的優越性或先進性的判斷,不單建基於西方人的文化價值標準(如上文引述利亞教授所説的"基督教所宣揚的博愛和慈悲"),也可建基於我國固有的文化價值標準。亦即是説,不單"外國人來華者"會對我國的監獄和審判制度"疾首蹙額,議為賤視人類",到過外國考察其監獄和審判制度的中國人回到本國後,以至沒有到過外國,但認真地研究和反思中國監獄和審判制度的中國人,都會覺察到這個制度"賤視人類"的情況。"中國之重法,西人每訾為不仁。"視野擴闊後、不再是井底之蛙的中國人,也會承認此"不仁",因為"仁"本身便是中國傳統的概念。正因如此,沈家本便以"仁政之要務"來形容修律以廢除重刑的工作。在主張廢除凌遲等酷刑時,他更引述唐宋的典故:

> 陸游常請除凌遲之刑,亦謂肌肉已盡而氣息未絕,肝心聯絡而視聽猶存,感傷至和,虧損仁政,實非聖世所宜遵……且刑律以唐為得中,而《唐律》並無凌遲、梟首、戮屍諸法。[60]

從上述沈家本修律廢除酷刑的過程來看,儒家的仁政觀在一定程度上為改革提供了理論依據，與其他的因素，如奏疏中提到外國情況、外國人對中國有關制度的批評、改革對謀求廢除領事裁判權的積極作用、日本變法維新的成功經驗等，一起發揮作用。但是，如與西方廢除酷刑和拷問的歷史經驗相比，西方的改革為其內部因素所驅動，中國的改革則主要出於為勢所逼和西方的示範作用。在中國本土，未有出現過西方啟蒙時代對在傳統中存在的酷刑和拷問的大規模的、持續的和深度的反省和批判，這一定程度加大了在中國進行反酷刑鬥爭的難度。

清末以來，凌遲等執行死刑的殘酷方法，在法律上以至在實踐中被摒棄，從 1928 年南京政府頒佈新刑法時起，絞、斬等死刑方式也被廢除，以槍決取代，肉刑、笞刑和杖刑都全面廢除，[61] 這的確是一種進步。然而酷刑在刑訊上的使用，雖然在清朝覆亡後再沒有得到法律的認可，但在實踐中仍然廣泛和長期存在，在某些情況下甚至進入高峯期。例如在 20 世紀 40 年代，國民黨政府的軍、警、特務人員曾大量使用酷刑拷問共產黨人及其他異見人士。[62] 在"文化大革命"期間，"反革命份子"受到慘無人道的對待，張志新被處死的殘酷手段便是廣為人知的例子。刑訊逼供在文革中"更是達到了登峰造極的地步"。[63] 曾專門研究我國酷刑問題的陳雲生教授指出，文革期間酷刑實施的範圍廣泛，形式多樣，手段惡劣，因而文革可說是"為人類的酷刑史書寫了重重的一筆"。[64]

根據陳雲生在 2000 年[65] 和 2003 年[66] 出版的兩部研究酷刑問題的著作，雖然中華人民共和國的法律是完全禁止酷刑和刑訊的（可參見《刑法》、《國家賠償法》等法律），我國並早於 1986 年便簽署參加了《禁止酷刑和其他殘忍、不人道或有辱人格的待遇或處罰公約》，但在實踐

中以刑訊逼供為主的酷刑現象，已演變成現今中國社會的"痼疾"或
"頑症"，成為了"中國社會當前存在的主要黑暗面之一"，[67] 情況相當
嚴峻。"只要與新中國早期的歷史情況相比，就可以看出現今的酷刑等
現象的存在要嚴重得多。"[68]

　　陳氏指出，"對少數司法人員來說，打人簡直成了家常便飯。"[69]
酷刑現象一定程度上也和司法腐敗和權力腐敗糾纏在一起。"現在的刑
訊或其他刑罰（當然是非法的）集古今中外之大成"；[70] "古代曾實行的
種種方式，有許多還在被採用。除此之外，又加上一些新時代的器物
或技術"。[71] 陳氏在書中列舉了一些當前流行和通用的刑訊形式[72]：暴
打或重毆；吊打；反銬或背銬；火烙；煙頭燒燙；電擊；用強力燈光
近距離照射眼睛；蹲馬步或站馬椿；利用馴犬撕咬；利用假槍斃刑訊
逼供；用下流手段進行刑訊逼供或處罰；強餵或強迫吃髒東西；實施
侮辱性的訊問或處罰。

　　陳氏還在書中探討了當代中國酷刑現象的背景和成因，説明了"為
甚麼要反酷刑"，介紹了中國政府和國際社會為反酷刑所作出的努力，
並就在中國進一步進行反酷刑鬥爭提出他的建議。"反酷刑在本質上
是一場政治鬥爭、法治鬥爭、道德鬥爭，乃至人性中善與惡的鬥爭"，[73]
"是一項需要全社會和舉國上下長期地作出艱苦努力，乃至必要鬥爭的
龐雜而又系統的工程。"[74]

　　在進行此艱巨的鬥爭和工程的時候，我國的志士仁人將並不孤
單，因為在此時此刻，在世界的不同角落，以至在國際社會的層次，
還有很多志士仁人在默默耕耘，為人類在整個世界範圍內的反酷刑事
業而努力。**在全球化現象席捲全球的 21 世紀初，反酷刑已經成為了全
球化的事業，其主導力量不單包括聯合國的禁止酷刑委員會，還包括**

在國際民間社會中越趨活躍的團體和個人。他們在不同層次和方面推動反酷刑運動,有人在搜集酷刑個案的資料;有人在做宣傳教育的工作;有人從醫學角度,研究酷刑對受害者所造成的創傷和如何予以治療;有人成立了酷刑受害者的康復中心;有人從政治學、社會學和心理學的角度,研究酷刑的政治和社會背景,以至施行酷刑者的心理和行為;有人從歷史和哲學角度,對酷刑進行反思;有人從法學角度,研究怎樣保證把施行酷刑者繩之於法⋯⋯

根據 2004 年出版的《酷刑》[75] 一書,世界上有 132 個國家經常使用酷刑,雖然其中大部分國家都是上述《禁止酷刑公約》的締約國。這說明法律規範是一回事,實踐又是另一回事。禁止酷刑的"規範雖然存在,但它們不外一紙空文,沒有印記在人心。那些被棄置的、體無完膚的屍體和倖存的酷刑受害者,他們那虛空的眼神告訴我們,曾持續在世界範圍內進行的反酷刑運動離成功甚遠,必須努力不懈,堅持下去。" [76]

在 19 世紀,對人類歷史中的進步持樂觀態度的一些西方人,曾經一度以為,廢除酷刑運動已經取得決定性的勝利,酷刑已成歷史陳跡,一去不復返,以致雨果(Hugo)有本文上述提到的"酷刑已經不再存在"的豪言。然而到了 20 世紀,酷刑在蘇聯、納粹德國和其他法西斯主義國家復活和氾濫,甚至被視為現代人權和民主搖籃的法國,也在 50 年代被揭發在阿爾及利亞使用酷刑。著名法國思想家沙特(Jean-Paul Sartre)說酷刑是"我們這個時代的瘟疫"; [77] 另一位法國學者在 1963 年出版了《酷刑:民主的癌症》一書, [78] 他所指的癌症不是酷刑本身,而是民主國家的公民對酷刑現象漠不關心,因而使憲法所保障的人權形同虛設。 [79]

充分的科學和醫學證據證明，酷刑在拷問和其他情況下的使用對受刑者的身心造成莫大的殘害。除對肉體可能造成永久性傷殘外，學者指出，"酷刑能造成受害人的心靈和道德人格的解體，以至摧毀，導致受害人的非肉體性毀滅"。[80] 另一位學者說："酷刑是對人的尊嚴的絕對否定。酷刑用以消滅受害者的人格……酷刑是對個人的身體和精神健康 —— 此兩者是相輔相成的 —— 的最大侵害。" [81]

美國學者史加利（Elaine Scarry）在 1985 年出版一書，名為《在痛苦中的身體》，[82] 被形容為是 "對為甚麼酷刑是惡的典型（epitome of evil）的經典論述"。[83] 史加利分析的是拷問中使用的酷刑，她指出，酷刑所引起的劇痛，毀滅受刑者的思想和感情，瓦解他的世界和自我，"受刑者越痛苦，施行酷刑者的世界變得越強大"，[84] 酷刑把受刑者的痛苦轉化為施行酷刑者和統治者的權力，"受刑者越痛苦，施行酷刑者的權力越膨脹"。[85] 然而痛苦是完全由受刑者承擔的，施刑者不會感受到這種痛苦，他更對這種痛苦視若無睹，"因為如果容許受刑者的苦難的現實進入他（施刑者）的意識範圍的話，便會立刻驅使他停止施行酷刑。" [86] 史加利把酷刑的 "結構" 總結為 "從真實的痛苦向虛構的權力轉化"。[87] 另一位學者則描述酷刑現象為 "兩個身體，一個享有所有權力，另一個承擔所有痛苦；一個能為所欲為，另一個甚麼也不能做，除了等候、禱告和抵抗。" [88]

美國哲學家舒爾（Henry Shue）指出，[89] 酷刑比在戰場上的互相殺戮更加罪惡，因為酷刑乃實施於手無寸鐵、已完全受施刑者掌控的人身上。在《歐洲人權公約》的起草過程中，戈格斯（F.S. Cock）曾說："把男人和女人的正直和漂亮的身體拿去以酷刑予以毀傷和殘廢，是傷天害理的事，也是對人的聖靈的犯罪。我說，它是對聖神的犯罪，是無可寬恕的。我宣佈，它是與文明水火不容的。"[90]

在這裏我想起孟子的教誨："人皆有不忍人之心。先王有不忍之心，斯有不忍人之政矣……今人乍見孺子將入於井，皆有怵惕惻隱之心……無惻隱之心，非人也……惻隱之心，仁之端也……苟能充之，足以保四海；苟不充之，不足以事父母。"[91] 當今中國，當今世界，反酷刑的事業乃基於此惻隱之心，它既是人性的光明一面，也是人之不致淪為禽獸的最低標準。惻隱之心和仁的道德要求，是普遍人權的其中一個理論依據，也構成反酷刑運動的原動力之一。在歷史長河上，反酷刑會否有成功的一天，仍是未知之數。但是，在此時此地，你我都能感到良心的呼喚，作出正確的抉擇，在我們有限的人生道路上，朝我們應走的方向奮進。

註釋

1　Sanford Levinson (ed)., *Torture* (Oxford: Oxford University Press, 2004) p9.

2　吳中傑編著：《魯迅雜文》（上海：復旦大學出版社，2000 年），頁 1005-1006。

3　杭州：浙江人民出版社，1991 年。

4　鄭州：中州古籍出版社，1991 年。

5　北京：中國華僑出版社，1998 年。

6　北京：中國社會出版社，1998 年。

7　收錄於《中國近代小說大系》（南昌：江西人民出版社，1989 年）。

8　阿英：《晚清小説史》，（香港：太平書局，1966 年），頁 144、146。

9　見魯迅〈病後雜談之餘〉一文，同註 2，頁 1013。

10　時佩猛譯，（台北：台灣實業文化，2001 年。）

11　*Criminal Justice Through the Ages* (volume IVb of the publications of the Mediaeval Crime Museum, Rothenburg ob der Tauber, 1993, translated by John Fosberry)。

12　*Hamlyn History of Punishment and Torture* (London: Hamlyn, 1996)。

13　本文援述的相關材料主要來自 Edward Peters, *Torture* (Philadelphia: University of Pennsylvania Press, expanded edition 1996)。除此以外，下面的註釋也將提及其他材料。

14　Peters，同註 13，第 1 章。

15　John H. Langbein, "The Legal History of Torture"，in Levinson，同註 1，第 5 章。

16　Peters，同註 13，頁 54。

17　Peters，同註 13，頁 65。

18　Peters，同註 13，頁 64-67。

19　Langbein，同註 15，頁 99。

20　Langbein，同註 15，頁 100。

21　Wayne Morrison (ed.), *Blackstone's Commentaries on the Laws of England* (London: Cavendish, 2001) vol. IV, p257 (vol. IV, p326 of 9th ed. 1783)。

22　Peters，同註 13，頁 80。

23　Langbein，同註 15。

24　Peters，同註 13，頁 85。

25　Langbein，同註 15，頁 99。

26　Langbein，同註 15，頁 97。

27　Peters，同註 13，頁 74。

28　Peters，同註 13，頁 74。

29　關於貝卡里亞對拷問的批判，參見 Peters，同註 13，頁 264-269；
　　陳興良：《刑法的啟蒙》，（北京：法律出版社，1998 年），第 2 章。

30　川端博：《揭開歐洲拷問史祕辛》，同註 10，頁 10。

31　Peters，同註 13，頁 75。

32　川端博，同註 30，頁 10。

33 Peters，同註 13，頁 5。

34 張晉藩：《中國法律的傳統與近代轉型》，（北京：法律出版社，1997 年），頁 142-147。

35 張國華：《中國法律思想史新編》，（北京：北京大學出版社，1991 年），頁 188-189。

36 西田太一郎著、段秋關譯：《中國刑法史研究》，（北京：北京大學出版社，1985 年），頁 191。

37 高紹先：《中國刑法史精要》，（北京：法律出版社，2001 年），頁 435。

38 甯漢林、魏克家：《中國刑法簡史》，（北京：中國檢察出版社，1997 年），第 14 及 17 章；
劉英奎、張小樂：《野蠻的文明：中國歷代刑法》，（瀋陽：遼海出版社，1998 年。）

39 劉英奎、張小樂，同註 38，頁 46 及 61。

40 西田太一郎，同註 36，頁 194-203；
張國華，同註 35，頁 190-194；
高紹先，同註 37，頁 435-440。

41 高紹先，同註 37，頁 440。

42 《晉書‧刑法志》，轉引自高紹先，同註 37，頁 439；
張國華，同註 35，頁 193。

43 西田太一郎，同註 36，頁 201-202。

44 同註 42。

45 《後漢書‧杜林傳》，轉引自西田太一郎，同註 36，頁 194。

46 《後漢書‧孔融傳》，轉引自高紹先，同註 37，頁 438；
西田太一郎，同註 36，頁 196。

47 《魏志‧鍾繇傳》，轉引自高紹先，同註 37，頁 438；
西田太一郎，同註 36，頁 198。

48 高紹先，同註 37，頁 438。

49 《晉書‧刑法志》，轉引自張國華，同註 35，頁 193。

50 張國華，同註 35，頁 193。

51 甯漢林，同註 38，頁 219；
高紹先，同註 37，頁 404-405。

52 劉英奎，同註 38，頁 89。

53 李貴連：《沈家本與中國法律現代化》（北京：光明日報出版社，1989 年），頁 95-102；
李貴連：《沈家本傳》（北京：法律出版社，2000 年），頁 213-218。

54 沈家本：《歷代刑法考》（附寄簃文存，（卷四）（北京：中華書局，1985 年），頁 2023-2028。

55 楊鴻烈：《中國法律思想史》，（台北：台灣商務印書館，1964 年），頁 316-317，450-455；
李貴連：《沈家本與中國法律現代化》，同註 53，頁 98。

56 李貴連，同註 55，頁 99。

57 李貴連：《沈家本傳》，同註 53，頁 217。

58 轉引自張國華，同註 35，頁 215。

59 張國華，同註 35，頁 215。

60 沈家本，同註 54，頁 2025。

61 甯漢林，同註 38，頁 210、220、254。

62 陳雲生：《反酷刑》，（北京：社會科學文獻出版社，2000 年），頁 30、117。

63 陳雲生，同註 62，頁 26。

64 陳雲生，同註 62，頁 118。

65 陳雲生，同註 62。

66 陳雲生，《走向人權與法治 —— 反酷刑縱橫談》，（北京，中國社會科學出版社），2003 年。

67 陳雲生，同註 66，頁 8、14。

68 陳雲生，同註 66，頁 62。

69 陳雲生，同註 66，頁 64。

70 陳雲生，同註 62，頁 45。

71 陳雲生，同註 66，頁 72。

72 陳雲生，同註 66，頁 72-94。

73 陳雲生，同註 66，頁 17。

74 陳雲生，同註 66，自序，頁 1。

75 Sanford Levinson (ed)，同註 1，頁 5。

76 Pieter H. Kooijmans, "Torturers and Their Masters", in Ronald D. Crelinsten and Alex P. Schmid (eds), *The Politics of Pain* (Boulder: Westview Press, 1995) chap2 at p14.

77 轉引自 Peters，同註 13，頁 134。

78 Pierre Vidal-Naguet, *Torture: Cancer of Democracy* (transl. by Barry Richard; Baltimore: Penguin Books, 1963).

79 Peters，同註 13，頁 140。

80 Francesco Campagnoni 的話，轉引自 Peters，同註 13，頁 187。

81 Kooijmans，同註 76，頁 15。

82 Elaine Scarry：*The Body in Pain* (New York: Oxford University Press, 1985)。

83 Sanford Levinson, "Contemplating Torture", in Levinson，同註 1，第 1 章，頁 24。

84 Elaine Scarry，同註 82，頁 37。

85 Elaine Scarry，同註 82，頁 37。

86 Elaine Scarry，同註 82，頁 57。

87 Elaine Scarry，同註 82，頁 27、51。

88 Ariel Dorfman, "The Tyranny of Terror", in Levinson，同註 1，頁 3、9。

89 Henry Shue, "Torture", in Levinson，同註 1，第 2 章。

90 轉引自 Peters，同註 13，頁 147。

91 《孟子‧公孫丑章句上》。

第三章 人權與主權

關於主權和人權的歷史和法理學反思

　　"主權" 和 "人權" 同是西方近代史的思想產物，其發展的歷史軌跡是互相聯繫、互相影響的。在 21 世紀的今天，世界經歷了上世紀西方國家於 1989 年六四事件後對中國實施制裁，以及 1999 年北約就科索沃的亞爾巴尼亞裔居民的人權問題向南斯拉夫發動戰爭等事件，主權和人權的關係成了一個十分值得關注和研究的問題。本文嘗試追尋主權和人權的概念，道出兩者關係的歷史脈絡，並從政治思想和國際法的層面梳理有關問題的癥結，進而探討我們在 21 世紀應該怎樣看待主權和人權這些概念及兩者的關係。

一、近代西方的主權和人權思想

　　雖然在古希臘時代的西方古典文明裏，可以找到主權和人權概念的雛形，[1] 但是現代意義上的主權和人權概念則只有三、四百年的歷史，而 "主權" 此用語比 "人權" 更早被正式採用。

　　關於 "主權" 概念方面，較為完整和系統的論述，一般都追溯至法國人讓・博丹（Jean Bodin）的著作，尤其是於 1577 年出版的《論共和國》一書。要了解主權思想的出現，首先要明白歐洲中世紀的政治和社會格局。當時的政治和經濟是封建式的，思想文化則為羅馬天主教會主導。各地的 "國王" 權力十分有限，受到貴族（包括不同層級的封建領主）、教皇領導下的 "跨國性" 教會、神聖羅馬帝國的皇帝，以至城市新興商人階級等，各方面政治力量的抗衡。粗略估計，[2] 在 15 世紀末，歐洲有約 500 個半獨立的政治實體，例如由封建領主管轄之地、由主教管轄之地、自治城鎮等。

博丹的主權論的目的或作用，便是為王權的鞏固和擴張提供思想上的依據。早期主權論的關注點，是如何分析一個地域內的政治權力架構，並研究政治權力集中化的需要。主權論指出，為了維持社會秩序，為了避免困擾民生的武裝衝突，必須有一個強大的、至高無上的權威，這便是主權。所以博丹說，主權是君主“不受法律限制的對臣民的最高權力”，“是在一國家中進行指揮的絕對的和永久的權力”，主權是永久的、非授權的、不可拋棄的。[3] 這裏值得留意的是，雖然博丹主張“君主專制”，但在他的心目中，君主作為主權者的權力，雖不受制於前人訂下的法律，但仍受制於上帝的神聖法和自然法。[4] 在這方面，博丹的思想仍是屬於中世紀的。

主權論的發展過程中的另一個重要人物是英國人霍布斯（Thomas Hobbes），他代表着從中世紀到近代的思想轉折。他生活在 17 世紀英國內戰的動盪時代，認為絕對王權是社會穩定和文明發展所必須的。他提出了一個震撼性的“自然狀態論”，指出在沒有統治者的無政府狀態裏，人只能生活在恐怖和殘暴之中。在這種情況下，通過“社會契約”，確立一個強而有力的統治者或主權者的、絕對的、至高無上的政治權威，是人們唯一的出路。[5]

主權論的確立

16 世紀宗教改革運動開始之後，歐洲的政治和社會經歷了長時期的動盪不安，宗教和政治矛盾錯綜複雜，釀成無數糾紛和戰亂。1618

年至 1648 年的 "30 年戰爭"，更帶來前所未有的生靈塗炭。在這情況下，越來越多人覺得博丹等人的主權論是有其道理的。於是，結束 30 年戰爭的《威斯特發里亞和約》（Peace of Westphalia 1648），便成為了近現代西方以主權國家為單位的國際秩序基礎。[6]

這種逐漸演化的主權概念可分為對內和對外兩方面。[7] 對內來說，主權者（最初是君主）在某範圍的土地（即其領土或國家）內，就土地上的人民和事務享有最高的、獨有的管轄權，主權者與其子民之間有直接的命令和服從的關係，這個概念取代了封建時代那互相重疊交錯的多層級管轄權。對外來說，每個主權者獨立於其他地方的主權者，毋須聽命於任何他人，也不受他人的支配，他可獨立自主地決定其國家的事務（包括在美洲新大陸進行殖民擴張和貿易時，不再受教皇的管轄權規限）。這樣，歐洲便形成了主權國家分立、互相抗衡的國際性秩序。這也是近現代國際法的起點，因為國際法的主體是主權國家，國際法便是調整各主權國家之間（初時不包括被認為是未有文明的、野蠻的非西方國家）關係的法律規範。

在 17、18 世紀發展的國際法的其中一個基本原則，是各主權國家的平等性。早期國際法學者沃爾夫（Christian Wolff）曾說，[8] "國家有如生活於自然狀態中的自由的個人。由於根據自然原則，所有人均平等，所以根據自然原則，所有國家也是平等的。" 除了這個主權平等的原則外，在 18 世紀逐漸形成的另一個與主權概念相關的原則，便是主權國家之間應互相不干預他國的事務，例如放棄了以前因宗教理由對別國用兵的做法。[9] 但是，發動和參與戰爭的 "權利" 被視為主權的特徵之一，從這個角度看，國與國之間仍是一個弱肉強食的世界。

人權觀的初始

以上說的是在近代興起的主權觀念。至於人權觀念，雖然其精髓可以追溯至古希臘羅馬時代和中世紀的"自然法"思想，[10] 但由於古希臘文和古拉丁文中，並沒有一個明確地表述現代"權利"觀念的字眼，所以"人權"這個概念的出現，只能說是近現代的事情。[11] 近代西方人權思想，[12] 一般追溯至英國 1215 年的《大憲章》（這份文件其實只保障教士和貴族階層的權利，作為相對於國王權力的制衡），以至英國國會在"光榮革命"後制定的《權利法案》（1689 年），後者主要是確立對王權的限制，建立君主立憲的憲政和法治體制，並保障國會作為包涵選舉產生的民意代表的議會權力。

人權思想在西方世界的系統表述和廣泛傳播，要留待 18 世紀末的美國和法國革命才發生。但從 17 世紀英國思想家洛克（John Locke）的著作裏，已可以看到現代人權思想的核心內容。論述主權的重要人物霍布斯，鑒於英國內戰的慘烈而提倡君主專政，**洛克則是相對溫和的"光榮革命"代言人，主張王權應受到合理的制衡，以保障人民的生命、自由、財產等個人權利。在他看來，人們之所以組成國家，設立政府，目的正是跟無政府狀態比較，希望針對這些權利，謀求更有效的保障。**

洛克不但為現代人權理論奠下基礎，而且催動了主權概念的轉化，即從"主權在君"到"主權在民"的過渡。這個過渡留待下一節談到啟蒙時代、盧梭和法國大革命時再詳細論說。但洛克強調君權的限制，提倡民選立法議會的權力，人民主權的概念已呼之欲出。[13]

二、現代西方的主權和人權思想

　　本文採用了"近代"和"現代"的區分，"近代"是指從中世紀到"現代"的過渡；"現代"則指從 18 世紀後期美國和法國革命至二次大戰的期間；第三節談的"當代"則指二次大戰以後的歷史新階段。

主權在民

　　現代人權思想誕生於 18 世紀西歐的"啟蒙時代"，[14]當時法國是啟蒙運動的中心，而盧梭（J.J. Rousseau）的政治思想，對於西方人權和主權思想的發展，具有劃時代的意義。盧梭提出了"主權在民"這個到了今天已變得不言而喻、不證自明的概念。**主權在民即國家的主權不屬於國王，也不屬於某個統治集團或統治階級，而屬於全體國民。他同時指出，自由和平等是所有人與生俱來的權利，在國家中，人的自由只能受作為體現人民"公意"的法律而限制，而公意是在民主參與的過程中形成的，代表着社會的整體利益。** 在盧梭的思想裏，我們既可以看到一個嶄新的主權概念，又可以找到自由、人權、民主和法治這些現代核心價值的思想資源。[15]

　　盧梭等啟蒙運動家的思想，在 18 世紀末的美國和法國革命中起了關鍵作用。這兩場革命中產生的一些文獻，成為了現代政治思想的聖經。例如，1776 年 6 月的《維珍尼亞宣言》（Virginia Declaration）宣稱，[16]"一切權力屬於人民，因之來自人民，執行法律的一切官吏都是人民的受託人和僕人，在任何時候均應服從人民。"同年 7 月的《美國獨立宣言》說，[17]"我們認為這些真理是不言而喻的：人人生而平等，他們都從他們的造物主那邊被賦予了某些不可轉讓的權利，其中包括生命權、自由權和追求幸福的權利。為了保障這些權利，所以才在人們中間成立政府。而政府的正當權力，則係得自被統治者的同意。"

1789 年法國大革命開始時，由國民議會通過的《人權和公民權宣言》，正式採用了"人權"的字眼，並且是人類有史以來，對人權概念最全面和系統的論述，所以英國學者艾頓勛爵曾說，[18] 這兩頁紙的《宣言》，其重量大於多個圖書館，也大於拿破命的所有軍隊。《宣言》指出，[19] "人權"是"自然的、不可剝奪的和神聖的"，而"不知人權、忽視人權或輕蔑人權是公眾不幸的政府腐敗的唯一原因"、"在權利方面，人們生來是而且始終是自由平等的。"、"任何政治結合的目的都在於保存人的自然和不可動搖的權利。這些權利就是自由、財產、安全和反抗壓迫。"、"整個主權的本原主要是寄託於國民。"、"法律是公共意志的表現。全國公民都有權親身或經由其代表去參與法律的制定。"此外，《宣言》還列出各種主要的人權，如人身自由、不受任意逮捕、無罪推定、信仰、思想、言論、出版等自由。

正如主權思想在 16、17 世紀的崛起，迎合了某些社會需要 —— 社會內部秩序和國際政治秩序的需要，人權思想在 18 世紀的勝利也有其政治經濟的背景，不能只純粹理解為啟蒙理性的進步表現。例如，人權思想強調人身自由和言論自由，主要是針對當時法國的君主專制和教會專制。人權思想提倡人的平等，主要是針對封建社會中的貴族特權。人權思想重視財產權，正如馬克思主義批評者所指出，正反映了崛起中的資產階級的利益。在美國和法國革命中，人權思想的作用是為革命行動提供理論依據，對當時的社會和政治現狀，進行批判，並為革命後新的政治體制的建立，提供一套原則和理想。

但由於 18 世紀人權思想認為人權是上天賦予的、與生俱來的，這種具有"自然法"色彩的想法與 19 世紀興起的實證主義格格不入，所以人權思潮在 19 世紀的西方是相對衰落了。在 19 世紀，起源於英、美、法革命的憲政主義在歐洲廣泛傳播，各國相繼制定了成文憲法，規劃政府的立法、行政和司法架構，並確立公民的權利。18 世紀的人權便轉化為國家憲法和法律所保護的公民權利。作為公民政治權利之一的選舉權，成了原來沒有選舉權的勞工階層的爭取對象（後來女性也開始爭取選舉權）。

被壓迫者爭取人權

19 世紀是西方殖民主義進一步擴張和帝國主義的時代，殖民主義者和帝國主義者沒有可能承認和尊重被殖民者、被征服者與其統治者的平等人權。因此，正如馬克思主義者從無產階級的觀點，批判資產階級人權觀的虛偽性，被西方列強壓迫的亞、非、拉地區的人民，也可以看到西方人說的人權，只是西方人自己的權利，而不是在西方人眼中未開化的野蠻人的權利。但是，正如西方國家裏的工人和婦女開始使用人權和公民權的話語，去爭取他們的選舉權、參政權，被殖民者也漸漸學會使用人權的話語，去反對帝國主義的壓迫。在 20 世紀，我們便見到這種現象。

現在讓我們看看主權概念在現代階段的發展。在 18、19 世紀，主權思想在國際關係（即西方國家之間的關係）中得到進一步的提升，變成了國際法的基本原則。主權國家是國際法的主體，每個主權國家就其領土內的事務有絕對的管轄權，他國不容干預。各主權國是平等的，他們互相尊重對方的主權。19 世紀英國國際法學家奧本海（Oppenheim）便說：“主權是最高權威，即一個獨立於世界上任何其他權威之外的權威。”[20] 由於主權的至上性，所以規範主權國家行為的國際法的效力，只能基於有關主權國家的明示（如締結條約）或默示（如在國際習慣法的情況）的意願，而不存在某些來自上天或自然的高於主權國家的規範，這便是所謂實證主義的觀點。[21]

19 世紀英國實證主義法學家奧斯汀（John Austin）是當時主權論的表表者。[22] 奧氏把法律定義為主權者的命令，如果人民拒絕服從，便會受到主權者的制裁。主權者與人民的關係是命令和服從的關係，如果人民只服從某甲（甲可以是個人或團體）而不服從其他人，那麼甲便是主權者。根據英國憲法學中的國會至上主義，英王會同國會通過的法律有最高的效力，所以英王會同國會便可被視為主權者。從實證主義出發，主權者之所以是主權者，並非決定於其產生的方法（如看它是否民選產生），而是由於它已實際上行使着國家的管治權。換句話説，如果在某地區內存在着一個統治集團（即"政府"），對該地區的土地和人民行使着有效的控制，其制定的法律和發施的命令得以執行，而該統治集團是獨立自主的，不聽命於其他地區統治者的，那麼一個主權國家便在該地區存在，該統治集團便是該主權國的合法政府。

奧斯汀強調主權者的至上性，所以他認為國際法並非真正的法律，而只是關於國際關係的道德規範。因為國際法不像國內法，並不存着有權力和能力強制執行國際法的警察和法院。奧氏認為，真正的法律是主權者發出，並有能力強制實施的命令。由於這種主張主權至上性的實證主義思潮，擁有在當時的主導地位，所以有人把 18 世紀中期至第一次世界大戰這段期間形容為"絕對"主權概念的時代。[23]

第一次大戰後，國際聯盟成立，其主要目的是促進世界和平。雖然 1919 年的《國際聯盟盟約》[24] 裏沒有用到"人權"的概念，更沒有以人權原則來規限主權的行使，但與此《盟約》相關的，關於在某些國

家保障少數民族權利的條約的特別安排，可被視為二次大戰後的國際
人權保障先驅。[25] 此外，在《國際聯盟盟約》的起草階段，日本曾建議
在盟約中規定，締約國應盡快在其本國給予其他締約國公民平等的待
遇，不分種族和國籍，這建議針對的是西方國家在其國內對非西方人
的歧視。**平等和反歧視原則其實是人權思想的核心內容**，但是，英美
等國都反對這個建議。例如英國的代表便指出，這個建議侵犯了國家
的主權，干預到締約國的內政。日本的建議最終受到否決。[26]

三、當代世界的主權和人權思想

在第二次世界大戰結束之前，美國及其盟國已經開始思考怎樣建
構戰後的世界新秩序。他們覺得這場侵略戰爭的起因，一定程度上可
追究至希特拉等獨裁者，在其國內對人權的蹂躪。由此可見，1919 年
《國際聯盟盟約》規定締約國不從事戰爭的義務是不足夠的，必須確立
各國均須尊重人權、人的尊嚴、人的價值這些重要道德原則。因此，
他們有意把英美法等自由民主國家的憲制裏，早已確立的保障人權或
公民權的原則，轉化為世界性的規範。當時的美國總統羅斯福在 1941
年提出，戰後的新世界必須尊重四種自由：言論和表達自由、敬拜上帝
的自由、免於匱乏的自由（freedom from want）和免於恐懼的自由。[27]1942
年，26 個國家（包括美、蘇、英、中等）共同發表《聯合國宣言》，其
中提到，他們"深信戰勝他們的敵國對於保衛生命、自由和宗教自由並
對於保全其本國和其他各國的人權和正義非常重要。"[28] 人權思想的復
興，由此可見。

1945 年，聯合國成立，《聯合國憲章》[29] 把國際法和國際關係帶進
了新的紀元。這個新的國際法秩序不單包涵原有的主權原則，鞏固了

《國際聯盟盟約》裏的和平原則，還加上了新的人權原則和自決原則。在這個體系裏，主權和人權的關係，逐漸出現了一個新的格局。

國際法與國家的主權

讓我們先看主權原則。在新的世界秩序裏，主權國家仍是基本的單位、國際社會的成員和國際法的適用對象，原有的主權平等、各國互相承認和尊重對方的主權、不干涉對方的內政等原則都得到確認以至強化，並與各國和平共處、互不侵犯的原則連繫在一起。《聯合國憲章》在序言中強調"大小各國"的"平等權利"，根據《憲章》第 2 條，會員國須遵行"各會員國主權平等之原則"；第 2 條第 7 款規定，"本憲章不得認為授權聯合國干涉在本質上屬於任何國家國內管轄之事件"（以下稱為"國內管轄"原則）。關於各國互不干涉他國內政以至外交的原則，後來在聯合國的文獻中有進一步的規定，例如聯合國大會 1965 年通過的《關於各國內政不容干涉及其獨立與主權之保護宣言》、1970 年通過的《關於各國依聯合國憲章建立友好關係及合作之國際法原則之宣言》和 1981 年通過的《不容干涉和干預別國內政宣言》。[30]

根據上述 1970 年的《友好關係原則宣言》，"任何國家或國家集團均無權以任何理由直接或間接干涉任何其他國家之內政或外交事務。因此，武裝干涉及對國家人格或其政治、經濟及文化要素之一切其他形式之干預或試圖威脅，均係違反國際法……每一國均有選擇其政治、經濟、社會及文化制度之不可移讓之權利，不受他國任何形式之干涉。"[31]

關於對別國動武的問題，《聯合國憲章》裏有相當完整的一套原則，基本上是設立全球性的集體安全體系，堅持和平原則，否定戰爭的合法性和正當性，並把武力在國際關係中的使用局限於兩種例外情況。《憲章》的第一個宗旨，便是"維持國際和平及安全"（第 1 條第 1 款）。"各會員國應以和平方法解決其國際爭端"（第 2 條第 3 款）。最重要的是第 2 條第 4 款："各會員國在其國際關係上不得使用威脅或武力，或以與聯合國宗旨不符之任何其他方法，侵害任何會員國或國家之領土完整或政治獨立。"

不過有兩種可以合法地對一個主權國家採取軍事行動的情況，第一是《憲章》第 51 條規定的"受武力攻擊時"的"單獨或集體自衛"，第二是聯合國安全理事會在國際和平受到威脅或破壞時，根據《憲章》第 7 章授權的藉以"維持或恢復國際和平及安全"（第 42 條）的軍事行動（簡稱為"安理會的執行行動"）。

尊重人權自由

現在讓我們看看《聯合國憲章》訂立後建立起來的國際人權保障制度。《憲章》除體現主權平等及和平原則外，還肯定了人權和自決權作為世界性的道德、法律和文明準則，這可說是人類歷史上的一大突破。《憲章》裏七次提及"人權"，它在序言中強調"基本人權、人格尊嚴與價值"，第 1 條在規定聯合國的宗旨時，提到"人民平等權利及自決原則"，"不分種族、性別、語言或宗教，增進並激勵對於全體人類之人權及基本自由之尊重"。

根據《憲章》第 55 條，聯合國應促進"全體人類之人權及基本自由之普遍尊重與遵守，不分種族、性別、語言或宗教。"更重要的是第 56 條，它規定"各會員國擔允採取共同及個別行動與本組織合作，以達成第 55 條所載之宗旨。"這條文後來被理解為各國遵守基本人權標準的法律義務的基礎。

根據《憲章》第 13 條，聯合國大會"應發動研究，並作成建議"，"助成全體人類之人權及基本自由之實現"。根據第 62 條，聯合國經濟及社會理事會（簡稱經社理事會）"為增進全體人類之人權及基本自由之尊重及維護起見，得作成建議案"。這個經社理事會根據第 68 條，設立了聯合國人權委員會（後來演化為現在的人權理事會）。

世界人權宣言

雖然《聯合國憲章》採用了"人權"這個概念，但對於甚麼是人權的具體內容，它未有作出規定。這種規定後來見於 1948 年聯大通過的《世界人權宣言》。[32] 這個宣言被喻為"全人類的《大憲章》"，[33] 對當代世界的政治、法律和道德思想產生了深遠的影響。《宣言》大大擴展了 18 世紀的具有資產階級色彩的人權觀，使人權的範圍不限於傳統的公民和政治權利（所謂"第一代"或"第一世界"的人權），它包涵了社會主義國家所重視的經濟和社會權利（所謂"第二代"或"第二世界"的人權），如工作的權利、得到合理工資的權利、組織和參加工會的權利、享受休息和閒暇的權利、享受社會福利和教育的權利等。《宣言》所提倡的價值觀念，融合了各大宗教和文化體系的優良傳統，正如聯合國人權委員會的中國代表在 1947 年所主張，《宣言》要協調阿奎那（St Thomas Aquinas）和孔子的思想。[34]

《世界人權宣言》的最大成就，在於它為世界各國政府就怎樣對待其人民訂下了普遍性的道德標準，符合這個標準時，有關政府才算是文明的、具有道德上的正當性。[35] 從此以後，一國的統治者怎樣對待人民，可以名正言順地成為其他國家、整個國際社會以至全人類的關注事項。[36]《宣言》的序言提到，"對於人權的無視和侮蔑已發展為野蠻暴行，這些暴行玷污了人類的良心"，在這種情況下，國際社會關心人權問題，是義不容辭的。正如意大利法學家卡薩斯（Antonio Cassese）指出[37]：

> "這份《宣言》是一顆導航的星，它指導着世界各國慢慢走出那個黑暗時代，在那黑暗時代裏，船堅炮利是國家行為的唯一準則，並沒有公認的原則，可用以區分國際社會中的善與惡……總括來說，人權是當代世界的一次嘗試，企圖把一定份量的理性引進人類歷史中。"

《世界人權宣言》通過時，各國並不認為它是具有正式法律約束力的文件[38]，所以《宣言》通過之後，多份供各國締結參加的、具有法律約束力的國際人權公約相繼起草而成，並得到世界各國的踴躍參加。這些構成日漸發達的國際人權法的公約包括[39]：

（1）兩個涵蓋面最大的國際人權公約：《公民權利和政治權利國際公約》和《經濟、社會、文化權利國際公約》，兩者都在 1966 年制定。這兩個公約對《世界人權宣言》提到的人權作出了更具體的規定，並設立了監督實施的機制（如提交報告、就違反公約投訴等）。兩個公約的第一條都肯定了人民的自決權，這是《世界人權宣言》裏沒有的。自決權意味着殖民地的人民，有權脫離宗主國的管治，而自己組成獨立的主權國家。自決權和後來被提出的發展權、環境權和平權等概念，代表着 "第三代"[40] 或 "第三世界"[41] 的人權觀。

（2）針對個別種類的侵犯人權行為的國際公約：如《防止及懲辦滅種罪公約》、《禁止酷刑和其他殘忍、不人道或有辱人格的待遇或處罰公約》、《消除一切形式種族歧視國際公約》等。

（3）保護個別類別人士的國際公約：如《消除對婦女一切形式歧視公約》、《兒童權利公約》等。

（4）區域性的人權公約：如《歐洲人權公約》、《美洲人權公約》、《非洲人權和民族權憲章》。歐洲人權法院和美洲國家間人權法院便是根據前兩者設立的。非洲的人權憲章[42]則體現了第三世界的人權觀，它除了提到傳統的人權和自決權外，也談及民族的生存權、"被殖民或受壓迫的民族"爭取自由的權利、民族自由處置其天然財富和資源的權利、發展權、民族享有和平與安全的權利、民族享有良好環境的權利，這些都是所謂"集體人權"。這個非洲憲章不但規定了人權，也規定了人對其家庭、社會、國家以至國際社會的義務。

以上的只是一些舉例，當代國際人權法的條約、宣言、決議，實施架構和實踐案例，內容非常豐富，絕非三言兩語所能勾畫出來。

四、主權與人權的反思

當代國際法所體現的主權、人權與和平三大原則，它們之間存在着辯證的關係。在一定程度上，它們是互為基礎、相互依存、相輔相成的[43]；在一定程度上或在某些情況下，它們卻是互相制衡的，當中存有張力和矛盾。[44]

在一個理想的世界裏，各國政府都根據《世界人權宣言》第21條的規定，由民主選舉產生，體現主權在民的原則，政府尊重人權，人民熱愛和平，在這種情況下，主權、人權與和平三原則是互相協調、相得益彰、融成一體的。問題出在有些國家的政府踐踏人權，或由於內戰、動亂等緣故，出現人權受到嚴重侵害的情況。如果這時國際社會或個別國家為了保障有關國家的人民權利，對該國提出譴責，實施經濟制裁，甚或進行軍事介入，這便涉及人權保障與主權原則，甚至和平原則的衝突問題。

關於這個問題，我們須首先作出兩種區分。一是區分對人權受侵害的國家採取行動者，是聯合國還是未經聯合國授權的個別國家；二是區分藉以挽救人權的有關行動，是否涉及武力或威脅使用武力。

第一種情況是聯合國作出的、針對人權問題的非軍事性行為。在過去半個世紀的實踐中，聯合國的機構（包括聯大、安理會、經社理事會及其屬下的人權委員會等等）對於涉嫌嚴重和一貫地侵犯人權的國家，採取非武力的行動，進行調查研究、提交報告、進行辯論、通過決議作出譴責或聲明、提出建議和要求，甚至實施軍火禁運、經濟制裁等措施，其例子比目皆是。累積而成的案例清楚顯示，聯合國不認為這些行動有違《聯合國憲章》中的"國內管轄"原則。[45] 在聯合國的實踐中，一國政府怎樣對待人民，已不再像聯合國成立以前，純屬本國的內政，他人不能過問。因人權問題而曾受聯合國機構處理的國家包括南非、前羅德西亞、以色列、伊朗、智利、玻利維亞、尼加拉瓜、危地馬拉、南斯拉夫（塞爾維亞）等等。[46] 聯合國人權委員會屬下的防止歧視及保護少數小組委員會也曾在 1989 年六四事件後通過決議，對中國的人權狀況表示關注，又在 1991 年通過一個關於西藏問題的決議。[47]

第二種情況是，個別國家在其外交政策中引入人權考慮，在與某些國家發展經貿或其他關係，或對其提供經濟援助時，設立人權方面的條件，藉此向該國施加壓力，謀求其國內人權狀況得以改善。此外，對於被認為嚴重違反人權的國家，別國也可自行（毋須聯合國的同意）實施經濟制裁或其他外交上的措施。中國在六四事件後的一段時間，受到西方國家和日本的經濟制裁，便是一例。

人權高於主權？

以上兩類維護人權的行動，其正當性應是難以置疑的。中國政府和內地學者大都反對"人權無國界"、"人權高於主權"、"不干涉內政原則不適用於人權問題"等盛行於西方的觀點，他們一般強調的是，喪失了主權的國家民族，如殖民地或其他受外國控制和奴役的地方，其人民是沒有可能享受人權的。[48] 中國在現代史中飽受西方列強和日本的欺壓，中國共產黨把中國人民從帝國主義的逼迫中解放出來，建立獨立自主的中華人民共和國這個主權國家。明白了這個歷史和感情的背景後，內地學者的觀點是完全可以理解的。但是，必須承認的是，雖然一國人民的人權保障，有賴於該國政府充分行使主權，並為該國人民服務，而不是為外國勢力服務，但**歷史經驗證明，政府既是人權的最大守護者，也常是人權的最大侵害者。西方人權思想的精髓，在於以人民主權代替專制主權，以人權來制衡國家主權，並尋求個人人權與集體人權的合理平衡。**考慮到這方面時，便不難了解到，當個別國家的人權受到嚴重侵害時，由國際社會採取和平的、合理的行動以圖補救，不失為正義的伸張。

至於採用武力去捍衛人權的問題，亦即"人道主義干預"問題，則更為複雜，因為這不但涉及人權原則與主權原則的矛盾，更涉及人權原則與和平原則的矛盾。在這裏我們也分別考慮兩種情況，一是聯合國授權動武的情況，二是個別國家未經聯合國的授權，而對他國進行"人道主義干預"。

授權動武

關於第一種情況，根據《聯合國憲章》第 7 章的規定，聯合國安理會在國際和平及安全受到威脅，或破壞，或出現侵略行為的情況，如使用武力以外的辦法不足以解決問題時，可以採取軍事行動，以執行安理會的有關決議。具體方法是，由某些會員國組成聯合國維持和平部隊，監督某些內戰的停火安排，或由安理會授權某國或某些國家組成的聯盟，出兵執行安理會的決議，如在 1990 年伊拉克侵略科威特的情況。

在人權受到嚴重侵犯的情況，例如種族滅絕或其他大屠殺，因內戰或種族衝突而發生大規模的暴行、饑荒、瘟疫等災難，大量的難民湧入他國，這種情況也可理解為對國際和平及安全的威脅。正是基於這樣的理解，在安理會的實踐中，尤其是在"後冷戰"時代，它曾多次授權派遣軍隊，進入人權狀況十分惡劣的國家，如在 1991 年的伊拉克北部，設立保護庫爾德族人的安全區；1992 年授權美軍，到飽受內戰和饑荒蹂躪的索馬利亞救助饑民；1994 年授權法軍，到發生了五十萬人被屠殺的盧旺達去設立安全區，同年授權美國為首的國家，對海地採取軍事行動，確保在 1991 年軍事政變中被推翻的合法民選總統得以復職。[49]

此外，在 90 年代，聯合國也曾派遣維持和平部隊到南斯拉夫（波斯維亞）、安哥拉、利比利亞等國，藉以遏止其內戰。由於南斯拉夫和盧旺達的內戰中出現極大規模的屠殺和虐待等暴行，聯合國家安理會分別在 1993 年和 1994 年設立了兩個國際刑事審判庭，用以把兩地犯了滅族罪、危害人類罪和違反國際人道主義法的有關人等繩之於法。[50]此外，一個常設性的國際刑事法院，已在 2003 年成立和開始運作，因此嚴重侵犯人權的暴行，不但可在國內法院審訊，在某些情況下也會直接受到國際社會的制裁。

根據現行的《聯合國憲章》，安理會只能以國際和平及安全為理由、而不能直接以人權受到嚴重侵害為理由，對某國國內的事務進行軍事上的介入。在現行國際法秩序裏，和平原則和主權原則最終來說仍是較人權原則優先。一種意見認為，即使某國國內發生的嚴重暴行不影響到別國，基於人道主義的互助精神，國際社會對於在地球任何角落裏，大規模的喪盡天良、傷天害理的事情不能坐視不理。從人道主義的角度出發，國際社會（尤其是通過聯合國的法定架構）在必要時進行 "人道主義干預"，不單是其權利，更是其義不容辭的責任。因此，聯合國的全球性管治問題委員會便曾在 1995 年提出建議，對《聯合國憲章》作出修訂，規定如有極為嚴重和極端侵犯人民安全的情況，國際社會有權作出人道主義的干預。[51]

這個建議從原則來說是可以成立的，當然必須清楚界定有關情況的範圍，並且改善聯合國現有的決策機制，務求有關決定乃是基於法律和道德上的考慮，而非有關強國的政治、戰略、地緣政治、軍事、經濟、意識型態等私利性的考慮。

人道主義干預

這便帶我們進入最後一個問題，就是在聯合國架構以外的、由個別國家或國家聯盟作出 "人道主義干預" 的軍事行為，如 1999 年北約在南斯拉夫的戰事。在《聯合國憲章》訂立之前的國際法中，人道主義干預在（正如奧本海在 1905 年所說的）"一國對其國民或部分國民的殘忍程度令人類震驚"[52] 的情況下出現，可算是合法的。但是，正如以上曾指出,《聯合國憲章》第 2 條第 4 款已清楚訂明,會員國有國際法上的義務不對他國用武,而《憲章》只容許兩種例外情況,一是自衞,二是安理會授權的執行行動。雖然安理會曾就南斯拉夫對科索沃問題的處理通過決議,但未有決議授權北約採取軍事行動,所以部分西方國際法權威學者也承認,北約的行動在技術上是違法的。[53]

在聯合國成立以前的國際關係中,人道主義干預原則被濫用為強國入侵別國的藉口,屢見不鮮。[54]《聯合國憲章》不承認人道主義干預原則,相信是有意的,因為各主權國家的和平共存和互不干涉內政,與人道主義干預是難以相容的。在當代世界中,各國強弱不一,而雖然大家都有義務保障人權,但很難說哪個國家的人權狀況是完善的。從弱國的角度看,如果一些強大的鄰國自命為該弱國的人民人權監護人,隨時可以人權為理由派兵進入該弱國,這便會變成強權政治、霸權政治的世界。

另一方面,二次大戰後有三次著名的有人道主義干預成份的個案,不少論者均認為在這些個案中,出兵確實有助解救被干預國裏,生活在水深火熱中的人民。[55] 分別是 1971 年印度出兵孟加拉(原東巴基斯坦)推翻巴基斯坦的統治,1978 至 1979 年越南出兵柬埔寨推翻波爾布特政權,及 1979 年坦桑尼亞出兵推翻烏干達的阿敏政權。雖然在這些事件中,干預國都使用"自衞"作為其軍事行動的法理依據,但人道主義的因素也是存在的,而更重要的是,這些干預確實產生了結束暴政的效果。

由此可見,人道主義干預問題未必能簡化地一概而論。由於聯合國始終是政治性,而非完全客觀地處事的司法性組織,聯合國安理會(尤其是由於否決權的制度)不一定能對於所有真正需要進行干預的情況，採取適當的行動。所以，如果有些國家基於人道主義的考慮，在別無選擇、迫不得已的情況下，並在聯合國絕大部分成員國默許的情況下，就涉及大批人生命安危的災難性人權狀況，採取不超越"相稱"原則（或稱"比例"原則）的和有效的軍事干預行動，應該是無可厚非的。[56] 但是，以上提到的條件，每一項都是關鍵性的考慮。例如，是否真的別無選擇，例如是否能通過談判解決問題？談判時欲干預方提出的條件是否合理？干預行動的殺傷力是否與其針對的行為相稱？干預是否很有可能奏效，還是因以暴易暴造成更大和更長遠的惡果？諸如此類的問題，涉及很多實踐的、事實的判斷，而不是空泛地談大原則便可以解決的。

總括來說，在 21 世紀初的今天，我們可以看到在過去數世紀發展出來的主權概念、人權概念和兩者之間的關係，正在迅速地重新建構。主權原則曾是，而且在可見的將來，仍將會是世界各國和平共存的基礎，它是照顧現實的。人權原則把我們指向一個更合理、更正義和更仁愛的世界，它是理想的呼喚。而我們，作為人類，便一如既往，生活在現實和理想的夾縫之間。認識現實、接受現實、同時憑着理想、信心、愛心和希望去改變現實，這便是我們的奮鬥，我們賴以安身立命的道路和真理。

註釋

1　H. Steinberger, "Sovereignty", in R. Bernhardt (ed.)., *Encyclopedia of Public International Law*, Vol.10 (1987), pp397-418;

　　Margaret MacDonald, "Natural Rights", in Jeremy Waldron (ed.), *Theories of Rights* (Oxford: Oxford University Press, 1984), ch1.

2　Kurt Mills, *Human Rights in the Emerging Global Order: A New Sovereignty?* (London: Macmillan, 1998), p10.

3　法學教材編輯部：《國際法》（北京：法律出版社，1981 ），頁 68；

　　張瓊："略論主權與人權的相互關係"，中國社會科學院法學研究所編：《當代人權》（北京：中國社會科學出版社，1992 ），頁 336、337。

4　Steinberger，同註 1，頁 401-402；

　　Asbjorn Eide, "National Sovereignty and International Efforts to Realize Human Rights", in A. Eide and Hagtvet (eds), *Human Rights in Perspective: A Global Assessment* (Oxford: Blackwell , 1992), ch1 at note 9。

5　鄒文海：《西洋政治思想史稿》（台北：三民書局，1989 ），第 16 章。

6　Steinberger，同註 1；

　　Leo Gross, "The Peace of Westphalia, 1648-1948", *American Journal of International Law*, Vol. 42 (1948), p20；

　　J.B. Hehir, "Expanding Military Intervention: Promise or Peril?" *Social Research*, Vol. 62, No. 1 (1995), p41.

7　Peter Malanczuk, *Akehurst's Modern Introduction to International Law* (London: Routledge, 7th ed. 1997), pp17-18.

8　J.G. Starke, *An Introduction to International Law* (London: Butterworths, 8th ed. 1977), p123.

9　Steinberger，同註 1，頁 401。

10　A.P. d'Entrèves 著，李日章譯：《自然法：法律哲學導論》（台北：聯經，1984 ）。

11　參見本書第一章，第二篇〈權利的興起：對三大文明的比較研究〉，頁 14-34。

12　張佛泉：《自由與人權》（台北：台灣商務印書館，1993 ）。

13　Eide，同註 4，頁 9。

14　陳弘毅〈人權、啟蒙與進步〉,《法治、人權與民主憲政的理想》（香港：商務印書館，2012），頁 26-39。

15　逯扶東：《西洋政治思想史》（台北：三民書局，增訂八版，1994 ），第 15 章；

　　張翰書：《西洋政治思想史》（台北：台灣商務印書館，1961 ），第 21 章。

16　董雲虎、劉武萍編：《世界人權約法總覽》（成都：四川人民出版社，1990），頁 270。

17　董雲虎、劉武萍編，同註 16，頁 272。

18　Antonio Cassese, *Human Rights in a Changing World* (Cambridge: Polity Press, 1994), p46.

19　董雲虎、劉武萍編，同註 16，頁 295。

20　《奧本海國際法》（北京：商務印書館，1971），頁 97，引自張瓊，同註 3，頁 339-340。

21　Allan Rosas, "State Sovereignty and Human Rights: Towards a Global Constitutional Project", in David Beetham (ed,), *Politics and Human Rights* (Oxrord: Blackwell, 1995), pp 61, 64-75.

22　關於法律實證主義和奧氏的思想，請參閱 H.L.A. Hart 著，張文顯等譯：《法律的概念》（北京：中國大百科全書出版社，1996 ）。

23　Steinberger，同註 1，頁 406-407。

24　董雲虎、劉武萍編，同註 16，頁 919。

25　Ian Brownlie, *The Rule of Law in International Affairs* (The Hague: Martinus Nijhoff, 1998), pp66-67.

26　Brownlie，同註 25，頁 67；
　　Cassese，同註 18，頁 16-18。

27　Cassese，同註 18，頁 30。

28　董雲虎、劉武萍編，同註 16，頁 927-928。

29　董雲虎、劉武萍編，同註 16，頁 928。

30　1965 和 1970 年的文件分別見於註 16 所引書，頁 1001 及 946。關於 1970 年的宣言討論，見 Eide，同註 4，頁 4；Anthony D'Amato, "Domestic Jurisdiction", *Encyclopedia of Public International Law*，同註 1，頁 132、134-135。關於 1981 年的宣言討論，見朱曉青：〈論人權的國際保護〉，於《當代人權》，同註 3，頁 317 及 334。

31　董雲虎、劉武萍編，同註 16，頁 950。

32　董雲虎、劉武萍編，同註 16，頁 960。

33　Cassese，同註 18，頁 46（引述美國總統夫人 Eleanor Roosevelt 在 1948 年的話）。

34　轉引自 Cassese，同註 18，頁 46。

35　Cassese，同註 18，頁 46-47；
　　Jack Donnelly, *Universal Human Rights in Theory and Practice* (Ithaca: Cornell University Press, 1989), pp14-15。

36　Rosalyn Higgins, *Problems and Process: International Law and How We Use it* (Oxford: Clarendon Press, 1994), ch. 6;
　　Christine Chinkin, "International Law and Human Rights", in Tony Evans (ed.), *Human Rights Fifty Years On: A Reappraisal* (Manchester: Manchester University Press, 1998), ch. 5;
　　W. Michael Reisman, "Sovereignty and Human Rights in Contemporary International Law", *American Journal of International Law,* Vol. 84 (1990), pp866-876.

37　Cassese，同註 18，頁 47 及 158。

38　關於此宣言的法律地位，可參閱 Ian Brownlie, *Principles of Public International Law* (Oxford: Clarendon Press, 5th ed. 1998), pp574-576; Oscar Schachter, *International Law in Theory and Practice* (Dordrecht: Martinus Nijhoff, 1991), pp335-339。

39　關於國際人權法，可參閱註 38 所引書，及 Henry J. Steiner and Philip Alston, *International Human Rights in Context: Law, Politics, Morals* (Oxford: Clarendon Press, 1996)；
　　白桂梅等：《國際法上的人權》（北京：北京大學出版社，1996）。

40　關於三代的人權，可參閱 Brownlie，同註 38，頁 583。

41　關於三個世界的人權，可參閱 Jack Donnelly, *International Human Rights* (Boulder: West-view, 2nd ed. 1998), p32。

42　中譯本見於註 16 所引書，頁 1082。

43　中國內地學者經常強調此論點，李步雲：《走向法治》（長沙：湖南人民出版社，1998 ），頁 470-471；

李林編：《當代人權理論與實踐》（長春：吉林大學出版社，1996 ），頁 267；

朱曉青，同註 30，頁 333。

44　關於主權與人權，可參閱註 36；

關於主權與和平，參見 Schachter，同註 38，頁 331-332；

Antonio Cassese, "Ex iniuria ius oritur: Are We Moving towards International Legitimation of Forcible Humanitarian Countermeasures in the World Community?" *European Journal of International Law*, Vol. 10 (1999), pp23 at 24-25.

45　Steiner and Alston，同註 39，頁 162-165；Schachter，同註 38，頁 344-348；Brownlie，同註 38，頁 294-297；Higgins，同註 36，頁 106-108；Steinberger，同註 1，頁 411。

46　關於其中一些例子，可參閱《國際法上的人權》，同註 39，頁 268-282。

47　Donnelly，同註 39，第 6 章。

48　劉文宗：〈評‘人權高於主權’〉，《東方》，1999 年 6 月號，頁 9；

張瓊，《當代人權》，同註 3。

49　Rosas，同註 21；Rein Mullerson, *Human Rights Diplomacy* (London: Routledge, 1997), ch6。

50　Chinkin，同註 36，頁 118；

Mullerson，同註 49，頁 174。同時可參見本書第三章第二篇〈從"皮諾切特案"看國際刑法和國際人權法的發展〉，頁 178-210。

51　Mullerson，同註 49，頁 173。

52　Mullerson，同註 49，頁 149。

53　Bruno Simma, "NATO, the UN and the Use of Force: Legal Aspects", *European Journal of International Law*, Vol. 10（1999），p1；

Cassese，同註 44。 但是，以上兩位學者均認為，在有關具體情況下，北約的行動是情有可原的。

54　Brownlie，同註 38，頁 568-569；

Steinberger，同註 1，頁 405；

Malanczuk，同註 7，頁 221。

55　Mullerson，同註 49，第 6 章；

Michael Walzer, *Just and Unjust Wars: A Moral Argument with Historical Illustrations* (New York: Basic Books, 1977), pp101-108.

56　關於這方面的討論，可參閱 Cassese，同註 44；Mullerson，同註 49，頁 164-165；Mills，同註 2，頁 161-163；Chinkin，同註 36，頁 110-111；Michael Walzer, "The Politics of Rescue", *Social Research,* Vol. 62, No. 1 (1995), p53; Bernard Williams, "Is International Rescue a Moral Issue", *Social Research,* Vol. 62, No. 1 (1995), p67.

公法與國際人權法的互動：
香港特別行政區的個案

一、前言

21 世紀初，在世界範圍內有一種關於各國國內公法與國際人權法互動的趨勢，外國學者稱之為"憲法的全球化"或"憲法的國際化"。所謂憲法的全球化，[1]可理解為一些憲政價值及基本權利漸為普世認受，促成世界各地公法的趨同化；至於憲法的國際化，[2]是指國際公法與國內憲法或公法的互動增加，尤其是各主權國家更積極地將國際法規範納入其國內公法之中。[3]人權法正是憲法或公法的全球化和國際化的重要範疇之一。

香港是前英國殖民地，在 1997 年成為中華人民共和國的特別行政區，香港為國際人權法與國內公法的互動，提供了豐富的研究價值。在殖民地時代，香港一向跟隨英國的做法，處理國際法與國內法的關係[4]：除非一部國際公約已透過本地立法納入本土法律，否則該公約並不屬於本土法律的一部分；但國際習慣法則可以作為普通法的一部分，而自動納入本土法律之中。[5]就人權法而言，香港自 1991 年起透過殖民地憲法文件的修訂及本地立法方式，使《公民權利和政治權利國際公約》的人權規範在香港具有憲法性效力，並且可為本地法院適用，作為違憲審查中審查立法及政府行為是否違憲的基準。[6]1997 年香港回歸祖國後，在根據《中華人民共和國香港特別行政區基本法》成立的新憲制下，[7]香港法院繼續行使這種違憲審查權。

本文分為以下各個部分：第二部分概述香港法制中，國際人權法規範的適用情況；第三部分會透過香港近年來的一些重大案例，闡明香港公法和國際人權法互動的情況；第四部分試圖在國際及全球脈絡中，探求香港個案的定位，為研究香港公法與國際人權法的互動和匯流建立一個概念架構。最後，第五部分為全篇總結。

二、香港落實國際人權法規範的情況

1997 年前，香港的憲制文件是英國皇室頒佈的《英皇制誥》。[8] 在 1991 年作出修訂之前，它只是一部簡陋的殖民地成文憲法文件，沒有關於保障公民自由及人權的條款。至於國際法規範如何適用於香港，則根據英國普通法原則來決定。

英國普通法原則如下：在牽涉國際條約的情況，香港採用"二元"（dualism）而非"單元"（monism）方式，來處理國際公法及國內法的關係。[9] 這即是說，凡由英國簽訂並適用於香港的條約，如未經立法引入香港，則條約中涉及的權利及義務均不在國內法中生效，亦不能由香港法院實施。[10] 但如已訂立本地法例以實施有關條約，法院除執行此法例外，亦可以依照該條約來詮釋此法例的條文：除非立法的規定中顯示相反用意，否則法院會推定該法例旨在實施有關國際法義務。[11] 至於在國際習慣法方面，普通法規定國際習慣法的規範自動納入國內法，[12] 而毋須經由任何立法手段，但這些規範可由其他法例推翻，並受制於適用的判例法。[13] 1997 年後，《香港特別行政區基本法》仍保留普通法，維持它為香港特別行政區的一種主要法源，[14] 因此，以上原則在香港繼續適用。

在殖民統治時代的香港，英國把其簽訂的一些國際人權公約適用於香港。在 1997 年回歸後，這些條約仍然適用於香港。[15] 較早期的例子有《消除一切形式種族歧視國際公約》，英國於 1969 年把它適用於香港。[16] 1976 年，英國參加的《公民權利和政治權利國際公約》及《經濟、社會與文化權利的國際公約》也適用於香港。[17] 在 1990 年代，英國把另外三部主要國際人權公約適用於香港：《禁止酷刑和其他殘忍、不人道或有辱人格的待遇或處罰公約》（1992 年起於香港適用）、《兒童權利公約》（1994 年）及《消除對婦女一切形式歧視公約》（1996 年）。[18]

通過人權法案

由於英國與香港以 "二元" 方式處理國際法及國內法的關係，在立法機關未以成文法例方式，引入上述各人權公約的情況下，香港法院一概不可在審判案件時直接適用有關公約的條文。從這方面看，國際人權法對香港本地法制並無直接影響（除非有關規範已經立法實施）。這個情況一直維持至 1991 年。該年，港英政府為了加強港人對香港前途的信心，起草和提出了《香港人權法案條例》（下稱《人權法案》），[19] 並獲香港立法局通過。基本上，《人權法案》的規定照搬自 1976 年英國已經在國際法的層次適用於香港的《公民權利和政治權利國際公約》，從而把《公約》的有關規定，轉化為香港本地的法律。從憲法學的角度而言，當年更重要的措施是英國政府對香港殖民地憲法文件《英皇制誥》作出了相應的修訂，使《公民權利和政治權利國際公約》具有高於香港本地法律的效力。[20] 正如香港上訴法院在 1994 年指出：

"《英皇制誥》確立了《人權法案》的地位，並且禁止任何法例抵觸在香港生效的《公民權利和政治權利國際公約》。《人權法案》是公約在香港的化身。任何抵觸《人權法案》的法例因此違憲，而法院會履行憲法守護者的角色，宣告這些法例無效。"[21]

　　自 1991 年起，香港法院便在此法理基礎上，對香港本地法律行使違憲審查的權力：如法院在審理案件時，發現現行法例的有關規定不符合《人權法案》所載的人權規範（亦即《公民權利和政治權利國際公約》所載的人權規範），法院有權利和義務宣告該有關規定為違憲和無效。同時，香港法院就此課題作出了一系列的判決，累積而成關於人權保障的判例法。[22] 香港的違憲審查訴訟的時代於是正式開始。由於法院進行違憲審查的基準是《公民權利和政治權利國際公約》所載的人權規範（但不包括英國在適用該公約於香港時以作出"保留"的方式表明不適用於香港的規範），[23] 香港公法與國際人權法的互動也因而展開。

　　1997 年 7 月，中華人民共和國香港特別行政區成立，作為殖民地憲法性文件的《英皇制誥》失去效力。[24]《香港特別行政區基本法》第 8 條規定，香港原有法律，除與《基本法》相抵觸或經香港立法機關作出修改者外，予以保留。按《基本法》第 160 條，全國人大常委會可宣佈哪些香港原有法律抵觸基本法，未能過渡至 1997 年後。1997 年 2 月 23 日，全國人大常委會作出《處理香港原有法律的決定》，[25] 其中一項內容是宣佈不採用《香港人權法案條例》中三項詮釋性條文[26] 為香港特別行政區法律；原因似乎是有關條文使《人權法案》凌駕於其他香港法例之上，這與只有《基本法》才是高於其他香港法例的原則並不一致。[27] 這是否表示 1997 年前香港建立的違憲審查制度，對人權的保障從此結束？觀乎 1997 年後香港特別行政區的法制史，我們可以看到香港法院的判例就此問題，給予了否定的答案。

判例看人權憲法效力

在 1999 年，香港終審法院審理香港特別行政區訴吳恭劭案。[28] 在香港特別行政區法制史的早期，這個判例對香港公法的發展具有關鍵意義。在本案中，兩名被告人在一場示威中，展示他們自製並有意損毀塗污的（中華人民共和國）國旗及（香港特別行政區）區旗。及後，兩人被控以違反香港《國旗及國徽條例》第 7 條及《區旗及區徽條例》第 7 條的罪名；[29] 該兩項條文分別把侮辱國旗國徽和區旗區徽訂為刑事罪行。

兩名被告人於裁判法院被判罪成，法院未有判處罰款或監禁，只頒令被告人就每項控罪以 2,000 元擔保在一年內 "守行為"，不再犯法。[30] 被告人不服判決，上訴至香港高等法院上訴法庭。上訴法庭同意上訴人的論點，認為案中用以檢控被告人的兩項條文乃屬違憲，於是推翻了下級法院的判決。[31] 港府於是將案件上訴至終審法院。1999 年 12 月，香港終審法院五位大法官一致裁定港府上訴得直。終審法院在詮釋和應用《公民權利和政治權利國際公約》裏關於言論和表達自由的人權規範的過程中，認為案中被被告人質疑的兩項條文是合憲、合法的。終審法院指出，國旗、區旗是國家和香港特別行政區重要而獨有的象徵，給予它們保護是符合社會公共利益的，這便是禁止侮辱國旗、區旗的刑法條文背後的目的。法院認為，給予這種保護，是《公民權利和政治權利國際公約》第 19 條提到 "公共秩序" 的概念所允許的。在這方面，終審法院認為上訴法庭對 "公共秩序" 的理解過於偏狹。[32]

然後終審法院考慮的是，禁止侮辱國旗、區旗的法例是否構成對言論和表達自由的限制，如果是的話，這種限制是否能夠證成，即是說有關限制對保障 "公共秩序" 而言是否必要，而有關限制的程度是否與其所要達致的目的相稱。在這裏，法院應用的便是 1991 年後引入香港，並廣為各國人權法認受的"合理性"原則和"比例"原則。[33] 終審法院裁定，侮辱國旗、區旗的行為是一種非語言性的發表意見方式，[34] 而被質疑的法例條文的確對言論或表達自由構成限制。然而，法院指出該限制非常有限，因有關法例僅禁止一種發表意見的方式，而有關人士仍可自由採用其他方式發表同樣的資訊。[35] 故此，法院認為有關法例是符合"合理性"和"比例"原則的。[36]

基本法與公約

雖然在吳恭劭一案，終審法院最終肯定禁止侮辱國旗、區旗的法例的合憲性，但對於 1997 年後香港的人權保障和違憲審查制度而言，終審法庭在本案中的法理分析是關鍵性的，而且影響深遠。從本案的判詞中可以看到，不論是《人權法案》與《公民權利和政治權利國際公約》在香港的效力，還是香港法院以這些文件中的人權準則，來審查香港法例是否合憲、並在必要時宣佈有關法例為無效的權力，都過渡至 1997 年後的香港法制。更具體來說，香港特別行政區法院可審查本地的立法或行政行為，以確定它們有否違反《基本法》，或是《基本法》第 39 條所確認的《公民權利和政治權利國際公約》的有關規定（亦即已載入《人權法案》的規定）。[37] **終審法院對《基本法》第 39 條的詮釋是，它賦予《公民權利和政治權利國際公約》（或具有相同內容的《人權法案》）一種憲法性效力，可用以推翻一切與其抵觸的法例。**[38]

自吳恭劭案後，香港特別行政區法院運用《公民權利和政治權利國際公約》的國際人權法規範審理了不少案件，[39] 在此過程中促進了不同範疇的一些法律改革。根據統計，香港法院在（1991 年以來，包括

1997 年以後）應用人權法規範時，參照一些主要的國際和外國的人權
文獻，情況如下：[40]

相關的香港判例數字（1991 年至 2009 年中）

引述《公民權利和政治權利國際公約》的判例	255 次
引述《公民權利和政治權利國際公約》轄下的聯合國人權委員會文件的判例	46 次
引述《世界人權宣言》的判例	13 次
引述《經濟、社會與文化權利的國際公約》的判例	41 次
引述《歐洲人權公約》的判例	150 次
引述《加拿大人權及自由憲章》的判例	61 次

從以上數字可見，對於解讀、應用《公民權利和政治權利國際公
約》和《人權法案》而言，《歐洲人權公約》的判例是香港法院最常用
的參考資料。[41] 這可能由於以下因素：

（1）《歐洲人權公約》的大部分條文在內容上與《公民權利和政治
權利國際公約》的條文十分相似；[42]

（2）歐洲人權法院（以至以前的歐洲人權委員會）的判決有英語文
本，而英語是香港法院（尤其是高級法院）的主要用語；

（3）《歐洲人權公約》適用於英國，而英國法制自香港的殖民地時
代以來，已與香港法制緊密相連；[43]

（4）《歐洲人權公約》的法學在有關判例的數量上和有關法理的發
展水準上，均勝於《公民權利和政治權利國際公約》。

除了《歐洲人權公約》的法學外，香港法院在審理人權案件時，亦
不時參考其他國際法及比較法的文獻，[44] 包括：

（1）負責監督國際人權公約的實施機構（特別是根據《公民權利和政治權利國際公約》而設的人權委員會）所發表的一般性評議和審議報告；

（2）香港政府就有關國際人權公約在香港實施的情況，向公約的監察機構提交的定期報告；

（3）各地法院的相關判例，這些判例來自（a）主要的普通法系地區，如英國、加拿大、美國、澳洲、新西蘭等，（b）有名的憲法法院，如南非憲法法院，及（c）一些國際司法機構，如國際法院、美洲人權法院；

（4）國際社會中的所謂"軟法"（soft law），如《西拉庫薩原則》（Siracusa Principles）。[45]

香港法院於 1997 年後在參考和使用關於人權法的國際法和外國法文獻方面，比 1997 年以前有過之而無不及。[46]**由於《公民權利和政治權利國際公約》已被納入香港本地法律體系，並且獲賦予憲法性效力，它成為了推動香港公法與國際人權法互動的主要法律文件。**另一方面，雖然《基本法》第 39 條不單提到《公民權利和政治權利國際公約》，也同時提及《經濟、社會與文化權利的國際公約》和國際勞工公約，[47]但後兩者均未獲直接[48]賦予國內法效力，更遑論具備憲法性效力了。香港法院曾聲稱《經濟、社會與文化權利的國際公約》談的是一些理想，用意在於推動這些理想的實現，有關條文並不涉及可由法院審理和裁判的權利；[49]但這並非表示《經濟、社會與文化權利的國際公約》與香港本地法律毫不相關。如前所述，香港採用"二元"方式處理國際法與國內法的關係，透過本地立法來實現條約[50]──包括國際人權公約──的要求是其慣常的做法。以《經濟、社會與文化權利的國際公約》為例，港府曾在根據此公約提交的報告[51]中表示，公約條文透過《基本法》及超過 50 部香港法例來實施。港府認為，"在保障公約所載的權利方面，這類具體措施較在本地法律中重申公約條文的做法，更為有效。"[52]

國際人權公約的參考價值

其他適用於香港的國際人權公約（《公民權利和政治權利國際公約》除外）的實施方式類似於《經濟、社會與文化權利的國際公約》，即不是把有關公約的條文原封不動地轉化為本地立法，而是制定相關的本地法例，在不同程度上實施公約的要求，包括設定相關的刑事罪行或民事補救。例如《刑事罪行（酷刑）條例》[53]將實施酷刑訂為刑事罪行，[54]從而局部實施了《禁止酷刑和其他殘忍、不人道或有辱人格的待遇或處罰公約》；而《性別歧視條例》[55]和《種族歧視條例》[56]則建立具體的機制——包括民事補救——分別局部實施《消除對婦女一切形式歧視公約》和《消除一切形式種族歧視國際公約》。

由此可見，《公民權利和政治權利國際公約》與其他適用於香港的人權公約，在香港本地法律的層面的實施方式有所不同，前者獲本地條例逐字覆載，[57]在 1997 年以前透過《英皇制誥》、在 1997 年後透過香港法院對《基本法》第 39 條的詮釋，獲得憲法性效力。《公民權利和政治權利國際公約》的條文確實比其他人權公約更類似於憲法性條款，更便於由法院審理、詮釋和實施；因此，從務實角度來說，讓此公約的條文在香港發揮一部憲法性人權法案的作用，有一定的可行性，公約更使香港公法的發展，得以參照豐富的國際法及比較法的資源。至於適用於香港的其他國際人權公約，其條文並沒有直接轉化為本土條例，沒有直接的法律效力或憲法性效力；但它們可在法院詮釋本地法例時作參考之用。[58]

最後值得留意的是，大部分適用香港的國際人權公約，均於殖民地時代引入，並且在 1997 後繼續生效。當香港特別行政區向有關公約的監察機構提交報告時，一般做法是報告會納入中華人民共和國的報告之內，一併遞交。[59] 如有關公約同時在中國內地和香港特別行政區生效，即作如是處理。[60] 至於《公民權利和政治權利國際公約》，它僅在香港生效，但不適用於中國內地，[61] 有關做法是由中國政府向公約轄下的人權委員會，轉達香港特別行政區的報告。[62]

三、案例研究

在這部分，我們通過研究近年來香港法院的一些重要判例，來闡釋香港公法與國際人權法的互動情況。以下案例分為七類，在這裏討論的大部分案例均由香港法院於 2007 年以後裁決，在已經出版的中文學術文獻中少有論及。至於一些在 2007 年前的判例，由於它們展示香港適用國際人權法的情況，而且較具代表性，也因此納入本文討論之中。

（一）教育制度歧視女童案

在平等機會委員會訴教育署署長 [63] 一案，香港的平等機會委員會——一個通過立法成立的、負責監察反歧視法實施的獨立機關——提起訴訟，挑戰香港政府教育署的小學生升讀中學的派位政策。根據當時的制度，如男女學生學業表現（以考試分數計算）相等，男學生入讀其首選中學的機會較高。或因女童在智力發展方面較同齡的男童較快，教育署發現女童在完成小學階段時，學業表現（以分數計算）平均優於男童，但男童長大後可以追上。署方於是設計上述政策，務求令精英學校或名校（即入讀時競爭最劇烈的學校）的男女生比例較為平衡。

高等法院原訟法庭[64]裁定教育署此項政策對女學生構成歧視，因而違法。法院指出，根據《基本法》第 25 條、《香港人權法案》第 22 條（即《公民權利和政治權利國際公約》第 26 條）、《性別歧視條例》[65]及於 1996 年引入香港的《消除對婦女一切形式歧視公約》，每個人都享有不受性別歧視和獲得平等待遇的基本權利，這項權利不可輕易屈從於"羣體公平"[66]或是平衡男女學生比例的社會利益。任何有損女童權利的歧視性限制，必須通過"比例原則"的嚴格審查。[67]法院在審議政府提出的關於用以證成有關區別對待的理據後，裁定此項升中派位政策未能滿足"比例原則"的要求。教育署在敗訴後根據法院判決的要求，修正了原有政策。

就國際法及本土法的互動而言，此案最值得留意之處，莫過於它有別於大部分香港法院關於憲法性權利的保障判例，不單只涉及《公民權利和政治權利國際公約》和《人權法案》，而同時將《消除對婦女一切形式歧視公約》納入法院的判決理由之中。法院裁定，在詮釋《性別歧視條例》時，倘若對有關條文可以作不同解釋，而其中一種合理的解釋可落實公約（《消除對婦女一切形式歧視公約》）所載義務，則該條文應作如此理解，而不應解釋為與有關義務相違。[68]在法院於本案的推理過程中的其中兩點，《消除對婦女一切形式歧視公約》均起了關鍵性的作用。[69]

（二）兩宗涉及同性戀者權利的案件

在梁威廉訴律政司司長[70]一案，申訴人是一位同性戀者，在申請司法覆核時年滿 20 歲。他質疑香港刑法中一些規定構成基於"性傾向"的歧視，因而違反保障法律面前人人平等、不受歧視的憲法性原則（參見《基本法》第 25 條及《人權法案》第 1 和 22 條[《公民權利和政治權利國際公約》第 2、3 和 26 條]）以及私隱權（或享有私生活的權利）（參見《人權法案》第 14 條[《公民權利和政治權利國際公約》第 17 條]）。此案中受爭議條文是《刑事罪行條例》第 118C 條，內容規定如兩名男子進行肛交，而至少其中一人未滿 21 歲，則雙方均屬違法，一經定罪，最高可處終身監禁。高等原訟法庭及上訴法庭都裁定該條文違憲、無效，原因在於它歧視男同性戀者，而政府未能提出足夠材料，以論證為甚麼這種歧視性或差別待遇是合理的、可以證成的。根據香港法律，異性戀者如進行陰道性交，而雙方均年滿 16 歲，則不會有任何刑責；故此《刑事罪行條例》的上述條文令 16 至 21 歲之間的男同性戀者受到歧視。

在達到裁決結果前，法院參考了國際人權法的規範，以至《歐洲人權公約》及《加拿大人權及自由憲章》的有關判例。法院引用了《公民權利和政治權利國際公約》轄下的人權委員會於 1992 年 Toonen v. Australia[71] 一案的裁決，根據該裁決，公約裏關於人人平等、不因"性別"而受歧視的規定（如第 2(1) 及 26 條）中"性別"一詞包括"性傾向"的涵義。此外，在 1995 年，加拿大安大略省上訴法院曾審理 R. v. C.M.[72] 一案，法院以年滿 14 歲人士進行陰道性交已經是合法為由，裁定將未滿 18 歲人士（除非兩人已婚）肛交刑事化的條文列為歧視性和違憲。1997 年，歐洲人權委員會於 Sutherland v. United Kingdom[73] 一案則裁定，英國在訂立可同意進行性行為的年齡時，把異性戀及同性戀的同意年齡分別定為 16 及 18 歲的做法構成性傾向歧視。其他在本案中被香港法院引用的案例，包括歐洲人權法院的 L v. Austria、[74] 美國最高法院的 Lawrence v. Texas[75] 和南非憲法法院的 National Coalition for Gays & Lesbian Equality v. Minister of Justice。[76]

在差不多同一時間，香港法院又審理了律政司司長訴丘旭龍一案，[77] 此案亦和同性戀者的權利有關。在案件中，兩名男被告人被控在公路旁停泊的私家車上進行肛交，這是《刑事罪行條例》第 118F（1）條規定的"非私下進行肛交"的罪名，[78] 一經定罪，最高可處監禁 5 年。然而，香港的成文法並沒有設立相應的罪行，以禁止異性戀者或女同性戀者進行"非私下"的陰道性交、肛交和其他性行為。[79] 高等法院及終審法院均裁定《刑事罪行條例》第 118F（1）條違反平等原則，實屬違憲：該條文歧視男同性戀者，而政府未能提出充分理據，說明有關差別待遇背後有何合理目的——這是法院運用"比例原則"時的第一點考慮。終審法院首席大法官李國能在其判詞中明確指出，《人權法案》第 22 條（即《公民權利和政治權利國際公約》第 26 條）禁止"因種族、膚色、性別……出生或其他身分而生之歧視"，而其中"其他身分"包括性傾向，[80] 故此性傾向歧視在香港屬違憲。包致金（Bokhary）大法官在其判詞中廣泛引用國際法文獻，他指出"在人權法上，國內法往往跟隨國際法的步伐——而在部分司法管轄區中，前者已經趕上後者，甚至有所超越。"[81]

上述判例不無爭議。在兩件案件中，司法進入了社會倫理和性道德的範疇，推翻了一些可能是反映社會公眾道德（並由立法機關訂立）的法例條文。由香港法官（香港特別行政區最高層次的法院中仍有不少外籍法官）為香港社會訂立關於性行為的規範，是否恰當？香港法院在處理同性戀權利的課題時，以國際法及西方法的判例為依歸，是否恰當？這兩點都可能是值得商榷的。然而，司法違憲審查的一大作用正於保障少數人的基本權利，使他們不會受到僅代表多數人的意願和價值的立法機關立法，而出現的壓迫或不公平對待。從這個角度看，上述裁決可能是站得住腳的。

（三）在囚人士投票權案

上述判例涉及同性戀者權利，而下案則關乎社會上另一個少數羣體的權利——在囚人士的投票權。在陳健森訴律政司司長[82]一案，申訴人提出司法覆核，質疑本應符合選民資格的香港居民，因在獄中服刑或正等待服刑，而被《立法會條例》的有關條文剝奪在立法會選舉中投票權利的合憲性。在本案中，申訴人所倚賴的包括《基本法》及《人權法案》[83]中保障公民投票權的條文，以及來自世界各地的有利於在囚人士行使投票權的判例，包括加拿大最高法院、歐洲人權法院、澳洲高等法院和南非憲法法院的判例。香港高等法院原訟法庭在本案判詞中指出，投票權雖然並非絕對，可施予合理限制，然而這項權利“具高度憲法性的重要性”，[84]也“無疑是最重要的政治權利”，[85]所以有關限制必須通過嚴格的司法審查。

在本案的情況下，法院裁定有關限制未能符合“比例原則”的要求：港府未能提供具說服力的理據，說明有關法例對在囚人士的投票權的“籠統、自動而不加區別的限制”[86]是可以證成的，所以有關條文實屬違憲。最後法院決定跟隨古思堯訴香港特別行政區行政長官[87]一案的先例，暫緩執行有關違憲的裁決，並給予政府及立法機關一段寬限期（直至 2009 年 10 月為止）以修訂原有條例。[88]

2009 年 6 月 24 日，香港特別行政區立法會通過《在囚人士投票條例》，廢除了原有法例中限制在囚人士登記為選民及投票的規定。此修訂不但適用於立法會選舉，亦適用於區議會及村代表選舉。此條例同時廢除了原有法例中關於觸犯選舉相關罪行，便在三年內不得投票的規定。陳健森案顯示，香港特別行政區法院能有效行使違憲審查權，以保障不大受人關心的少數人士的基本權利。此案也是另一個例子證明，香港特別行政區法院在審理涉及公民及政治權利的案件時，樂於接受相關的國際法和比較法中的法理，促使香港法律與比較"先進"的海外司法管轄區看齊：正如本案判詞中引用的政府文件所示，美國的不少州份、日本、新加坡及馬來西亞目前仍全面禁止在囚人士選舉投票。[89] 因此，在本案裁決後，香港關於在囚人士投票權的法律已經比這些地方更為"先進"。

（四）內幕交易案

在官永義訴內幕交易審裁處[90]一案，兩位答辯人（官永義及另一人）被內幕交易審裁處裁定為內幕交易者，並對他們頒佈數項命令，包括禁止二人擔任上市公司董事，要求二人繳付從內幕交易中所得利潤，以及繳交罰款。答辯人認為，審裁處採用的程序及證據規則有欠妥當：有關法例侵犯了他們在接受審訊時，免於自證其罪的權利和保持緘默的權利，實屬違憲；另外，答辯人指審裁處應用了錯誤的舉證標準——審裁處在處理對答辯人的指控時，沒有採用要求較高的刑事舉證標準，它採取民事的舉證標準做法違反了《人權法案》第 10 及 11 條的規定（即《公民權利和政治權利國際公約》第 14 條）。

　　法院首先考慮的是，公約的有關條文是否適用於內幕交易審裁處？如是，在此案中有否違反有關條文的情況？在回答以上問題時，香港終審法院甚為重視歐洲人權法院（即"史特拉斯堡法庭"）的判例及《公民權利和政治權利國際公約》轄下人權委員會的一般性評議。梅師賢（Anthony Mason）大法官（香港終審法院非常任法官[91]、前任澳洲首席大法官）認為，"關於適用《歐洲人權公約》的史特拉斯堡法庭的案例，這些案例所處理的條文與《香港人權法案》的條文完全或大致相同，雖然這些判例並不約束香港法院，它們仍是極具說服力的參考材料。"[92] 他指出，《人權法案》第 10 條與《歐洲人權公約》第 6(1) 條在內容上相似，故可在本案中應用史特拉斯堡法庭訂出的，用以判斷甚麼是公約第 6 條所說的"刑事指控"的準則。終審法院在本案中又參照人權委員會在《一般性評議第 32 號》裏就《公民權利和政治權利國際公約》第 14 條的說明。法院最終裁定，本案答辯人被處以罰款，乃涉及《人權法案》第 10 及 11 條提到的"刑事指控"，有關條文對被指控者的保障因而適用。（法院亦考慮到，審裁處的權力包括取消內幕交易者擔任上市公司董事的資格，這會否涉及《人權法案》提到的"刑事指控"。在參考史特拉斯堡法庭的案例後，法院裁定該項權力僅屬規管性質，用以保障投資者，而非刑事或懲罰性質，故不涉及"刑事指控"。）

　　至於法例的有關條文是否違反《人權法案》第 10 及 11 條，法院裁定有關條文的確侵犯到被告人免於自證其罪的權利。至於答辯人認為審裁處採用了錯誤的舉證標準，法院指出，《公民權利和政治權利國際公約》及《歐洲人權公約》均無明確規定採用某種特定舉證標準，[93] 史特拉斯堡法庭的判例法對此亦無明確的處理。在這問題上，香港終審法院在本案的判決，主要依據人權委員會《一般性評議第 13 號》及其後的《一般性評議第 32 號》；以上兩者均表示《公民權利和政治權利國際公約》第 14 條規定採用的，是毫無合理疑點的刑事舉證標準。[94] 梅師賢大法官指出："一般性評議乃人權委員會進行其審裁工作時極具價值的參考文獻。即使這些一般性評議對本法院並無約束力，它們對於指導人權委員會作為司法機構的裁決和如何適用《公民權利和政治權利國際公約》，影響深遠。"[95] 因此，"本法院認為《一般性建議第 13 號》論及的毫無合理疑點的舉證標準，應採納為《人權法案》第 11 條的適用標準。"[96] 法院最終裁定，審裁處在本案中未有應用正確的舉證標準，致令其部分裁決不能成立。[97]

本案反映香港特別行政區法院相當重視歐洲人權法院的判例以及《公民權利和政治權利國際公約》轄下的人權委員會的一般性評議。但在以下一個案例，歐洲人權法院及人權委員會在幾近相同的法律詮釋議題上意見分歧，我們可以看到香港法院如何處理當中矛盾。

（五）警隊內部聆訊案

上述官永義案關乎內幕交易的聆訊和處分，而現在要談的林少寶訴警務處處長[98]一案則涉及警員的紀律聆訊和處分。本案申訴人是一位警員，他曾在警隊內部紀律聆訊中被控以"不慎理財導致嚴重財務困難、影響工作效率"的違紀行為。[99] 內部紀律聆訊的結果是他被勒令提早退休。申訴人質疑聆訊程序是否公正，特別是《員警（紀律）規例》禁止他由律師代表出席聆訊，[100] 有所不公。本案一直上訴至終審法院。

本案中受爭議條文為一附屬條例中的規定，主要問題在於該條文是否違反《人權法案》第 10 條（《公民權利和政治權利國際公約》第 14 條）的要求，即必須由獨立、持平的審裁機關來審理任何"刑事控告"

或任何人"因其權利和義務涉訟須予判定"的案件。終審法院首先需決定《人權法案》第 10 條是否適用於本案的紀律聆訊。在就此作出裁決之前，法院詳細研究了歐洲人權法院有關《歐洲人權公約》第 6(1) 條（終審法院指出此條文與《人權法案》第 10 條非常相似）的判例，以及《公民權利和政治權利國際公約》轄下人權委員會就公約第 14 條發表的《一般性評議第 32 號》。

在其判詞中，李義（Ribeiro）大法官指出，雖然《歐洲人權公約》第 6(1) 條的原意並非應用於負責行政或紀律聆訊的審裁處程序，亦不適用於公務員與作為其雇主的國家之間的法律關係，然而按照歐洲的判例法的趨勢（包括史特拉斯堡法庭最新的 Eskelinen v. Finland [101] 一案），除非因為會影響國家機構有效運作的緣故或基於其他公眾需要，而排除這個條文的適用性，否則法院會將這個條文的保障伸延至公務員。另一方面，人權委員會於其《一般性評議第 32 號》[102] 曾表示《公民權利和政治權利國際公約》第 14(1) 條並不適用於因紀律原因而解雇公務員的案件。面對歐洲人權法院及聯合國人權委員會的分歧，終審法院表明它傾向於支持前者。李義大法官在判詞中指出："在這方面的法律發展，人權委員會顯然落後於歐洲人權法院"，[103] 他同時批評人權委員會對"因其權利和義務涉訟須予判定"的字眼的詮釋方式是"零碎而有欠條理的作法"。[104] "本席謹此傾向採用 Eskelinen 一案的方式，它比較有原則性。" [105]

終審法院遂應用歐洲人權法院有關《歐洲人權公約》第 6(1) 條的判例法來詮釋《人權法案》第 10 條，最終裁定案中的警方內部紀律聆訊屬於就申訴人"因其權利和義務涉訟須予判定"的範圍，故此申訴人有權獲第 10 條規定的關於公平審訊的憲法性保障。法院又裁定，在衡量案中的聆訊是否符合第 10 條的要求時，法院可憑藉普通法的 "公正程序" 原則定奪。套用以上原則，法院認為本案中有關法例條文，全面排除在有關紀律聆訊中代表當事人的律師出席的可能性，此做法不公、違憲。法院認為，為了符合公平審訊的要求，紀律審裁處至少必須按個別案情，酌情考慮是否容許代表當事人的律師參與聆訊。

林少寶案提供另一例子，說明《歐洲人權公約》的判例法對香港影響深遠，甚至更勝於人權委員會的意見。此案又展示憲法性權利與普通法權利的互動關係。有鑒於《人權法案》第 10 條的效力，普通法的 "公正程序" 原則在該條文的適用範圍內得以具備憲法性地位。一般來說，在沒有憲法性保障的情況下，普通法規範是受制於成文法條例（包括附屬條例[106]）的，後者優於並可排除前者。然而經過本案的司法詮釋後，關於 "公正程序" 的普通法規範被納入《香港人權法案》第 10 條之中，就可以凌駕於一般成文法條例之上。

（六）一罪兩審案

在 Ubamaka Edward Wilson 訴保安局局長[107]一案，申訴人為尼日利亞籍男子，遭港府發出遞解離境令。他曾在 1991 年抵港，於機場因藏毒被補，後被檢控定罪。當申訴人在 2007 年服刑完畢，港府準備把他遣返回國。根據尼日利亞法律，他有可能因出口毒品而在當地再次被審判、懲治。他因而向法院申請就保安局發出遞解離境令的決定進行司法審查，他認為該命令使他承受一罪兩審（double jeopardy）的風險。

《公民權利和政治權利國際公約》第 14(7) 條及《人權法案》第 11(6) 條均保護人民免於一罪兩審。香港高等法院原訟法庭在本案中詮釋以上條文時，審閱了《公民權利和政治權利國際公約》起草過程的有關紀錄，但認為有關文件未能解決如何把有關條文適用於本案的情況問題。另一方面，法官認為歐洲法院（European Court of Justice）在 Van Esbroeck[108] 一案中詮釋《關於實施申根協議（Schengen Agreement）的公約》第 54 條（禁止一罪兩審）的方法對審理本案甚有幫助。法院裁定本案中確實存在一罪兩審的風險。[109] 然而，法院認為《人權法案》及《公民權利和政治權利國際公約》的上述條文並不適用本案，原因是當英國把《公民權利和政治權利國際公約》適用於香港時曾明文作出保留，使公約不影響香港入境法例中，就無權進入和逗留於香港的人士的規定。再者，法院考慮到人權委員會曾發出評議，表示《公民權利和政治權利國際公約》第 14(7) 條只禁止在同一國家內的一罪兩審。[110]

雖然申訴人依據《公民權利和政治權利國際公約》第 14(7) 條的申訴理由並不成立，他提出的基於《公民權利和政治權利國際公約》第 7 條（即《人權法案》第 3 條）及《禁止酷刑公約》[111] 的論點卻為法院接納。根據《公民權利和政治權利國際公約》第 7 條，任何人均不得被加以酷刑或施以殘忍、不人道或侮辱性的待遇或懲罰。法院首先指出，一罪兩審的風險並不屬於《禁止酷刑公約》第 1 條的 “酷刑”。然而，法院在考慮到歐洲人權法院在 Soering v. UK[112] 一案對 “不人道或侮辱之處遇或懲罰” 的詮釋方式後，認同在本案中如果將申訴人遣返尼日利亞，使他承受一罪兩審的風險，實屬不人道的待遇。法院又在人權委員會《一般性評議》的有關條文[113] 的基礎上裁定，英國關於《公民權利和政治權利國際公約》不影響本地入境條例的上述保留以及《人權法案》的相應規定，並不適用於《公民權利和政治權利國際公約》第 7 條（即《人權法案》第 3 條），因為此條所規定的乃屬於國際習慣法的強制性規範（peremptory norm），在法律上不容減損或豁免。因此原訟法庭決定撤銷遞解離境令。

此案後來上訴至上訴法庭，其後再上訴至終審法院。在 2012 年底，終審法院以申訴人遭返所涉及的"一罪兩審"的風險並不足以構成"殘忍、不人道或侮辱性的待遇或懲罰"為理由，判申訴人敗訴，即遞解離境令有效。終審法院同時裁定，雖然《香港人權法案條例》第 11 條容許出入境法對"無權進入及停留於香港的人"所享有的人權保障作出限制，但此條並不應解釋為這類人士完全不受《人權法案》第 3 條的保障，因為第 3 條規定的（免受酷刑和殘忍、不人道或侮辱性的待遇或懲罰的權利）是一種絕對的、即使在"緊急狀態"下也不容減損的基本人權（an absolute and non-derogable right）。

此案提供另一例子，顯示國際人權法如何被吸納進香港公法之中。正如上述一些其他案例的情況，在本案中歐洲人權法院及人權委員會的法學對本案的判決起了關鍵的作用。此外，法院亦參考了歐盟的歐洲法院的判決。還有的是，我們可以看到香港法院如何運用國際習慣法的強制性規範的概念，來詮釋香港《基本法》所保障的基本權利的範圍。

（七）數宗涉及難民及其他人士聲稱被遣返回國後可能遭受酷刑的案件

往後要研究的個案都與外籍人士有關。在這些案例中，申訴人均在抵港後，聲稱自己是逃離在其家鄉受到迫害的難民，又或表示如被遣返回國，可能會被施以酷刑。香港法院在這些案件中需要處理的法律問題，涉及《禁止酷刑和其他殘忍、不人道或有辱人格的待遇或處罰公約》(下稱《禁止酷刑公約》)、《有關難民身分公約》及其議定書(下稱《難民公約》),以及國際習慣法中有關處理難民的規範(特別是難民不被遣返原則)。

在保安局局長訴 Prabakar [114] 一案,申訴人由斯里蘭卡來港,後遭港府發出遞解離境令,他以程序不公為由申請司法覆核,請求法院撤銷港府的遞解離境令。案件一直上訴至終審法院,申訴人勝訴。終審法院指出,《禁止酷刑公約》是一部適用於香港的國際條約。該公約第3條規定,如有充分理由相信任何人在另一國家將有遭受酷刑的危險,任何締約國不得將該人驅逐、遣返或引渡至該另一國。然而,此項條文並沒有通過立法納入香港的本地法律。[115] 另一方面,法院指出,港府在 1999 年就《禁止酷刑公約》(經中央人民政府向公約所設立的委員會)提交的報告已闡明其一貫政策是,若有人聲稱返回原居國家後可能遭受酷刑,並提出充分理由支持這個説法,港府便不會下令遣返或遞解該人至該國。[116] 於是法院根據普通法的行政法原則,裁定港府在實施上述政策時,必須嚴格遵守公平原則。在本案的情況下,港府未有設立任何機制,去妥善衡量申請人回國後遭受酷刑的風險,而僅僅依從聯合國難民事務高級專員香港辦事處(下稱"聯合國難民辦事處")就申請人是否難民的評估。法院認為,這樣的程序未能滿足公平原則的要求。在説明何謂公平程序時,終審法院援引了禁止酷刑委員會關於如何實施《禁止酷刑公約》第3條的《一般性評議第1號》的意見。[117]

終審法院審理 Prabakar 案後,港府便設立了甄別機制,去處理那些聲稱可能在返回原居國後遭受酷刑的人士個案。可是,法院在其後的 FB 訴入境事務處處長一案 [118] 的判決中,指出這個機制頗多漏洞,未能符合 Prabakar 一案訂立的公平原則。[119]FB 訴入境事務處處長案是一個"測試性的訴訟"，申訴人提起訴訟的目的，是通過司法覆核來測試有關機制的合法性，當時入境事務處處長正準備採用這個機制來處理 2600 多名《禁止酷刑公約》下的申請人個案。[120] 法院裁定這個機制的漏洞包括：申請人的代表律師被禁出席部分程序；申請人無力聘請律師的情況下，政府也不會為他們提供律師；負責處理他們的申請官員訓練不足；上訴程序不設口頭聆訊；申請人不獲披露處理他們的申請個案中，那官員的法律顧問，向官員提供了甚麼意見；以及在申請人上訴失敗的情況下，當局未有提供駁回上訴的理由。

除了處理可能受到酷刑的申請人機制外，港府羈留已經作出這方面的申請，但尚未有結果人士的措施，亦被法院推翻。高等法院上訴法庭在 A（酷刑申訴人）訴入境事務處處長 [121] 一案裁定，港府依據《入境條例》第 32 條羈留有待遣返或遞解的申請人做法，違反《人權法案》第 5 條（即《公民權利和政治權利國際公約》第 9 條）關於保障人身自由的規定。這是因為港府在未有公佈有關政策，以說明它於何種情況下會運用《入境條例》第 32 條的羈留權，這便不符合《人權法案》第 5 條，法院認為該條要求羈留理由和程序必須明確、可知。

下述案例則關乎國際法意義上的"難民"，而非聲稱可能受到酷刑的申請人。雖然《禁止酷刑公約》早已適用於香港，《難民公約》卻從未適用。這是否表示香港沒有國際法義務，去避免遣返那些擔心返國後會遭受迫害的難民？另外，香港的本地法律中是否存在任何規範，去約束港府不可遣返難民（即"難民不遣返原則"）？法院在審理 C 訴入境事務處處長 [122] 一案時，就遇上了這些問題。

此案亦是一宗"測試性訴訟"，提起訴訟的目的，是檢視港府現行措施是否合法。申訴人分別來自剛果、畿內亞、斯里蘭卡及多哥。他們聲稱擁有難民身分，惟聯合國難民辦事處在研究這幾個個案後認為他們並非難民，港府遂計劃把申訴人遣返回國。申訴人向法院申請司法覆核，他們的論據是，港府必須履行法律義務，不遣返那些回國後會遭受迫害的難民。同時，港府亦有義務以獨立、公平的方式審核申訴人的難民身分，而非完全依靠聯合國難民辦事處的決定。

縱使《難民公約》並未在香港生效（中英兩國皆為締約國，但沒有把公約適用於香港），申訴人認為難民不遣返原則是國際習慣法的規範，也是不容減損或豁免的國際法強制性規範（peremptory norm）。高等法院原訟法庭指出，根據在香港適用的普通法原則，國際習慣法無需經任何立法手段，亦可自動成為本土法律的一部分；然而，國際習慣法的規範可以被港府訂立的、與它相違的本土立法或港府否定該規範的行為，而被排除於香港本土法律之外。法院裁定，難民不遣返原則確為國際習慣法的規範，但尚未取得強制性規範的地位。法院同時裁定，難民不遣返原則因港府在其行為上所表示的"一貫而長久的反對"，[123] 並未納入本土法律之中。同時，法院認同港府的立場，即雖然港府不會遣返由聯合國難民辦事處確認為難民的人士，惟港府這樣做只是出於人道及恩恤理由，根據入境法對有關個案的酌情處理，而並非因為它視難民不遣返原則為適用於香港的國際習慣法規範。對於港府未有自行設立機制，以識別難民身分，而是依賴聯合國難民辦事處的決定，法院裁定並無違法之處。

高等法院原訟法庭在本案的判決在上訴時得到上訴法庭的肯定，但再上訴時卻被終審法院推翻。終審法院認為，既然港府的一貫做法或政策是在決定是否遣返當事人時，考慮是否有人道理由不進行遣返，而此政策包括不遣返在其被遣返後可能遭受迫害的人（即難民），所以根據普通法的行政法原理，港府有義務以獨立、公平的方式審核本案申訴人的難民身分，而非完全依靠聯合國難民辦事處的決定。

縱使（適用於香港的）《禁止酷刑公約》第 3 條關於不得遣返在其被遣返後可能遭受酷刑的人的規定，在香港未經立法手段納入香港本地法律，《難民公約》亦不在香港生效，以上案件顯示，香港的有關政策和法律已為可能在其被遣返後遭受酷刑或"殘忍、不人道或侮辱性的待遇或懲罰"的申請人（即申請"不被遣返"的申請人）及難民提供可觀的保障。在這些情況下，香港法院在判例法中訂出了明確的標準，要求港府嚴格根據公平原則審核申請人的申請，以保障他們的人權。法院並確保申請人的人身自由得到法律保障，免受任意羈留。

四、香港特別行政區的公法與國際人權法的互動

為有助於理解香港特別行政區裏公法與國際人權法的互動，本部分將首先介紹以下幾方面：(1) 國際公法與國內公法的關係；(2) 國際人權法的實施情況；以及 (3) 近年來國際人權法與國內公法的互動和匯流的趨勢。最後，我們將嘗試把香港這個個案置入以上的概念架構之中，並說明個案中的一些特點。

雖然國內公法與國際公法的溯源不同，它們的基本原則相異，詮釋與實施方法亦見不同，但這兩種法系卻有不少共通之處，兩者之間的互動、互通點與日俱增，實屬正常，甚至可說是法制發展的自然結果。16 世紀關於主權問題的理論家布丁（Jean Bodin）早已考慮到，憲法與國際法均可能構成新興現代國家的絕對主權限制。[124] "不少著名的西方政治理論家都曾設想到，今日我們所稱的憲法與國際法，兩者將聯合以發揮從"內""外"兩方面規限主權國家的作用。"[125] 正如

Jack Goldsmith 與 Daryl Levinson 指出，憲法與國際法均可視作廣義上的 "公法"，而有別於 "一般本土法律"。[126] 歸根究底，憲法與國際法的用意均在於建構國家和國家機關，並管治和約束其行為。[127]Goldsmith 與 Levinson 提出以上論點時，認為它通用於國際法的整體，而筆者認為，近數十年來國際人權法的發展，為這個論點提供了最佳的佐證。國際人權法與傳統的國內憲法或公法的共通之處，在於他們的一個共同主旨——保障個人權利，要求國家尊重這些權利，防止國家對這些權利的侵犯，以及規範國家政府與其公民之間的關係。

國際人權法的內在化和本土化

至於如何實施國際人權法的問題，很大程度上亦與國際法及國內公法的關係和互動息息相關。美國著名國際法學者 Harold Koh 曾寫道："若然有人問我 '如何實施國際人權？'，我的簡短答案會是：通過一個跨國的法律過程，進行機構間的互動和法律規範的詮釋，並嘗試把這些規範內在化於本土法律制度之中。"[128] 他又區分了實施國際人權的 "橫向過程" 與 "縱向過程"。前者着眼於國與國之間的層次，而後者——Koh 認為是更為可取的——則是有非政府組織及個人（Koh 稱之為 "跨國性規範的企業家" 及 "政府規範的倡議者"）積極參與在其中的跨國法律過程。這些非政府組織及個人對於在各種官方（包括公約體制，以及國內、地區性及國際法院）和非官方場合決定對有關國際人權法規範採納怎樣的詮釋，發揮重要角色。在此過程中，"一個 '詮釋性社羣' 得以建立，它有能力去界定、闡述和試驗個別規範的釋義及其被違反的情況。"[129] 然後，在這 "環球性詮釋性社羣" 中形成的規範和釋義，會由各國政府 "內在化" 於其本土法律制度之中。"因此，本土決策結構會隨年累月地與國際法規範形成'纏絡'。"[130] 國際人權法因而逐漸匯入本土。[131]

Koh 所指國際人權法的"內在化"於本土法律制度之中，正就是本文所述的國內公法與國際人權法的互動。Koh 又將此"內在化"分為社會、政治及法律三個層面，而"法律內在化是指國際規範通過行政行為、立法行為、司法詮釋，或以上三者的組合，而被納入本土法律制度之中。"[132]

在 21 世紀初，國際人權法規範被納入本土法律制度的活躍情況，可謂史無前例。舉例來說，一些東歐、中歐的新興民主國家在制憲時，規定在其本土法律體系內直接實施國際法，甚至訂明國際法凌駕於其國內法之上。[133] 在非洲冒起的一些民主政體在其新憲法中亦強調人權。[134] 南非 1996 年的新憲法明文規定：法院在詮釋憲法中的人權法案時，必須考慮國際法。[135] 英國是普通法法制的始創者，亦是世上罕有的不設成文憲法的國家，它亦透過《1998 年人權法》將《歐洲人權公約》"內在化"。最近 20 年來，在東亞、東南亞地區，一些憲法法院參照國際認可的人權規範，進行各類型的司法審查，進展神速。[136] 台灣地區的張文貞教授便分析了這個趨勢，並建立了一種分類方法，來研究國際人權法及國內憲法的匯流模式。[137]

張氏指出，匯流可分為兩大模式——"立法"模式及"解釋"模式。[138] 後者指法院採用國際人權法的相關規定解釋和判例。[139] 前者則指政府透過憲法或立法條文，將國際人權法規範納入本土法律制度。張氏認為，"立法"模式可再分三類。[140] 第一類是國際人權法規範的"直接憲法化"，即在本土法律制度中賦予某國際法文獻所載的人權規範憲法性效力。張氏指出，波士尼亞－赫塞哥維納共和國的新憲法即屬此類。第二類是張氏所稱的國際人權法的"包裹憲法化"。這包括以下情況：(a) 在憲法中對國際法的適用以及其是否凌駕於本土法律之上，而作出一般性的規定（例如匈牙利憲法規定，該國的法律體系接受廣為認受的國際法原則，並應把國內法與其國際法義務協調）；(b) 憲法規定法院在作出裁決時，必須考慮國際人權法，例如上述南非憲法的規定；(c) 憲法規定，該國已締結或參加的國際人權公約具備本土法律效力，其地位高於一般本土法律，這方面的例子是東歐的一些新興民主國家；(d) 憲法授權人民可向國際人權審裁機構申訴，從而默認國際人權法的較高地位，俄羅斯聯邦便屬此類情況。第三類是透過立法方式，賦予某些國際人權法規範"准憲法"地位，如英國的《1998 年人權法》。

　　本文所研究的國內公法與國際人權法在香港的互動，可算是張氏上述分類中"立法"模式（特別是第一類）與"解釋"模式的混合體。在香港這個個案中，以下四件重大事件或發展，促進了香港公法與國際人權法的互動和匯流：(1) 在 1990 年頒佈的《中華人民共和國香港特別行政區基本法》，其中明文提及《公民權利和政治權利國際公約》的人權保障；(2) 1991 年，港英政府在香港制定《香港人權法案條例》，把當時適用於香港的《公民權利和政治權利國際公約》條文，覆載於其中，英國政府同時在香港當時的憲法性文件中作出相應規定，讓《公民權利和政治權利國際公約》的有關條文得享憲法性效力；(3) 1997 年《基本法》生效後，香港法院在其判例中的詮釋行為，賦予《公民權利和政治權利國際公約》及《香港人權法案》憲法性（即高於一般法律的）效力；及 (4) 香港特別行政區法院積極確保本地的法例和政策，符合法院所詮釋的國際人權法規範，並在其詮釋有關法律規範時，樂於參照國際法及比較法的文獻和判例。

在香港這個個案中，我們可以看到張文貞教授所說的國際人權法與國內公法的匯流，或 Koh 教授所說的國際人權法的內在化於國內法律制度，而之所以出現此現象，筆者認為以上四項條件缺一不可。假如港英政府沒有訂立《香港人權法案條例》，把《公民權利和政治權利國際公約》的條文覆載於其中，並由英國政府把它們納入香港殖民地的憲法性文件之中，香港法院便不會有機會於 1997 年前開始進行憲法性的司法審查，以國際人權規範作基準，來判斷政府和立法行為是否違憲，並在此方面累積經驗，建立判例法的基礎作日後之用。假如《香港特別行政區基本法》第 39 條並非目前的版本（其部分條文來自 1984 年的《中英聯合聲明》），未有提及《公民權利和政治權利國際公約》，那麼香港特別行政區法院便不可能有詮釋的空間，去確立國際人權法規範超然的地位，賦予它們憲法性效力。又假如香港特別行政區法院沒有以開明手法詮釋《基本法》整體以至第 39 條，或不願意援引國際人權法和比較法的文獻和判例，香港公法與國際人權法的匯流程度亦恐怕會大為縮減。

香港公法與國際人權法的匯流，實有賴於香港法制結構、本地法律界及公民社會的多方帶動。根據《基本法》的規定，香港特別行政區基本上仍保留回歸前的普通法傳統；[141] 法院得到明文授權，可參考其他普通法地區的判例；[142] 香港回歸前任職的外籍法官均可留用；[143] 英語仍是主要的法律語言，特別在高級法院的程序上尤為明顯。[144]《基本法》規定成立取代倫敦樞密院的終審庭角色的香港終審法院，並明文規定容許終審法院邀請其他普通法適用地區的法官參加審判。[145]

香港法律界信守普通法中的價值信念，並尊重國際人權法規範，這個香港法律共同體包括在香港政府律政司工作的政府律師。負責草擬法例草案以交由立法機關審議的政府律師，有責任確保每部草案都不會與《香港人權法案》相抵觸。[146] 在法院的訴訟過程中，代表香港政府出庭的律師從未質疑《香港人權法案》及《公民權利和政治權利國際公約》的憲法性效力，亦沒有質疑法院積極採用國際人權法的判例和文獻的做法。除此之外，香港的法律援助制度健全，並特別照顧有關《人權法案》的訴訟案件的法律援助申請。[147] 一些非政府組織積極提起、支援或參與公益訴訟，以推動人權保障。

有一個說法認為："國際法與本土法的關係，往往取決於有關社會的開放或封閉的程度。"[148] 香港公法與國際人權法的匯流狀況，正好反映香港特別行政區作為中華人民共和國的一個國際城市的開放程度。為了保護國家利益，大部分國家均設置限制，透過某種"過濾機制"，以避免國際法直接應用於本土法制。[149] 為了確保國家機構向本國人民問責，這些限制或屬必要；畢竟，訂立國際法規範的程序與本土立法程序有異，制定國際法規範的機構往往缺乏民選政府的正當性。在限制國際法在國內的適用這方面，美國可謂當中的表表者。美國法院不大願意在詮釋美國憲法時，參考國際法及比較法的材料。這或與憲法解釋的"原旨主義"在美國的影響以及其國內憂慮，廣泛採用國際法及比較法的材料，會影響國家主權及人民自治有關。[150] 在這方面，香港的情況可謂大相徑庭。

香港倚重國際人權法

香港法院的取態與美國不同，前者對國際人權法持極開放態度，其中一個原因或在於美國擁有悠久而堅實的憲法傳統，該國的判例法以至憲法學思想都非常發達，而香港在這些方面卻乏善可陳。香港特別行政區在 1997 年才成立，即使尋根溯源，回顧殖民時代的違憲審查制度，亦只能夠追溯至 1991 年。有鑑於本地欠缺憲法性權利或基本權利保障的歷史和傳統，香港法院廣泛採用國際法和外國法的判例和法律文獻，便是很自然的事，也有其實際需要。此外，由於英國 —— 香港前宗主國 —— 沒有成文憲法，而其《1998 年人權法》更晚於《香港人權法案》訂立，香港法院較為倚重國際人權法，來促進本地公法及違憲審查的發展，實在不足為奇。

還有的是，香港並非獨立國家，所以在接受和吸收國際人權法時，較少涉及主權或國家利益的問題。[151] 再者，香港尚未實行全面普選，[152] 現行政治體制的民主認受性不足；[153] 因此，雖然在一些外國，過於熱衷採納國際法以至過於積極的違憲審查，往往被批評為有違民主原則或對本國民意不夠尊重，這類批評在香港卻不存在。[154] 相反，港人素以香港為國際都會為傲，他們對 "國際" 標準抱有好感。

香港是中國境內的一個特別行政區，[155] 在 "一國兩制"[156] 的框架下，香港有其獨特之處。本文所論及的香港公法與國際人權法的互動和匯流，或可理解為香港在 "一國兩制" 下尋找自己身分的一種現象。正如香港終審法院首任首席大法官李國能於吳嘉玲訴入境事務處處長 [157] 一案 —— 此案可算是香港特別行政區成立至今最著名的憲法性案件 [158] —— 該判詞所言，《基本法》所保障的人權和自由乃香港制度的核心。[159] 筆者看來，香港公法與國際人權法的互動和匯流，有助於香港這顆東方之珠繼續璀璨生輝。

五、結語

本文以香港為研究個案，去探討國際人權法與國內公法的互動和匯流。本文第二部分指出，香港在回歸前後均採用英國法的"二元"方式來處理國際法與國內法的關係。在 1991 年，香港的公法演變邁出重要一步，促成後來的香港公法與國際人權法的互動和匯流。當時港英政府制訂了《香港人權法案條例》，把《公民權利和政治權利國際公約》中適用於香港的條文覆載於其中，該公約的有關條文因而納入香港本土法律。

同一時間，英國政府修訂了香港殖民地的憲制文件，使《公民權利和政治權利國際公約》的有關條文享有凌駕於其他香港法律的地位。這些發展開創了香港違憲審查的新紀元，此後香港法院可基於《公民權利和政治權利國際公約》及《香港人權法案》所載的國際人權標準，去審查香港本地的立法及行政行為。1997 年香港回歸後，香港特別行政區法院透過詮釋《基本法》第 39 條，依舊憑據《公民權利和政治權利國際公約》與《香港人權法案》，繼續行使違憲審查的權力。法院同時亦廣泛採用國際人權法的判例和文獻，尤其是《歐洲人權公約》的判例。

本文第三部分研究了香港特別行政區法院的一些相關判例，特別是較近期的個案，藉以說明香港法官如何運用國際人權法的規範和材料。在這些個案中，我們看到法院要求港府改革升中派位的計分制度，以保障男女平等；放寬男同性戀者肛交的刑法限制；捍衛在囚人士的投票權；確保內幕交易審裁處以至警方內部的紀律聆訊的程序，更能尊重當事人的權利；對於聲稱其回國後可能遭受迫害、酷刑或其他殘忍、不人道或有辱人格待遇的來港外國人士，也提供了可觀的人權保障。

最後，本文第四部分提供了研究國內公法與國際人權法的互動的概念架構，並以此分析香港這個個案，指出它是兼具"立法"模式和"解釋"模式特徵的一種混合模式，此模式有力推動了香港公法與國際人權法的匯流。筆者進一步分析了這種現象出現的幾個缺一不可的先決條件，如《香港特別行政區基本法》的有關條文字眼、《香港人權法案條例》的制定，以至香港特別行政區法院採用的釋憲方法。本文最後指出，香港欠缺本土的憲法學傳統和資源，以及"一國兩制"下香港特別行政區的獨特性，都是促成香港公法與國際人權法匯流的因素。

註釋

1　Mark Tushnet, "The Inevitable Globalization of Constitutional Law", *49 VA. J. INT'L. 985*（2009）。

2　Herman Schwartz, "The Internationalization of Constitutional Law", *10 HUM RTS. BRIEF 10*（2003）。

3　"憲法的國際化"與"國際法的憲法化"乃不同概念，可參考 Nicholas Tsagourias (ed.), *Transnational Constitutionalism: International and European Perspectives*,（Cambridge University Press., 2007）chs 9-10。

4　David Feldman, "The Internationalization of Public Law and Its Impact on the United Kingdom", in Jeffrey Jowell & Dawn Oliver (eds.),*The Changing Constitution 108* (2007).

5　Oliver Jones, "Customary Non-refoulement of Refugees and Automatic Incorporation into the Common Law: A Hong Kong Perspective", *58 INT'L & COMP. L.Q. 443*（2009）.

6　*The Hong Kong Bill of Rights: A Comparative Approach*（Johannes Chan & Yash Ghai eds., 1993）；
　　Yash Ghai, "Sentinels of Liberty or Sheep in Woolf's Clothing? Judicial Politics and the Hong Kong Bill of Rights", *60 MOD. L. REV. 459*（1997）；
　　Andrew Byrnes, "And Some Have Bills of Rights Thrust Upon Them: The Experience of Hong Kong's Bill of Rights", *Promoting Human Rights Through Bills of Rights: Comparative Perspectives* 318（Philip Alston ed., 1999）.

7　Albert H.Y. Chen（陳弘毅）, "The Interpretation of the Basic Law — Common Law and Mainland Chinese Perspectives", *30 H.K.L.J. 380*（2000）；
　　Albert H.Y. Chen, "Constitutional Adjudication in Post-1997 Hong Kong", *15 PAC. RIM L. & POL'Y J. 627*（2006）.

8　Norman Miners, *The Government and Politics of Hong Kong*（5th ed. 1995）ch5;
　　Peter Wesley-Smith, *Constitutional and Administrative Law in Hong Kong*（1994）ch 2.

9　Feldman，同註 4；Jones，同註 5。

10　Malone v. Metro. Police Comm'r, [1979] Ch344.

11　Waddington v. Miah [1974] 1 W.L.R. 683; Garland v. British Rail Eng'g Ltd., [1983] 2 A.C. 751.

12　這一點的主要案例為 Trendtex Trading Corp. v. Cent. Bank of Nig., [1977] 1 Q.B. 529。另可參見 Rayner（Mincing Lane）Ltd. v. Dep't of Trade & Indus., [1990] 2 A.C. 418。

13　Feldman，同註 4；Cheung v. R, [1939] A.C. 160（P.C.）。

14　參見《中華人民共和國香港特別行政區基本法》第 8 條。

15　關於目前生效於香港特別行政區的國際條約，可參閱 www.legislation.gov.hk/choice.htm。
　　就條約及國際協議於香港特別行政區的適用，可參閱《香港特別行政區基本法》第 7 章；
　　Roda Mushkat, *One Country, Two International Legal Personalities: The Case of Hong Kong*（1997）；
　　饒戈平、李贊：《國際條約在香港的適用問題研究》（北京：2009 年）。現時適用於香港的主要國際人權公約共 15 部，其中 7 部需定時向有關監察機關彙報，可參閱 www.cmab.gov.

hk/en/issues/human.htm（香港特別行政區政府政制及內地事務局網頁）。

16　Nihal Jayawickrama, "Hong Kong and the International Protection of Human Rights", *Human Rights in Hong Kong* 120, 123（Raymond Wacks ed., 1993）; Dinusha Panditaratne, "Basic Law, Hong Kong Bills of Rights and the ICCPR", *Law of the Hong Kong's Constitutional Law* Ch 15（Johannes Chan & C.L. Lim, eds., 2011）。

17　Johannes Chan, "State Succession to Human Rights Treaties: Hong Kong and the International Covenant on Civil and Political Rights", *25 INT'L & COMP. L.Q. 928*（1996）。1997年回歸後，香港特別行政區政府透過中華人民共和國政府，繼續向人權委員會及其他國際人權公約的監察機構提交報告書。

18　Byrnes，同註 6，頁 32；Panditaratne，同註 16。

19　《香港人權法案條例》（下稱《人權法案》），1991 年，香港法例第 383 章（條例全文及其他於香港生效之法例載於 www.legislation.gov.hk/）。參見註 6 引錄的著作。

20　Byrnes，同註 6，頁 333-335。

21　R v. Chan, [1994] H.K.C. 145, 153; 於 Lee v. Attorney Gen., [1996] 1 H.K.C. 124, 127 由上訴法院引用。

22　Ghai，同註 6；Johannes M. M. Chan, "Hong Kong's Bill of Rights: Its Reception of and Contribution to International and Comparative Jurisprudence", *47 INT'L & COMP. L.Q. 306*（1998）。

23　這些保留條文亦納入《香港人權法案條例》，覆載其中。詳請可參閱條例第三部分 "例外及保留條文"，特別是第 9-13 條。

24　Yash Ghai, *Hong Kong's New Constitutional Order: The Resumption of Chinese Sovereignty and The Basic Law*（2d ed. 1999）.

25　Albert H.Y. Chen, "Legal Preparation for the Establishment of the HKSAR: Chronology and Selected Documents", *27 H.K.L.J. 405, 419*（1997）.

26　有關的詮釋性條文為法例的第 2(3)、3 與 4 條。關於不採用以上條文的影響，當時初步的評論見於 Peter Wesley-Smith, "Maintenance of the Bill of Rights", *27 H.K.L.J. 15*（1997）; Johannes Chan, "The Status of the Bill of Rights in the Hong Kong Special Administrative Region", *28 H.K.L.J. 152*（1998）。

27　關於當時中國政府對《香港人權法案條例》的觀點，可參閱 Byrnes，同註 6，頁 335-37。

28　HKSAR v. Ng Kung Siu,（1999）2 H.K.C.F.A.R. 442.

29　這些條文基本上覆載自《中華人民共和國國旗法》第 19 條及《中華人民共和國國徽法》第 13 條。以上兩部法律均於 1997 年 7 月 1 日列入《基本法》附件三，並根據該法第 18 條適用香港。

30　關於 "守行為"（binding over）的制度，可參閱 Peter Wesley-Smith, "Protecting Human Rights in Hong Kong", *Human Rights in Hong Kong*，同註 16，頁 26-27。

31　HKSAR v. Ng, [1999] 1 H.K.L.R.D. 783.

32　《公民權利和政治權利國際公約》第 19 條原文同時包括 "公共秩序" 的英語及法語字眼。在本案中下級法院（高等法院上訴法庭）參照兩宗美國最高法院判例，這些判例認為將侮辱國旗刑事化違反美國憲法中保障 "言論自由" 的條文，故做法違憲：Texas v. Johnson, 491 U.S. 397（1989）；U.S. v. Eichman, 496 U.S. 310（1990）。這兩宗案件在美國最高法院均以 5 比 4 的多數法官意見結案，在美國備受爭議。

33　參見主要案例 R. v. Sin Yau-ming, [1991] 1 H.K.P.L.R. 88, [1992] 1 H.K.C.L.R. 127。

34　HKSAR v. Ng Kung Siu, [1999] 2 H.K.C.F.A.R. 422, 455.

35　同註 34，頁 456。

36　同註 34，頁 460-461。

37　《基本法》第 39 條規定："《公民權利和政治權利國際公約》、《經濟、社會與文化權利的國際公約》和國際勞工公約適用於香港的有關規定繼續有效，通過香港特別行政區的法律予以實施。香港居民享有的權利和自由，除依法規定外不得限制，此種限制不得與本條第一款規定抵觸。" 正如 Carole Petersen 指出，香港法官 "經常視《公民權利和政治權利國際公約》為連繫《基本法》與國際法規範的橋樑，並接受與該《公約》有關的新法學發展。因此，第 39 條（此條的內容可追溯至《中英聯合聲明》）對《公民權利和政治權利國際公約》的採納，可説是在《基本法》的人權保障體系中最有力的元素，它把香港與此方面最先進的法系相連結；當然，《基本法》也包括許多其他關於人權保障的條文，其內容遠較第 39 條詳細。" 見於 Carole J. Petersen, "Embracing Universal Standards? The Role of International Human Rights Treaties in Hong Kong's Constitutional Jurisprudence", *Interpreting Hong Kong's Basic Law: The Struggle For Coherence* 33,34（Hualing Fu et al. eds., 2007）。

38　關於一些中國內地學者的不同意見，參見董立坤、張淑鈿："香港特別行政區法院的違反基本法審查權"，《法學研究》，2010 年第 3 期，頁 3。

39　參見 Chen 討論的判例，同註 7；
Johannes Chan, "Basic Law and Constitutional Review: The First Decade", *37. H.K.L.J. 407*（2007）；
Po Jen Yap, "Constitutional Review Under the Basic Law: The Rise, Retreat and Resurgence of Judicial Power in Hong Kong", *37 H.K.L.J. 449*（2007）；
Albert H.Y. Chen, "A Tale of Two Islands: Comparative Reflections on Constitutionalism in Hong Kong and Taiwan", *37 H.K.L.J. 647*（2007）；
Albert H.Y. Chen, "One Country, Two Systems" from a Legal Perspective", *The First Decade: The Hong Kong SAR in Retrospective and Introspective Perspectives,* 161（Yue-man Yeung ed., 2007）。

40　表中統計的判例案名和其他材料，見於 Albert H.Y. Chen , "International Human Rights Law and Domestic Constitutional Law: Internationalisation of Constitutional Law in Hong Kong", 4(3) *National Taiwan University Law Review* 237 at 276-327（2009），有關判例乃由筆者的研究助理李道晴先生在 2009 年於香港法院網站、Westlaw 及 Lexis 檢索所得並予以整理，筆者謹此致謝。

41　即使在回歸前，歐洲人權法院的案例已是香港法院 "最常引用的國際法源"，這個趨勢於回歸後仍然持續。（Byrnes，同註 6，頁 364）。

42　Byrnes，同註 6，頁 366，曾經指出："《歐洲人權公約》大部分條文均與《公民權利和政治權利國際公約》的相關條文十分相似，而兩者（連同前者的議定書）的發展時間亦互相重疊。"

43　自從英國制訂《1998 年人權法》（該法將《歐洲人權公約》直接納入英國本土法律中）後，香港法院更可方便地參考英國法院就《1998 年人權法》及《歐洲人權公約》的判例。由殖民地時代起，香港法院即大量引用英國案例。

44　Chan，同註 22，頁 410-13；
　　Petersen，同註 37。

45　"The Siracusa Principles on the Limitation and Derogation Provisions in the International Covenant on Civil and Political Rights", *7 HUM. RTS. Q. 3*（1985）.

46　關於 1997 年前的相關做法，參見 Chan，同註 22；Byrnes，同註 6，頁 356-70。

47　包致金大法官於 Ho Choi Wan v. H.K. Hous. Auth. [2005] 8 H.K.C.F.A.R. 628 的少數判詞（dissenting judgment）中表示："我們的憲制性文件《基本法》是等量齊觀地提及《經濟、社會與文化權利的國際公約》和《公民權利和政治權利國際公約》的。"（判詞第 67 段）。

48　"直接"是指在本土法例逐字覆載公約條文的引入方式，例子是《香港人權法案條例》對《公民權利和政治權利國際公約》的覆載。相關討論見於 Petersen，同註 37，頁 45-48；Chan，同註 39，頁 411-13。

49　例子可見於 Chan Mei Yee v. Dir. of Immigration, [2000] 1 H.K.L.R.D. 28; Chan To Foon v. Dir. of Immigration [2001] 3 H.K.L.R.D. 109。值得留意的是，英國政府持相同立場，視《經濟、社會與文化權利的國際公約》及《兒童權利公約》所載的經濟與社會權利僅為理想的宣示，並不要求締約國於某一時間確立某一水準的保障：參見 Feldman，同註 4，頁 117-18。另一方面，關於香港特別行政區政府認為《經濟、社會與文化權利的國際公約》僅具理想性和推廣性，聯合國經濟、社會及文化權利委員會在審查香港特別行政區的報告時對此表示遺憾，並敦促港府"不要在法院審訊中主張公約僅具'推廣'或'理想'性質"：UN Doc E/C. 12/1/Add 58, 段 16, 27（2001 年 5 月 11 日）；Chan，同註 39，頁 412；Ghai，同註 24，頁 411-12。

50　正如港府於其根據《經濟、社會與文化權利的國際公約》提交的第二次報告（參見下註 51）指出："為使條約所訂明的義務在本地具有法律效力（遇有需要修改現行法例或措施的情況時），一般做法是制定具體的新法例。"（報告第 33 段）。

51　這報告作為中華人民共和國就《經濟、社會與文化權利的國際公約》提交的報告的一部分，於 2003 年提交至聯合國有關委員會：參照註 15 提及的政制及內地事務局網頁，內裏提供所有由香港特區政府根據各人權公約提交的報告。

52　報告第 2.3 段。

53　1993 年，香港法例第 427 章。

54　《禁止酷刑和其他殘忍、不人道或有辱人格的待遇或處罰公約》第 4 條規定，每一締約國應將一切酷刑行為定為刑事罪行。隨着港府訂立《刑事罪行（酷刑）條例》，公約此條文經已在香港實施。公約第 3 條規定，如有充分理由相信任何人在另一國家將有遭受酷刑的危險，任何締約國不得將該人驅逐、遣返或引渡至該國。此條文僅經由行政政策在香港實施，而未有相關立法。參見本文第三部分提及的 Secretary for Security v. Prabakar 一案。

55　1995 年，香港法例第 480 章。

56　2008 年，香港法例第 602 章。

57　即《香港人權法案條例》。關於在 1997 年後此條例在香港特別行政區法律體制中發揮的保障人權的重要作用，參見 Panditaratne，同註 16。

58　同註 11。正如港府於其根據《經濟、社會與文化權利的國際公約》提交的第二次報告指出（同註 51），"適用於香港的條約（包括有關人權的條約），本身並無本土法律效力，不可以在香港的法律制度內施行，也不可在法院直接援引作為個人權利的依據。不過，特區法院在詮釋本地法例時，會盡可能避免與適用於香港的國際條約有所抵觸。"（報告第 33 段）。就詮譯法例時或會考慮人權公約的情況，可參見 Equal Opportunities Comm'n v. Dir. of Educ., [2001] 2 H.K.L.R.D. 690（C.F.I.）（於本文第三部分討論）。另可參閱包致金大法官在 Ho v. H.K. Hous. Auth. 的少數判詞，同註 47，當中他指出："《經濟、社會與文化權利的國際公約》很有可能會提供有效的協助，以解讀《房屋條例》"，從而論證房屋委員會有義務向香港的低收入人士提供他們可負擔的住房。

59　參見註 15，由政制及內地事務局網頁提供的資料。

60　關於在中華人民共和國生效的國際人權公約，參見 Liu Huawen,"Protection of Human Rights and the Establishment of "Rule of Law" in China", *The China Legal Development Yearbook*, vol. 2, 279（Li Lin ed., 2009）。

61　中華人民共和國於 1998 年簽署了《公民權利和政治權利國際公約》，惟至今（2013 年 4 月）尚未予以批准實施。

62　正如註 15 提到的政制及內地事務局網頁提供的資料指出："香港特別行政區派遣代表團，以中國代表團成員的身分，出席聯合國有關機構就香港提交的人權報告而舉行的審議會；至於《公民權利和政治權利國際公約》的審議會則屬例外，香港代表團通過中央人民政府與聯合國之間的特別安排，以香港特別行政區政府代表的身分出席。"香港特別行政區根據《公民權利和政治權利國際公約》提交的第一次報告於 1999 年提交，並於同年由人權委員會審議。第二次報告於 2005 年提交，而相應的審議於 2006 年舉行（參見同一網頁）。

63　Equal Opportunities Comm'n, [2001] 2 H.K.L.R.D. 690（C.F.I.）.

64　此案並無上訴至更高級法院。

65　同註 55。

66　Equal Opportunities Comm'n, [2001] 2 H.K.L.R.D. 690，段 80（C.F.I.）。

67　同註 66，段 121。

68　同註 66，段 90。

69　同註 66，段 88-91、109-11。

70　Leung v Sec'y for Justice, [2005] 3 H.K.L.R.D. 657（C.F.I.）；Leung v. Sec'y for Justice, [2006] 4 H.K.L.R.D. 211（C.A.）.

71　UN Human Rights Committee, Communication No. 488 of 1992, 112 I.L.R. 328.

72　R. v M., [1995] 82 O.A.C. 68（Can.）.

73　Sutherland v. United Kingdom, 24 Eur. H.R. Rep. CD 22（1997）.

74　L & V v. Austria, 36 Eur. H.R. Rep. 55（2003），上訴法庭於判詞段 47（4）提及此案。此案中受質疑的法規是《奧地利刑事法典》，它禁止成年男子與年齡為 14 至 18 歲的男童的自願同性戀行為。根據奧地利法律，成年人與年滿 14 歲人士進行異性戀或女同性戀行為則不受懲罰。法院於是裁定，受質疑的法規違反了《歐洲人權公約》第 8 及 14 條。

75　Lawrence v. Texas, 539 U.S. 558, 584（2003）（原訟法庭於判詞段 140 提及此案）。

76　Nat'l Coal. for Gays & Lesbian Equal. v. Minister of Justice, 1998（6）B.H.R.C. 127（S. Afr.），上訴法庭於判詞段 29（3）及 47（5）提及此案。

77　Sec'y for Justice v. Yau Yuk Lung, [2006] 4 H.K.L.R.D. 196（C.A.）; [2007] 3 H.K.L.R.D. 903,（C.F.A.）.

78　根據香港法律，如兩名成年男士在雙方同意的情況下於私人地方進行肛交，則不屬犯罪。

79　然而，這些行為可能觸犯普通法的違反公德行為罪（outraging public decency）。

80　見終審法院首任首席大法官李國能的判詞，段 11。他同時指出，性傾向歧視也違反《基本法》第 25 條。

81　終審法院判詞，段 34。

82　Chan Kin Sum v. Sec'y for Justice & Electoral Affairs Comm'n, [2008] 2 H.K.L.R.D. 166,（C.F.I.）.關於此案（及其他在本文提及的香港案件）的判詞的全文，可參見 http://legalref. judiciary.gov.hk。

83　《基本法》第 26 條;《香港人權法案》第 21 條;《公民權利和政治權利國際公約》第 25 條。

84　判詞段 154。

85　判詞段 164。

86　判詞段 164。

87　Koo Sze Yiu v. Chief Executive of the HKSAR, [2006] 3 H.K.L.R.D. 455,（C.F.A.）.

88　關於暫緩執行令的判例，可參見 Chan Kin Sum v. Sec'y for Justice [2008] 2 H.K.L.R.D. 166,（C.F.I.）.

89　判詞段 45。

90　Koon Wing Yee v. Insider Dealing Tribunal, [2008] 3 H.K.L.R.D. 372,（C.F.A.）.

91　《基本法》（第 82 條）列明終審法院可根據需要邀請其他普通法適用地區的法官參加審判。《香港終審法院條例》（香港法例第 484 章）規定了邀請海外法官參加審判的機制。獲邀法官稱為終審法院的"非常任法官"，有別於"常任法官"。終審法院由 5 位法官組成合議庭審理案件，合議庭一般由 4 位本地法官及 1 位海外非常任法官組成。所有非常任法官均為現任或退休的英國、澳洲或新西蘭的大法官。關於終審法院的運作，可參見 Simon N.M. Young, "The Hong Kong Multinational Judge in Criminal Appeals", 26 Law in Context（Criminal Appeals 1907-2007: Issues and Perspectives）130（2008）;
Simon N.M. Young, Yash Ghai eds., Hong Kong's Court of Final Appeal, 將在 2013 年出版。

92　終審法院判詞段 27。

93　判詞段 91。

94　參見判詞段 97-98。

95　判詞段 101。根據《公民權利和政治權利國際公約》的《第 1 號任擇議定書》，人權委員會可處理任擇議定書簽署員國人民個人所提出的申訴。但這議定書不適用於香港，英國亦未有簽訂此議定書。參見 Jayawickrama，同註 16，頁 122-23。另一方面，雖然英國曾將《歐洲人權公約》伸延至其部分境外屬土，並容許當地人民個人根據該公約提出申訴，但該公約卻從未引入殖民地時代的香港。參見 Byrnes，同註 6，頁 327。

96　判詞段 103。

97　判詞段 106。與上訴法庭的補救不同，終審法院在本案中頒令的補救具創新性。終審法院裁定，法院有權根據《香港人權法案條例》第 6 條，對本身未有違反《香港人權法案》—— 但其存在導致其他條文違反《香港人權法案條例》的情況 —— 的法例條文宣告無效，從而使在案中受質疑的法例整體上盡可能地合憲，並讓它 "盡可能地在符合《香港人權法案》的情況下有效運作。"（判詞段 113）。

98　Lam Siu Po v. Comm'r of Police, [2009] 4 H.K.L.R.D. 575,（C.F.A.）.

99　見《警察通例》（Police General Order）6-01（8）。參見判詞段 4。

100　規例只容許受審人由另一警員或具律師資格的警員代表。參見判詞段 3。

101　Eskelinen v. Finland,（2007）45 Eur. H.R. Rep. 43.

102　15（1）I.H.R.R. 1（2008）.

103　判詞段 90。

104　同註 103。

105　同註 103。

106　在本案中，除了禁止律師代表是否違憲的問題外，另一爭議點是有關聆訊規則（載於附屬法例）是否違反授權制定該附屬法例的主體法例（即《警隊條例》），因而越權和無效。終審法院認為無需就這點作出裁決。但下級法院 — 即高等法院上訴法庭 — 在此之前曾依據訂立該附屬法例時適用的相關法律，裁定該聆訊規則並無越權。

107　Ubamaka Edward Wilson v. Sec'y for Sec., [2009] H.K.E.C. 908（C.F.I. 原訟庭）；CACV No. 138 of 2009（C.A.）；FACV No. 15 of 2011（C.F.A., 2012.12.21）。

108　Case C-436/04, Van Esbroeck,（2006）3 C.M.L.R. 6.

109　原訟庭判詞段 70。

110　《申訴 No.204/1986》及《一般性評議第 32 號》，段 57。參見 Ubamaka 一案原訟庭判詞段 83-85。

111　此公約在香港生效。

112　Soering v. United Kingdom,（1989）11 Eur. Ct. H.R.（ser. A）.

113　《一般性評議第 20 號》（1992），段 3。《一般性評議第 24 號》（1994），段 8, 18；參見 Ubamaka 一案原訟庭判詞段 95-97。

114　Sec'y for Sec. v. Prabakar, [2005] 1 H.K.L.R.D. 289（C.F.A.）.

115 香港已訂立《刑事罪行（酷刑）條例》（香港法例第 427 章），用以實施《禁止酷刑公約》。然而，該條例並無包括相等於公約第 3 條的條文。

116 參見報告段 27，載於政制及內地事務局網頁，同註 15。

117 判詞段 52。終審法院留意到，《一般性評議第 1 號》乃關於《禁止酷刑公約》的締約國已經根據公約第 22 條宣告承認禁止酷刑委員會有權處理來自人民個人的申訴情況，而香港未曾作出以上宣告。縱使如此，終審法院認為："就（保安局）局長應該怎樣根據其政策處理聲稱可能遭受酷刑的人的申訴，《一般性評議第 1 號》可作為實用的參考指標。"

118 判詞段 61。

119 FB v. Dir. of Immigration, [2009] 2 H.K.L.R.D. 346（C.F.I.）.

120 判詞段 59。

121 A（Torture Claimant）v. Dir. of Immigration, [2008] 4 H.K.L.R.D. 752,（C.A.）.

122 C v. Dir. of Immigration, [2008] 2 H.K.C. 167,（C.F.I.）；CACV Nos. 132, 134 & 136 of 2008(C.A.)；FACV Nos. 18, 19 & 20 of 2011(C.F.A., 2013.3.25)。關於此案的評論，可參閱 Jones，同註 5。

123 判詞段 194。

124 Jack Goldsmith and Daryl Levinson, "Law for States: International Law, Constitutional Law, Public Law", *122 HARV. L. REV. 1791 at 1796-97 & n. 11*（2009）.

125 同註 124。

126 同註 124，頁 1794-95。

127 同註 124。

128 Harold Hongju Koh, "How is International Human Rights Law Enforced?",*74 IND. L.J. 1397 at 1399*（1999）。

129 同註 124，頁 1410。

130 同註 124，頁 1410-11。

131 同註 124，頁 1409, 1413。

132 同註 124，頁 1413。

133 *Constitutional Reform and International Law in Central and Eastern Europe*（Rein Müllerson et al. eds., 1998）。

134 *Law and Rights: Global Perspectives on Constitutionalism and Governance*（Penelope E. Andrews & Susan Bazilli eds., 2008）。

135 該憲法第 39(1) 條規定，法院在詮釋憲法裏的人權法案時，"必須考慮國際法" 及 "可以考慮外國法律"。

136 Tom Ginsburg, *Judical Review in New Democracies: Constitutional Courts in Asian Cases（2003）*.

137 張文貞："憲法與國際人權法的匯流 —— 兼論我國大法官解釋之實踐"，《憲法解釋之理論與實務》，第六輯，上冊，頁 223（廖福特編，台北 2009 年）。

138 同註 137，頁 230。

139 同註 137，頁 238-42。

140 同註 137，頁 231-38。

141 《基本法》第 8 條。

142 同註 141，第 84 條。

143 同註 141，第 93 條。只有終審法院及高等法院的首席法官必須由 "在外國無居留權的香港特別行政區永久性居民中的中國公民" 擔任：《基本法》第 90 條。

144 根據《基本法》第 9 條，中文、英文皆為 "正式語文"。並可參見《法定語文條例》(香港法例第 5 章)；

Anne Cheung, "Language", *Law of the Hong Kong Constitution*，同註 16，第 4 章。在香港特別行政區較高級的法院，大部分判詞均以英文撰寫，並未全部翻譯為中文。香港特別行政區立法會訂立的法例卻是雙語的，中英文版本具同等效力 (參見《釋義及通則條例》，香港法例第 1 章)。

145 同注 91。

146 Brynes (同註 6，頁 348) 指出，在 20 世紀 90 年代，審視法律草案是否與《人權法案》相容，已確立為香港立法局議員及法案委員會的工作的一部分。

147 參見《法律援助條例》，香港法例第 91 章。

148 Rein Müllerson, "Introduction", *Constitutional Reform and International Law in Central and Eastern Europe*，同註 133，頁 XIII。

149 Feldman，同註 4。

150 Atkins v. Virginia, 536 U.S. 304 (2002)；

Lawrence v. Texas, 539 U.S. 558 (2003)；

Mark Tushnet, "Transnational/ Domestic Constitutional Law", *37 LOY. L.A. L. REV. 239* (2003)；

Sanford E. Levinson, "Looking Abroad When Interpreting the U.S. Constitution: Some Reflections", *39 TEX. INTL L.J. 353* (2004)；

"The Relevance of Foreign Legal Materials in U.S. Constitutional Cases: A Conversation Between Justice Antonin Scalia and Justice Stephen Breyer", *3 INT'L J. CONST. L. 519* (2005)。

151 在 2003 年，香港特別行政區政府嘗試按照《基本法》第 23 條的要求就保障國家安全的問題立法 (第 23 條要求香港特別行政區 "自行立法禁止任何叛國、分裂國家、煽動叛亂、顛覆中央人民政府及竊取國家機密的行為")，但因數十萬香港市民在 2003 年 7 月 1 日的示威抗議而擱置。參見 *National Security and Fundamental Freedoms: Hong Kong's Article 23 Under Scrutiny* (Fu Hualing et al. eds., 2005)。

152 Albert H.Y. Chen, "The Basic Law and the Development of the Political System in Hong Kong", *15 ASIA PAC. L. REV. 19* (2007).

153 香港大學法學院院長陳文敏教授認為："訴諸司法以推動 (香港特別行政區的) 法律或政治改革，正是民主的不足所導致的情況"，參見 Johannes Chan, "Administrative Law, Politics

and Governance: The Hong Kong Experience", *Administrative Law and Governance in Asia 143, 166*（Tom Ginsburg & Albert H.Y. Chen eds., 2009）。

154　Chen，同註 7，頁 383-87, 419-20。

155　中華人民共和國的另一特別行政區是澳門，澳門特別行政區於 1999 年葡萄牙殖民統治結束時成立，其享有的高度自治權可與香港媲美。

156　Ghai，同註 24；

　　Albert H.Y. Chen, "The Concept of "One Country, Two Systems" and Its Application to Hong Kong", *Understanding China's Legal System: Essays in Honour of Jerome A. Cohen*, ch. 9（C. Stephen Hsu ed., 2003）；

　　陳弘毅：《香港特別行政區的法治軌跡》（北京 2010 年版）。

157　Ng Ka Ling v. Dir. of Immigration, [1999] 1 H.K.L.R.D. 315（C.F.A.）.

158　參見《居港權引發的憲法爭議》（佳日思等編，香港 2000 年版）。

159　同註 157，頁 326。

從“皮諾切特案”看國際刑法和國際人權法的發展

一、引言

　　皮諾切特（Augusto Pinochet）是智利的前國家元首和掌握軍政大權於一身的最高領導人。軍人出身的他，在 1973 年發動流血政變，推翻了阿葉德（Salvador Allende）的民選左翼政府，實行右傾路線的軍事獨裁，直至 1990 年，政權和平轉移至在 1989 年總統選舉勝出的艾爾文（Patricio Aylwin）。1990 年後，皮氏留任軍隊統帥直至 1998 年。1998 年後，80 多歲高齡的皮氏根據 1980 年他仍在任時制定的憲法，享有終身參議員的身分。皮氏於 2002 年辭去參議員的職位，於 2006 年去世。

　　皮氏執政期間，智利在經濟發展上取得可觀的成就，但不同政見人士的人權則受蹂躪。據估計，大概有 10% 的智利人口在 80 年代期間受到鎮壓的影響。[1] 根據另一項調查，在皮氏執政期間，約有 100 萬人（相當於智利人口的 11%）被迫逃離智利，流離失所。[2] 軍警當局所實施的侵犯人權行為，包括任意建捕、非法拘禁、強制失蹤、綁架、放逐、謀殺、暗殺、非法處決、酷刑拷打、威脅、強行闖入民居等等。1990 年新政府成立的“國家真相和調解委員會”的報告書透露，在 1973 年至 1990 年間，因政治迫害和侵犯人權致死的有 2000 多人。[3] 1996 年，於 1992 年成立的“國家賠償和調解委員會”則指出，在此期間因軍政府侵犯人權而死的有 2095 人，失蹤的有 1102 人。[4]

1998 年 9 月,皮諾切特因病到英國接受手術。10 月,就皮氏在執政期間侵犯西班牙和智利公民人權的行為進行調查的西班牙司法當局,根據《歐洲引渡公約》(European Convention on Extradition)(1957 年)向英國提出引渡皮氏到西班牙受審的請求,皮氏隨即在倫敦被捕。皮氏的律師以皮氏作為前國家元首應享有免於刑事起訴的豁免權為主要理由,向法院申請釋放他。案件最後上訴至英國上議院法庭(即英國的終審法院),上議院法庭在 11 月 25 日以三比二多數裁定皮氏敗訴。[5] 但是,在 12 月 17 日,皮氏的律師以上議院法庭五位法官中其中一位(在三比二多數裁定中佔多數意見的三位法官的其中之一)本應迴避此案為理由,獲上議院法庭撤消原判並重審。[6](情況是該名法官是"國際特赦組織"籌款部門的非受薪董事,由於"國際特赦組織"有參與皮氏的訴訟,所以該名法官參與本案的審訊有違普通法中"自然公義"的第一項原則,即法官不可有所偏袒或被懷疑有所偏袒。)1999 年 3 月 24 日,由另外七名法官組成的上議院法庭作出重審判決,以六比一的多數裁定皮氏敗訴。[7]

雖然英國內政部長在 2000 年 3 月,以皮氏健康欠佳不宜接受審訊為理由,拒絕了西班牙的引渡請求及准許皮氏返回智利。但是,英國上議院法庭在 1999 年 3 月的歷史性裁決,被西方法學界認為是國際刑法和國際人權法的發展史上的大事,有些論者甚至認為此判決為國際人權法的司法實施"全球化",敞開了大門。本文的目的,在於研究分析"皮諾切特案"的訴訟背景和判決的法理依據,並探討此判決的意義和影響,從而在此基礎上,對有關國際刑法和國際人權法的演化,予以回顧和前瞻。

二、"皮諾切特案"的訴訟背景

關於"皮諾切特案"，一位英國法學家寫道：

"一件上議院法庭的案件，引發起這麼多的激情和戲劇性的場面，從嚴肅的法庭瀉溢至倫敦、馬德里和聖地牙哥的街頭。"[8]

這次由西班牙提出的引渡請求，是西班牙兩位法官 Baltasar Garzón 和 Manuel García Castellón 在 1996 年就阿根廷和智利兩國前軍政府侵犯人權的暴行展開調查，有關暴行的受害者包括西班牙裔人士。[9] 對阿根廷 1976 年至 1983 年軍政府執政期間的暴行的刑事程序在 1996 年 3 月[10] 展開，疑犯包括百多名前任或現任阿根廷官員，他們被控以種族滅絕、恐怖主義等行為，導致 600 多名西班牙公民和數千名阿根廷公民失蹤。後來西班牙向阿根廷提出引渡要求，但遭拒絕。1996 年 7 月，一個名為"西班牙檢察官進步聯會"的非政府組織也在西班牙法院提起刑事訴訟，[11] 針對智利前政府領導人的種族滅絕、恐怖主義、酷刑、謀殺、令人失蹤等暴行。後來，西班牙裔受害者的家屬也加入了訴訟。

域外管轄權

關於西班牙法院是否就上述的前阿根廷和智利政府人員的侵害人權罪行享有刑事管轄權，西班牙高等法院刑事庭的全體 11 名大法官在 1998 年 10 月 30 日作出了重要的判決。判決肯定了西班牙法院就有關罪行的域外管轄權（治外法權），因為西班牙的《法院組織法》第 23(4) 條賦予法院就種族滅絕、恐怖主義行為和其他根據國際條約，可在西班牙起訴的罪行行使普遍管轄權，[12] 無論疑犯是否西班牙公民或犯罪地是否在西班牙。法院還對"種族滅絕"作出廣義的解釋，使它適用於用意在於消滅社會中某一羣人（無論這個羣體是以哪些特徵來識別的）的行為。[13]

值得留意的是，西班牙政府最初不支援 Garzón 等法官，對阿根廷和智利前政府人員進行刑事程序。[14] 上面提到阿根廷政府拒絕了西班牙的引渡請求，至於智利政府，也拒絕了西班牙法院就此案提出的協助調查請求。智利外交部在 1997 年 5 月表示，[15] 智利並不承認外國法院審訊在智利發生的事情的權力，尤其是因為有關事情經已由智利法律或提交智利法院處理。1998 年 10 月 16 日，西班牙向英國提出引渡皮諾切特的請求，1998 年 11 月 3 日，智利參議院就西班牙法院主張治外法權而侵犯智利的主權，提出抗議。[16] 在上議院法庭的訴訟中，智利政府有派遣律師代表出庭，主張智利的豁免權並反對引渡皮氏往西班牙。

推動針對皮氏的訴訟力量，一方面來自西班牙的少數法官和受害者的家屬，另一方面來自不少非政府組織、傳媒界和學術界。在非政府組織方面，人權組織和為受害者伸張正義的組織角色是較突出的，例如在英國上議院法庭的訴訟中，"國際特赦組織" 和一些代表受害者權益的團體都獲准參與訴訟，"人權觀察" 這個組織也提交了書面陳詞。其實在西歐多國的法制中，已經形成了對皮氏的暴行進行司法追究的跨國運動，到了 2000 年 3 月（即英國政府以皮氏健康不佳為理由，准許他回國的時候），瑞士、比利時和法國也分別向英國提出了引渡皮氏的請求。此外，針對皮氏的訴訟也已在德國、奧地利、意大利、盧森堡和瑞典的法院提起。[17]

至於在智利本土，在皮氏於 1998 年到英國就醫之前，也曾有就他的暴行進行追究的個別訴訟，但遭遇的困難重重。[18] 首先，智利國會曾於 1978 年通過一部特赦法，適用於 1973 年至 1978 年間的侵犯人權事件，而皮氏領導下的政府暴行，大部分都是屬於這段時期的。其次，正如上述，皮氏根據 1980 年的憲法，享有終身參議員的身分，此身分賦予他在智利境內的訴訟豁免權。第三，即使克服了上述兩項障礙，就皮氏作為軍方最高領導人期間所作出的侵犯人權行為，軍事法院可行使管轄權，相對於一般法院，軍事法院更可能偏袒皮氏。最後，雖然智利已經實行了民主轉型，但軍方的勢力仍舉足輕重，皮氏在軍隊裏仍得到不少支援，所以人們憂慮針對皮氏的法律行動會導致政局的動盪。

吊詭的是，皮氏在英國就醫、被軟禁和受訴訟纏擾的 18 個月，為智利社會創造了一個難得和寶貴的空間，讓智利各界人士反思皮氏對前政府暴行的責任問題，更讓希望伸張正義、追究責任的社會力量凝聚和重建起來。於是，皮氏在 2000 年 3 月回國之後，針對他的訴訟出現了戲劇性的發展。2000 年 6 月 5 日，聖地牙哥的上訴法院以 13 比 9 的多數裁定，皮氏不能再享有作為終身參議員的豁免權，皮氏其後上訴至智利最高法院。2000 年 8 月 8 日，該法院 20 名法官以 14 比 6 的多數駁回了上訴。但是皮氏的健康情況欠佳，對他的刑事起訴受到很多拖延，進展緩慢。2001 年 7 月 9 日，聖地牙哥的上訴法院以二比一的多數以健康理由中止有關刑事訴訟程序。2002 年，最高法院肯定了這個判決。

三、"皮諾切特案"的法理問題

英國上議院法庭所審判的"皮諾切特案"主要是一件關於引渡的案件，它的特點是，第一，引渡請求所針對的刑事行為，大多是多年以前在智利作出的，受害者大多是智利本國公民；第二，被請求引渡的疑犯是智利的前國家元首;第三,請求引渡國不是智利,而是西班牙。英國上議院法庭要處理的法理問題,主要有兩個。第一,西班牙的引渡請求中所列出的犯罪,根據英國的引渡法規是否屬“可引渡之罪”(尤其是否滿足“雙重犯罪”原則)?第二,如果有關犯罪確屬可引渡之罪,作為前國家元首,皮氏是否享有可藉以免受引渡及其他在英國的刑事訴訟的豁免權?

首先讓我們看看第一個問題。引渡請求中列出的犯罪包括使用酷刑、串謀使用酷刑、串謀劫持人質、串謀殺人、企圖殺人等,指控皮氏為了取得政權及維持其政權,不惜有計劃地廣泛使用這些手段。有關罪行實施的時間各有不同,但都是在 1972 年至 1990 年之間。犯罪的地方大多在西班牙以外,受害者主要並非西班牙公民。

英國 1984 年的《引渡法》(Extradition Act)第 2 條對甚麼是“可引渡之罪”作出了界定。[19] 這條反映了“雙重犯罪”原則的要求:如引渡請求所針對的犯罪行為發生在請求引渡國,它必須是在英國也構成犯罪的行為(假如它發生在英國的話),並且可處以一年以上徒刑者(見第 2 (1)(a) 條)。如引渡請求所針對的行為發生在第三國(但請求引渡國根據其本身的法律,就此行為享有治外法權),則有關行為必須是根據英國法律,英國法院也有權行使治外法權,並處以一年以上徒刑者(見第 2 (1)(b) 及 2 (2) 條),又或(以下只適用於請求引渡國根據屬人原則行使國籍管轄的情況)該行為在英國也構成犯罪行為(假如它發生在英國的話)並可處以一年以上徒刑)(見第 2 (1)(b) 及 2 (3) 條)。

適用於本案的主要是第 2 (1)(b) 及 2 (2) 條,因為有關行為主要發生在第三國。上議院法庭首先要處理的,是適用此條文的時間性問題。在決定有關行為是否可引渡之罪時,法院要看的是 (a) 根據在引渡請求提出時有效的英國法律，有關行為是否英國法院有權行使治外法權的罪行，還是（b）根據在有關行為發生時有效的英國法律，有關行為是否對英國法律的域外犯罪（即英國法院有權對其行使治外法權的罪行）？

就着這個技術性的問題，上議院法庭裁定（b）才是關鍵性的。這即是說，如果有關行為在發生時並非對英國法律的域外犯罪，而後來英國法律有所改變，有關行為（如果現在發生的話）構成域外犯罪，那麼此行為並不根據第 2(1)(b) 及 2(2) 條構成可引渡之罪。這個裁定的影響是重大的，它導致皮氏所涉及的可引渡之罪的範圍和數目大為縮小，原因如下。

域外犯罪的爭議

在西班牙提出的引渡請求裏，大部分的指控都是涉及發生在 1988 年前，使用酷刑和串謀使用酷刑的行為，但在 1988 年以前，酷刑並非英國成文法所規定的域外犯罪。根據英國成文法，英國法院在 1988 年 9 月 29 日才開始對在該日以後在英國境外實施的酷刑享有刑事司法管轄權（即 "普遍管轄權"，不受制於犯罪在何地發生及犯罪者或受害者屬何國籍），因為在這天，1988 年《刑事司法法》（Criminal Justice Act）第 134(1) 條開始生效，但不具溯及力。第 134(1) 條制定的目的，是在英國實施 1984 年聯合國大會通過的《禁止酷刑和其他殘忍、不人道或有辱人格的待遇或處罰公約》（Convention Against Torture and Other Cruel, Inhuman or Degrading Treatment or Punishment）（以下簡稱《禁止酷刑公約》）。該公約在 1988 年 12 月 8 日在英國正式批准生效。該公約的締約國有 110 多個，其中包括西班牙和智利，公約在此兩國批准生效的日期分別為 1987 年 10 月 21 日和 1988 年 10 月 30 日。

西班牙的引渡請求涉及約 130 宗發生在 1977 年至 1990 年之間的酷刑或串謀使用酷刑的個案，其中只有 3 宗發生在 1988 年 9 月 29 日以後。基於上述考慮，上議院法庭的大多數法官裁定，就在此日期以前發生的酷刑或串謀使用酷刑的指控，不屬可引渡之罪，其餘少數指控，則屬可引渡之罪。基於同樣原理，上議院法庭裁定，關於皮氏在 1978 年 8 月 21 日以前串謀或企圖在西班牙以外的地方謀殺他人的指控，並不構成可引渡之罪，理由是在該日期以前，英國法院對非英國公民在英國境外的謀殺行為無管轄權，對在境外串謀在外國謀殺他人也無管轄權。1978 年 8 月 21 日，用以實施《歐洲防治恐怖主義公約》（European Convention on the Suppression of Terrorism）的《防治恐怖主義法》（Suppression of Terrorism Act）生效，英國法院對在締約國境內的若干行為（包括謀殺）享有管轄權，但這是無濟於事的，因為對皮氏的指控涉及的都是 1978 年以前的串謀或企圖謀殺行為。至於控罪中涉及劫持人質的部分，上議院法庭（主要是 Hope 勳爵）分析了被指控的行為內容，指出它並不吻合 1982 年英國《劫持人質法》（Taking of Hostages Act）（用以實施 1979 年《反對劫持人質國際公約》（International Convention Against the Taking of Hostages）中對有關罪行的定義，因此，引渡請求的有關部分是無效的。

上面提到 1988 年 9 月 29 日以前，在英國境外使用酷刑不屬英國法院刑事管轄權範圍之內，這只是上議院法庭大多數法官的意見，有一位法官就此點持不同意見，他就是米勒（Millet）勳爵。米勒法官認為，雖然在 1988 年《刑事司法法》的有關條文生效之前，英國成文法未有把酷刑罪設定為域外犯罪，但是，按他的理解，根據國際習慣法，在 1988 年以前——至少是在 1973 年（即皮氏上台時）以後，有系統地大規模使用酷刑作為統治的手段，已經是各國均可以行使普遍管轄權的國際罪行，正如海盜罪、戰爭罪和違反和平罪一樣。由於國際習慣法是英國普通法（不成文法）的一部分，所以在 1988 年以前，英國法院已經有權根據普遍管轄原則，對符合上述標準的酷刑行為行使治外法權。

米勒法官認為：

"如果以下兩個條件都得到滿足，則可根據國際習慣法，對國際法所禁止的犯罪行使普遍管轄權。第一，有關犯罪須是違反國際法中的強行法（又稱強制法或絕對法，即 jus cogens 或 peremptory norm）。第二，有關犯罪的嚴重性和規模，須足以被認為是對國際法律秩序的攻擊。"[20]

引渡與豁免權

現在讓我們進入"皮諾切特案"中的第二個主要問題，即前國家元首的豁免權問題。正如第一個問題，第二個問題既涉及英國的國內法，也涉及國際公法。英國國內法的相關法規是 1978 年的《國家豁免權法》（State Immunity Act），這部法律主要就民事訴訟中的國家豁免權作出規定（例如規定豁免權不適用於國家的商業行為）。與本案相關的條文是《國家豁免權法》的第 20（1）條，[21] 它規定 1964 年的《外交特權法》（Diplomatic Privileges Act）可變通適用於國家元首，正如它適用於外交使節。

《外交特權法》第 2 條規定，1961 年《維也納外交關係公約》（Vienna Convention on Diplomatic Relations）若干條文在英國有法律效力，包括

以下條文。第 29 條規定，外交代表人身不得侵犯，不受逮捕拘禁。第
31（1）條規定，外交代表在駐在國（接受國）享有刑事管轄上的豁免權。
第 39（2）條規定，[22] 享有外交特權和豁免權的人員的職務如果終止了，
這些特權和豁免權通常於該員離境時終止，但對於該員以使館人員資
格執行職務的行為，豁免權將仍然有效。

上議院法庭指出，外交代表在駐在國任職期間的行為，所享有的
刑事司法豁免權是絕對的和沒有例外的，除非派遣國放棄此豁免權，
同意有關外交人員在駐在國接受刑事審判（有關豁免權是屬於國家的，
而非外交人員個人的，所以外交人員個人也無權放棄此豁免權）。由於
此豁免權適用於有關人員的所有行為，所以它可說是“以人為基礎”的
（ratione personae）；至於外交人員卸任後仍保留的有限豁免權，則是“以
事為基礎”的（ratione materiae），它只適用於外交人員在任內的公務行
為，即與其執行職務有關的、以其外交人員身分作出的行為，而非私
人性質的行為。

上議院法庭認為，根據《維也納外交關係公約》的變通應用和國際
習慣法，一個到訪英國的外國國家元首在英國享有“以人為基礎”的、
絕對的刑事管轄上的豁免權，而一個已卸任的前外國國家元首，正如
其他外國官員一樣，在英國可享有“以事為基礎”的、有限的、適用於
公務行為的刑事司法豁免權。因此，本案中的關鍵問題是，皮氏被控
的（在 1988 年以後發生的、基本上可引渡的）使用酷刑和串謀使用酷
刑行為，是否其任內執行職務的行為。

上議院法庭在 1998 年 11 月的判決中，對此問題曾有三對二的分
歧。[23] 持少數意見的兩位法官（他們的意見與原審法院三位法官的意
見一樣）認為，有關酷刑的施用是智利前軍政府維持其統治的手段之

一，故不是私人行為而是公務行為，因此皮氏可就此享有豁免權。他們並指出，雖然智利參加了《禁止酷刑公約》，但公約的條文並無明示或默示締約國已放棄了這種豁免權。持多數意見的三位法官則強調，酷刑是國際法所不容的，因此，使用酷刑絕不應被視為國際法所承認的國家元首執行職務中的行為。

對於這個問題，上議院法庭在 1999 年 3 月的判決中有較為一致的意見，它以六比一的絕大多數裁定，皮氏不能就有關指控享有豁免權。在作出此裁定時，上議院法庭充分意識到本案的劃時代意義：

"這點在國際層面有相當的重要性：如果就 1988 年 9 月 29 日後被指控的酷刑行為，皮諾切特參議員被裁定不享有豁免權，這便是（至少根據本案中律師的調查研究）有史以來首次有一國內法院以豁免權不適用於某些國際罪行的起訴為理由，拒絕把豁免權給予一個國家元首或前國家元首。"（見於 Browne-Wilkinson 勳爵的判詞[24]）

值得留意的是，在 1999 年 3 月的判決中，上議院法庭的大多數法官認為，皮氏仍可就其被指控的在 1988 年 12 月 8 日以前作出的酷刑行為享有豁免權，亦即是說，有關豁免權的喪失，只適用於指控中的在 1988 年 12 月 8 日以後作出的酷刑行為。1988 年 12 月 8 日是《禁止酷刑公約》在英國正式生效實施的日子，在此以前，此公約已在西班牙和智利生效實施。1988 年 12 月 8 日的意義是，從此日起，《禁止酷刑公約》同時實施於西班牙（本案中的請求引渡國）、英國（被請求引渡國）和智利（享有有關刑事司法豁免權的國家）。

由此可見，和 1998 年 11 月的判決不同，上議院法庭在 1999 年 3 月的判決中就豁免權問題的裁定，並非基於酷刑是國際習慣法所不容、故不能視為公務行為的這種較為空泛或一般性的理據，而是基於對《禁止酷刑公約》的具體內容及其背後的用意的研究和分析。

1984 年的《禁止酷刑公約》在《世界人權宣言》、《公民權利和政治權利國際公約》和 1975 年聯合國大會通過的《保護人人不受酷刑和其他殘忍、不人道或有辱人格的待遇或外罰宣言》的基礎上，對在世界範圍內怎樣更有效防止和懲治酷刑的使用，作出進一步的規定。《禁止酷刑公約》第 1 條設定了"酷刑"的定義，特別強調酷刑是"公職人員"或 "以官方身分行使職權的其他人"為了若干目的而使他人 "在肉體或精神上遭受劇烈疼痛或痛苦的任何行為"。締約國有義務在其境內防止酷刑行為（第 2 條），並把它認定為刑事罪行（第 4 條）。締約國應就以下情況確定其管轄（第 5 條）：

(a)在其領土內的酷刑行為（領土管轄）；

(b)疑犯是該國公民的酷刑行為（國籍管轄）；

(c)受害人是該國公民的酷刑行為，如果該國認為應予管轄的話（保護管轄）；或

(d)酷刑行為的疑犯在該國境內，而該國不把他引渡至根據上述 (a)、(b) 或 (c) 項享有管轄權的國家（普遍管轄）。

此外，締約國應規定酷刑行為為其引渡法中可引渡之罪（第 8 條）。如締約國在其領土內發現酷刑行為的疑犯，"如不進行引渡，則應將該案提交〔該國自己的〕主管當局以便起訴"（第 7 條），這便是著名的"或引渡或起訴"原則（dedere aut judicare）的應用。

行使普遍管轄權

《禁止酷刑公約》所採用的對治酷刑行為的方案，是當代國際刑法

中的一個典型，而"普遍管轄"（universal jurisdiction）和"或引渡或起訴"原則便是它的基礎。[25] 正如一位學者指出：

"普遍管轄使世界各國在追訴國際犯罪時，形成了一張天羅地網。國際犯罪在普遍管轄體系下無一疏漏。國際罪犯無論在哪裏發現，終將逃脱不了刑罰懲罰。"[26]

另一位學者進一步闡釋：

"按照普遍管轄的原則，只要是在其領土內發現被指控實施了國際犯罪的罪犯，無論犯罪人是不是本國公民，不論其犯罪是否在本國領土內發生，也不論其犯罪的受害者是哪個國家及其公民，每個國家都有權對其進行刑事管轄。這個原則，在客觀上就對國際犯罪份子造成了一個無以逃脱的法網。"[27]

在本案中，上議院法庭持多數意見的六位法官均認為，承認一位前國家元首就其任內的酷刑行為的豁免權，是與《禁止酷刑公約》的條文和精神互相矛盾、互不相容的。按照他們的理解，《禁止酷刑公約》第 1 條提到的"公職人員"，既包括各級政府官員，也包括國家元首（雖然他們仍承認現任國家元首在出訪外國時所享有的豁免權是絕對的）。第 1 條中關於酷刑罪的定義表明，以私人身分而非官方身分向他人施加的酷刑，根本不屬《公約》所針對的"酷刑"的範圍之內。因此，如要説某官員的酷刑行為是公務行為，並因而享有豁免權，則

"第 134 條〔即設定酷刑罪並實施《禁止酷刑公約》的《刑事司法法》第 134 條〕便變成廢紙。因為只有兩個可能性：一是被告人的酷刑行為是以私人身分作出的，那麼他便根本不能根據第 134 條入罪；

二是被告人的酷刑行為是以官方身分作出的；那麼他便享有豁免不受
起訴。＂（見於米勒勳爵的判詞[28]）

上議院法庭還強調，外國前國家元首就其公務行為的豁免權，在其性
質和範圍上是與其他外國官員就其公務行為的豁免權是一致的，所以
如果前國家元首的酷刑行為享受豁免（除非其國家表明放棄有關豁免
權），那麼其他官員的酷刑行為也應享有同樣的豁免，這樣《禁止酷刑
公約》的普遍管轄原則便是形同虛設的了。因此，上議院法庭的結論
是，在西班牙、智利和英國相繼批准《禁止酷刑公約》之後，智利便再
不能以其前國家元首涉嫌所犯的酷刑行為是公務行為為理由，主張其
豁免權，以反對西班牙根據普遍管轄原則，就有關行為向英國提出引
渡請求。

在六位持多數意見的法官中，其中兩位更有一些較為獨特的見
解，是值得留意的：賀貝（Hope）勳爵的意見比六人中的主流較為＂保
守＂一點，而菲利斯（Phillips）勳爵的意見則比主流較為＂激進＂一
點。賀貝法官認為，即使是在《禁止酷刑公約》中有關國家實施後，皮
氏仍可就個別的、孤立的酷刑行為的指控享有豁免權，但如果他被指
控的是有系統地、廣泛地使用酷刑作為統治手段（賀貝指出，在本案中
雖然在 1988 年以後的酷刑指控寥寥可數，但根據有關指控它們並非孤
立的個別事件，而是皮氏有系統地使用酷刑鎮壓異己作為政策的一部
分），豁免權便不能適用，因為根據國際習慣法，這樣使用酷刑構成嚴
重的國際罪行、違反國際法中的強行法。在這方面，賀貝特別提到美
國的判例 Siderman de Blake v Argentina（1992 年）[29]（指出在 1976 年作出
的酷刑行為是違反國際法中的強行法的）、1993 年就前南斯拉夫成立的

國際法庭章程（其中關於危害人類罪（crimes against humanity）的第 5
條提及酷刑）、1994 年就盧安達成立的國際法庭章程（其中第 3 條規定，
基於民族、政治、族裔、種族或宗教理由，在廣泛或有系統地針對任
何平民人口進行的攻擊中實施酷刑或其他若干行為（如謀殺、滅絕、奴
役、驅逐、監禁、強姦等），構成危害人類罪）、及 1998 年《國際刑事
法院羅馬規約》（Statute of the International Criminal Court）第 7 條（就
危害人類罪作出類似盧安達國際法庭章程第 3 條的規定）。

　　至於菲利斯法官，則對於有關豁免權的歷史基礎提出質疑。他指
出，在國際法的發展史中，國內法院在刑事上就非公民的治外法權是
新生的事物，翻查國際法的四大淵源——習慣、司法判例、學者著作
和一般法律原則，都找不到關於一國的前國家元首其任內的公務行為
是否在別國刑事法院享有豁免權的權威性規範。他的結論是：

　　"並不存在已成立的國際法規範，要求在國際犯罪的起訴中承認
'以事為基礎'（ratione materiae）的國家豁免權。國際罪行和就這些罪
行的治外法權都是國際公法上的新生事物。我不相信它們能與'以事為
基礎'的國家豁免權共存。**治外法權的行使是凌駕於一國不干涉別國
內政的原則的。就國際罪行來說，不干涉別國內政的原則不能是優先
的。** 當國際犯罪是以官方名義進行時，它與其他國際犯罪同樣令人厭
惡、甚至更加令人厭惡。治外法權一旦確立，把以官方身分作出的行
為排除出去是不對的。"[30]

四、"皮諾切特案" 的意義和影響

　　英國上議院法庭在"皮諾切特案"的判決的最大啟示是，在某些情

況下，即使貴為國家元首，如在本國犯有嚴重侵犯人權的暴行，在其卸任後即使其本國不對他進行司法追究，他在國外也可能受到逮捕、起訴、引渡或審判，而對他採取行動的毋須是國際刑警或國際性的刑事法庭，任何根據有關國內法可以對他行使刑事管轄權的國內法院，都可以置他於其刑事程序之內。如果他涉嫌所犯的是某些國際罪行，他和他的國家將不能主張其豁免權。所謂天網恢恢，疏而不漏，在國際刑法和國際人權法的威力下，在 "普遍管轄" 原則和 "或引渡或起訴" 原則的羅網中，草菅人命的暴君將在世界範圍內無所遁形。

"皮諾切特案" 的哄動之處，在於它涉及的是一個國際知名的前國家最高領導人，但是，其他較低層次的官員或軍人在他國法院就其在本國違反人權的暴行接受刑事審訊和被判刑的案例，在近年來已存在於一些歐洲國家法院。在 90 年代，法國、德國、奧地利、瑞士、比利時、荷蘭、丹麥和瑞典的法院都曾處理過在前南斯拉夫和盧安達的動亂中，犯下侵犯人權暴行的人的調查、起訴、審訊或判刑。[31] 這些案例均可視為國際刑法普遍管轄原則的體現。

國內法院根據普遍管轄原則審判侵犯人權的國際罪行的最著名案例，應該是 1962 年以色列最高法院判決的 "艾希曼案"（A-G of Israel v Eichmann）。[32] 艾氏是納粹德國的高級官員，曾參與策劃和執行對猶太人的大屠殺，二次大戰後逃離德國。1960 年，以色列情報人員從阿根廷把他綁架到以色列受審。以色列最高法院裁定，艾氏所犯的是戰爭罪行和危害人類罪（或稱違反人道罪），屬最嚴重的國際罪行，以色列法院有權行使普遍管轄權。艾氏終於被處死刑。"儘管以色列派特工到阿根廷綁架艾希曼的做法，侵犯了阿根廷主權而受到抗議和批評，但以色列確認以對戰犯的普遍管轄原則卻得到了普遍的支援。"[33]

　　考慮到以上案例，我們可以看到，英國上議院法庭在“皮諾切特案”的判決，是對已經在國際刑法中存在的普遍管轄原則的秉承和發展。它一方面示範了普遍管轄原則的威力，另一方面把它推展至國家前最高領導人的層次，並且指出，在刑事管轄方面的豁免權來説，一個前國家元首與其他各級政府官員的地位是平等的，他們所享有的豁免權都是一種“以事為基礎”的豁免權，只適用於他們執行職務的行為，而在若干情況下，使用酷刑是不能被視為執行職務的行為的。

跨國法律訴訟的考慮

　　但是，必須承認，無論在理論的層面或是實踐的層面，“皮諾切特案”都有明顯的局限性，所以，如果説它開啟了“人權在全球的執行”[34]之門，未免言之尚早。首先，在法理的層次，英國上議院法庭其實並沒有滿足參與訴訟的人權團體的要求。這些團體希望爭取被承認的法理論點是，根據國際習慣法和英國普通法，英國法院在 1988 年《禁止酷刑公約》和《刑事司法法》實施之前，早已享有對像酷刑這樣的國際罪行的普遍管轄權和治外法權，所以皮氏早在 70 年代犯有的暴行乃屬可引渡之罪。可是，除了米勒勳爵之外，其他大法官都不願意去得這麼遠。此外，人權份子希望確立的另一原則是，就侵犯人權的嚴重國際罪行來説，前國家元首不能享有豁免權，不論其有關行為是否被視為公務行為。可是，除了菲利斯勳爵外，其他大法官也不願意去得這麼遠。他們只願意把皮氏的豁免權的喪失，建築在《禁止酷刑公約》中的字眼和英、西、智三國均已批准實施此公約的事實之上。

　　讓我們再看實踐的層次。有論者認為，皮諾切特案“提供了一個強而有力的例子，示範出一個跨國性法律訴訟的普遍性體系的可能性和問題”[35]。他的意見是，一個由忠於國際人權規範的自由民主國家法院和國際市民社會（包括提倡人權的非政府組織）所組成的跨國訴訟體系，比國際法庭或其他由國家組成的國際機構，更能有效地確保國際人權法的實施和對違反者施以制裁。這很可能是過於樂觀的、一廂情願的想法。“皮諾切特案”的發展過程中，西班牙與智利之間，以至英國與智利之間的外交友好關係明顯地受到衝擊，也有人擔心該案會改變智利民主化過程中微妙的各方權力的均衡，而造成政治動亂。此外，另一個實際的考慮是，皮氏以取得特赦和豁免權作為交出其獨裁政權的條件，接受這個安排作為民主轉型的代價，是智利人民的選擇，任何外國或外國司法機關對皮氏採取的行動都會惹來爭議，並有干涉智利內政之嫌。由此可見，通過跨國性訴訟企圖追究別國前領導人的暴行的法律行動，涉及複雜的外交和政治問題和多元的考慮，不宜簡單化地把追求法律意義上的正義，視為唯一的價值和目標。

從過去 30 多年來世界各國的司法實踐中可以看到，雖然國內法院就若干國際罪行的普遍管轄權已經逐步得到確立，但這種管轄權被實際應用的案例卻是罕有的（主要在像劫持飛機這類恐怖主義活動的情況），[36] 其原因主要是政治性的考慮。由一國的刑事法院對別國的公民，就其在該別國對該別國公民或他國公民的犯罪行為（尤其是侵犯人權行為）行使管轄權，在當今世界的現實政治環境和國際關係中，始終未能成為氣候。一國要對別國的人進行這樣的刑事程序（即使其目的是善意的，即為在該別國受害的人討回公道），難免要在外交關係上付出一定的代價。**當今世界始終還是主權國佔主導地位的體系，一國過於熱衷為另一國的人伸張正義，容易惹來懷疑的目光，甚至被指控為不尊重他國的主權或干涉他國的內部事務。**再者，對在他國發生的事

情行使普遍管轄權，也會遇到舉證和其他技術上的困難。[37] 總之，這種
訴訟很可能是吃力不討好的事。

小國當然反對大國以國際警察自居，在自己的法院審判在別國發
生的違反人權的行為。即使是大國，也不太喜歡普遍管轄權的過分膨
脹和國家豁免權的萎縮。在這方面，哥富（Goff）勳爵在英國上議院法
庭就"皮諾切特案"的判詞中的這一段話是語重心長的（哥富法官是六
比一多數判決中持少數意見的那一位法官）：

"對於強大的國家來說，國家豁免權〔這裏是指"以事為基礎"的、
適用於前國家元首以至其他官員的刑事豁免權〕是特別重要的，尤其
是當有關國家的元首同時行使行政實權，因強烈的政治理由而憎恨他
任內的作為的外國政府，將視他為起訴的目標。以更接近我國的事情
為例，我們不應忘記，在美國以至一些其他國家都存在着有一定影響
力的意見，支援'愛爾蘭共和軍'推翻北愛的民主政府的運動。不難想
像，一個持這種意見的外國政府，在英國的部長級官員或例如警官的
較低級官員出現在第三國的時候，會以他曾默許發生在北愛的某一次
肉體或精神上的酷刑行為為理由，要求該第三國把他引渡到那個外國
受審。"[38]

跨國民事訴訟

"皮諾切特案"的判詞中還有一點值得留意的，便是至少一位法
官承認，外國前國家元首和其他政府官員在英國法律下享有刑事方面
的豁免權，竟然比他們在民事方面的豁免權來得狹隘。關於民事方面
的國家豁免權，英國上訴法院在 1996 年立有判例，案名是 Al Adsani v

Kuwait。[39] 案中原告人聲稱科威特政府官員曾對他施以酷刑，他根據侵權法向科威特政府提起訴訟，要求索取損害賠償。就着國家豁免權的辯護，他提出的論點是，酷刑是違反國際法中強行法的行為，所以國家豁免權不能適用。上訴法院卻裁定此論點不能成立，因為英國《國家豁免權法》中關於民事上國家豁免權的例外情況的規定（例如說豁免權並不適用於商業交易），並不包括這種情況。

雖然此案的被告人是國家而不是個人，但正如赫頓（Hutton）勳爵指出：

"法院也曾裁定，如就外國政府官員在表面上行使他們的公務職能時作出的行為提起訴訟，要求賠償，那麼即使有關官員的行為是非法的，他們仍可享有國家豁免權。因為如果國家本身就他們的行為被直接起訴和追討賠償，國家可享有豁免權；如果有關官員被判有賠償的責任的話，那麼他們的國家便要補償他們，這樣國家豁免權便受到損害。〔這是不應該發生的情況。〕"[40]

加拿大 1993 年的判例 Jaffe v Miller（No. 2）[41] 支持了這個觀點。此案件也是民事侵權訴訟，被告人是外國政府官員，被控誣告和串謀綁架，法院裁定他們可享有豁免權。但是，必須指出，這個判決的前提是，法院認為有關行為是有關官員在行使其職權的過程中作出的。赫頓法官在 "皮諾切特案" 的判詞中有這樣的一點附帶意見（obiter dictum）：如果皮氏在英國的民事訴訟中被追討賠償，他可根據 Jaffe v Miller（No. 2）案的原則享有豁免權。但是，如果正如 "皮諾切特案" 中大多數法官所表明，至少在 1988 年 12 月以後，皮氏的酷刑行為不能再以公務行為為藉口享有刑事方面的豁免權，那麼，在民事訴訟中，他的這些行為仍可被視為公務行為嗎？這個問題是懸而未決的。

　　就酷刑等侵害人權的行為的跨國性民事訴訟，在美國較為普遍，所以在結束本節之前，讓我們看看美國法下的情況。首先，就民事方面的國家豁免權，美國在 1976 年制定的《外國國家豁免權法》（Foreign Sovereign Immunities Act）作出了全面的規定。美國最高法院 1989 年的判例 Argentina v Amerada Hess[42] 清楚指出，《外國國家豁免權法》內列出的豁免的例外是詳盡和沒有任何遺漏的，對於任何沒有被明文列出為例外的情況（包括某些違反國際法的情況），國家豁免權仍將適用。在 1992 年美國第九巡迴上訴法院的 Siderman de Blake v Argentina[43] 一案，這個原則被應用至就海外的酷刑行為的民事索償。在本案中，一個阿根廷的家庭對阿根廷及它的一個省提起民事侵權訴訟，理由是阿根廷軍政府人員曾對 Siderman 施用酷刑。法院在判決中，一方面裁定酷刑確是違反國際法中強行法的嚴重罪行，另一方面卻堅持阿根廷可就此享有國家豁免權，因為《外國國家豁免權法》並沒有規定豁免權不適用於違反強行法的所有情況。

　　根據美國法律，雖然一個外國的政府在美國國內的民事訴訟中，一般毋須為其官員犯上的酷刑等違反人權罪，向原告人承擔賠償責任，但在若干情況下，這些官員個人可能須承擔賠償責任。在這方面，最重要的判例是美國第二巡迴上訴法院在 1980 年審理的"菲拉蒂加案"（Filartiga v Pena-Irala）。[44] 本案的原告人和被告人都是巴拉圭公民，兩位原告人正在美國尋求政治避難，被告人是以旅遊簽證入境的巴拉圭警官。原告人根據美國 1789 年的《外國人侵權追討法》（Alien Tort Claims Act）提起訴訟，指被告人曾在巴拉圭向他們和其家人施用酷刑，並令其家人致死。《外國人侵權追討法》授權美國聯邦法院處理外國人提出的、關於有違國際法或美國締結條約的侵權行為的民事訴訟。上訴法院裁定法院對此案享有管轄權，因為有關酷刑行為是違反國際人權法，因而也是違反國際法的。

那麼，在這類民事訴訟中，被告人是否能以有關行為是公務行為作為抗辯理由呢？在 "菲拉蒂加案" 裏，法院指出，有關酷刑行為是巴拉圭憲法所不容的，所以被告人的行為不能視為國家行為，而不受美國法院管轄。其他案例則顯示出兩個大原則。首先，如果被告人的行為確是以其官方資格作出執行職務的行為，他作為個人 —— 正如他的政府一樣 —— 可享有國家豁免權。[45] 第二，法院在判定有關行為（例如侵犯人權的行為）是否公務行為時，可考慮行為地的法律規定。[46] 例如，如果被告人是某國的官員，他被指控的、在該國作出的侵犯人權行為是違反該國本身的法律，那麼法院可以由此推斷，此行為是超越該官員的職權範圍，並因此不受國家豁免權的保護。但是，有關判例在這方面並非完全一致，也有些法院曾讓犯有濫權和非法行為的外國官員，享受國家豁免權的保護。[47] 此外，可否直接適用國際法（尤其是關於人權規範的國際習慣法）的規範，在美國法律中仍是並不明朗的。

嚴重侵犯人權行為的受害者在美國進行民事索償的權利，在 1992 年的《酷刑受害者保護法》（Torture Victim Protection Act）下得到進一步的確認。[48] 這部立法適用於外國官員的酷刑行為和司法途徑以外的殺人，對於訴訟理由和訴訟程序，這部法律都有詳細的規定。但是，這部法律沒有減損原有的《外國國家豁免權法》所設定的國家豁免權範圍，亦即是説，在《酷刑受害者保護法》通過之前國家豁免權適用的情況，在該法通過後仍然適用。[49]

有學者指出，[50] 在美國境內起訴身在美國的外國官員，就其侵犯人權行為索償，即使勝訴，真正獲得金錢賠償的可能性是不高的。但是，這種訴訟仍有一定的意義，它可以給予受害者一種心理上的補償，在精神上有治療的作用，而且可以把有關暴行的事實真相記錄在案，成為人類集體記憶的一部分，予以保存。

最後，讓我們看看美國法律下國家元首或前國家元首的豁免權。在這方面，由於美國比英國實行更明確的三權分立原則，而這種豁免權的存廢關乎美國與外國的關係，屬行政決策機關，而非司法機關的權責範圍。所以美國法在處理這些豁免權的問題時，會比英國法院更加重視行政部門的判斷，而不會自行適用國際法來裁決有關問題。[51]以下的有關判例是值得參考的。在 1994 年的"阿里斯特案"（Lafontat v Aristide），[52]被告人是被政變推翻後流亡美國的海地總統，原告人指被告人應為海地軍方殺死其丈夫的行為負責，要求賠償。由於美國國務院向法院表示被告人作為海地總統可享有豁免權，法院便把訴訟撤銷。在 1994 年的"馬可斯案"（Hilao v Marcos），[53]原告人是菲律賓在馬可斯統治下的酷刑、非法處決和失蹤的受害者家屬，他們要求從馬氏的遺產中取得賠償。美國第九巡迴上訴法院裁定馬氏被控的行為不能享有豁免權，因為這些行為不是公務行為，而是越權的行為。法院指出："馬可斯不是國家，而是國家元首，他是受到法律約束的。"[54]值得留意的是，法院在判詞中提到的一個重要因素是，當時的菲律賓政府是支持這場針對其前總統的訴訟的，並向法院表明菲律賓與美國的關係不會因此訴訟而受不利影響。[55]有些人或許會把此案理解為菲律賓政府默示放棄其前國家元首的豁免權結果。[56]

1997 年在美國第 11 巡迴上訴法院終審的"挪維亞哥案"（United States v Noriega），[57]巴拿馬軍事強人挪維亞哥被美軍綁架到美國，就其犯毒罪受審。法院拒絕給予他作為國家元首的豁免權,理由主要是美國行政機關不承認挪氏為巴拿馬國家元首。行政機關已"明顯地表示其意向,即挪氏不應享有國家元首豁免權"。[58] 此外,這個判決的其他依據是,當時的巴拿馬政府也表示願意放棄豁免權,而且挪氏的販毒活動也不被視為公務行為,而是私人的牟利行為。[59]

五、國際刑法與國際人權法的發展

如果要充分理解"皮諾切特案"的意義和影響,必須把它置於國際刑法和國際人權法的歷史發展脈絡之中。國際刑法是國際法中新興的部門,其不同部分的淵源和產生背景不一,其發展的步伐和方向並不穩定,至今仍未形成有清晰結構的體系。即使是國際刑法這個概念本身的定義,也沒有很客觀的內容,一個較流行的説法是國際刑法著名學者巴西奧尼(M. Cherif Bassiouni)提出的:國際刑法是國內刑法的國際方面和國際法的刑事方面的結合。[60] 國際罪行是國際社會通過條約、習慣或其他方式認定為應予刑事制裁的行為,[61] 這些行為被認為是違反國際社會的根本利益的。犯了國際罪行的人須承擔個人的刑事責任,這與違反一般的傳統國際法規範的情況不同,後者的責任是由國家承擔的。

國際刑法的起源可追溯至 16 世紀時,開始被國際社會認定為國際犯罪的海盜罪。到了 19 世紀,海盜罪已被清楚地確立為國際習慣法下的罪行,海盜被認為是"人類公敵"(hosti humani generis),任何文明國家的司法機關都可對他們施以刑事制裁,這便是"普遍管轄權"的先驅。現代國際刑法的奠基階段,是第二次世界大戰後,戰勝國設立國際法庭對戰犯進行的審判。1945 年,美、蘇、英、法四國簽訂了《關於控訴和懲處歐洲軸心國主要戰犯的協定》，成立歐洲軍事法庭（設於紐倫堡），就軸心國領導層成員犯下的違反和平罪（侵略罪）、戰爭罪（違反戰爭法或國際人道法的罪行）和危害人類罪（或稱違反人道罪）進行審判。1946 年，盟軍最高統帥總部在東京設立遠東國際軍事法庭，審判日本戰犯。這些戰犯審訊確立了一些重大的原則，[62] 例如，個人須承擔國際犯罪的責任而接受懲罰；被告人的行為是其上級所命令的，不構成免責辯護；被告人的行為不違反其本國的國內法，不構成免責辯護；無論被告人在政府中如何位高權重，都不能作為免除其國際犯罪的刑事責任的理由。

在 70 年代，基於與日益猖狂的跨國犯罪的鬥爭的需要，國內刑事司法的普遍管轄模式開始建立起來。普遍管轄原則最初是針對恐怖主義活動（如劫持飛機、劫持人質）和跨國販毒等行為的，後也應用至某些違反人權的罪行，上文提及的《禁止酷刑公約》便是一個範例。

國際刑事法院的成立

在"冷戰"結束後的 90 年代，國際刑事司法實踐有了新的發展。聯合國在 1993 年於海牙成立了國際刑事法庭，專門處理前南斯拉夫種族衝突中犯下的戰爭罪、滅族罪、危害人類罪、酷刑罪等，1994 年又就盧安達內戰中的同類罪行設立國際刑事法庭。更令人鼓舞的是，在 1998 年 140 多國代表參加的羅馬會議上，120 國投票贊成通過了《國際刑事法院羅馬規約》，開始籌劃成立一個對滅族罪、危害人類罪、戰爭罪和侵略罪享有管轄權的國際刑事法院。[63] 國際刑事法院在 2003 年正式成立並開始運作。

國際刑法和國際人權法是有一定程度的交叉重疊的，但也有不少不同之處。國際刑法中很多部分與國際人權保障沒有直接關係，例子包括關於劫持飛機罪、毒品罪行、環境保護、國家文物保護等的國際刑法規範。國際人權法也有很多部分與國際刑法沒有直接關係，因為國際人權法的主要內容，是關於國家的政府應該怎樣對待其人民、尊重和保障其人權的法律規範和行為準則。國際人權法的實施，主要有賴於各國自動自覺地遵守其國際人權法上的義務，向有關國際人權機關提交報告，及重視其提出的意見、批評和建議。在國際或區際司法執行方面，世界大部分地區都未能趕及《歐洲人權公約》所設立的歐洲人權法院制度的水平，而即使是歐洲人權法院，也沒有權力直接向違反人權的個人或法人施加制裁，它只能就有關國家是否有違其根據《歐洲人權公約》所承擔的保護人權的義務，作出裁決。

由此可見，國際人權法如要得到更有效的實施，便需要國際刑法助其一臂之力。國際刑法的一個重要部分，是關於若干違反人權罪的界定和懲治的。**國際刑法發展至今，以下這些侵犯人權的行為已被公認為國際罪行：種族滅絕、戰爭罪行、危害人類罪行、奴役、強迫勞役、酷刑、種族隔離、強迫失蹤等。和一般國際人權法不一樣，國際刑法中關於違反人權罪的規定是針對違反了國際法的個人，而非國家政府的，它的目的，是確保這些罪大惡極的人得以繩之於法。**

正如有學者指出：

"很多世紀以來，在施行暴政的國家，政府官員可以任意濫權而逍遙法外。雖然在過去三百年，自由主義政權的興起使某些國家的人權狀況得到總體上的改善，但是，除了非常近期的一些情況以外，它仍未能為那些繼續侵犯個人基本權利的官員的懲罰，敞開門路……歷史上的總體情況是，作出政府行為的官員，在國內法下實際上均得以豁免於起訴。這個情況既適用於那些執行史達林、希特勒……的政策的、導致數以百萬計人民受害的人，也適用於在其他國家（包括一些在其他方面遵從法治原則的國家）在較小規模上進行謀殺、使用酷刑和迫害異己的人。"[64]

在人權保障的範疇內，國際刑法的追求和使命，便是設法扭轉這個局面，使那些以國家的名義對其同胞作出最卑鄙、最野蠻、最凶殘的罪惡行為的衣冠禽獸，須在法的尊嚴下，承擔其應負的道德和法律責任，並得到其罪有應得的懲罰。從這個歷史的高度去看：

"國際人權法、人道主義法和刑法不單只是一些學術領域。它們對人類的意義，在於它們可以幫助人類面對其過去的謬誤和提防將來的暴行。"[65]

國際刑法的執行模式有兩種，一是"直接執行模式"，二是"間接執行模式"。直接執行模式是指由國際刑事法庭直接負責案件的起訴和審理，紐倫堡和東京的戰犯審判、關於前南斯拉夫和盧安達的暴行的國際刑事法庭、即將設立的國際刑事法院都是直接執行模式的典範。至於間接執行模式，便是倚靠國內刑事法院的力量，包括引渡等國際司法合作的力量，去對犯了國際罪行的人施以制裁。上文談到的"普遍管轄"原則和"或引渡或起訴"原則，以至"皮諾切特案"本身，便是這種間接執行模式漸臻成熟的表現。

六、結論

"皮諾切特案"是當代國際刑法和國際人權法的一個典型案例，它所凸顯的問題是，如果一國的統治者在其任內犯有嚴重侵犯人權的暴行，而在其卸任後其本國的法律和司法制度，未能有效保證他就這些暴行負上刑事上的責任，那麼維護人權、伸張正義的國際社會可以怎樣把他繩之於法？

"皮諾切特案" 所反映的現實是，由於國際刑事司法制度（相對於大部分主權國家國內法的刑事司法制度而言）的發展尚未達到十分成熟的水平，國際刑事法院在當時尚未成立，所以如果要對付上述的暴君的話，比較可行的辦法仍是趁他們離開本國的時候，在國外對他展開刑事司法程序，如在 "皮諾切特案" 中在西班牙等國的法院起訴皮氏及向英國（皮氏所在國）提出引渡請求。"皮諾切特案" 顯示，"普遍管轄權" 原則可為這些訴訟提供法理依據，而被告人即使曾貴為國家元首，也未必能以 "國家豁免權" 原則為抗辯理由。

"皮諾切特案" 帶出至少三個法學理論的問題，對這些問題，英國上議院法庭的法官並沒有完全一致的意見，在國際法學界中也無定論。第一，針對嚴重侵犯人權的行為的普遍管轄權，是否必須由國際條約或國內立法賦予？還是像米勒勳爵所說的，有關的普遍管轄權早已存在於國際習慣法之中？第二，就國際罪行（至少是最嚴重的、違反國際法中的強行法的國際罪行）來說，前國家元首或官員能否享有 "以事為基礎" 的（即適用於其公務行為的）豁免權？在甚麼情況下，嚴重侵犯人權的行為仍可視為公務行為？第三，就前國家元首和官員來說，其刑事方面的豁免權與其民事方面的豁免權的關係究竟如何？是否有可能出現這種情況，雖然某前國家元首就其任內的嚴重侵犯人權的行為，在國外的刑事訴訟中不享有豁免權，但仍能在民事訴訟中受惠於國家豁免權原則？這些問題將來如何解決，將決定 "皮諾切特案"

所展示的國際刑法的"間接執行模式"，或上文所謂"跨國性法律訴訟的普遍性體系"在對統治者的暴行進行國際刑事追究的未來可行性。

　　雖然本文是從法學的觀點出發的，但是，在結尾的時候，讓我們感受到，"皮諾切特案"所訴說的是人間的一個悲情故事。它包涵了無數慘受酷刑對待的無辜人民及其家屬的血和淚，也反映了不少在世界各地活躍的、關注人權的非政府組織對真理和正義的執著追求。它不單是一些個人的故事，也是一個國家民族的故事，更是標誌着 20 世紀末人類文明的發展水平的一個動人故事。那麼，故事的教訓和啟示何在？就讓我借用尊敬的巴西奧尼教授的話來回應：

　　"文明所應獲得的評價，不是決定於它們在科技上的成就，也不是決定於國家的富強程度，而是決定於它們所體現的人道主義素質，以至它們對於法治的尊重。這便是人類面對的全球性挑戰。在這方面，法學家們更是任重道遠，因為法律的建構、制定和執行是我們的工作。我們在履行我們的任務時，國際刑法是一種重要的工具。如果新的世界秩序將會出現的話，那麼，正義必須是它的重要元素之一。"[66]

註釋

1　邱稔壤："皮諾契時代智利之人權爭議及其發展",《問題與研究》（台灣），第 38 卷第 4 期（1999 月），頁 31、50。

2　Ruth Wedgwood, "40th Anniversary Perspective: International Criminal Law and Augusto Pinochet" (2000) *40 Virginia Journal of International Law 82*9 at *830*.

3　International Commission of Jurists, *Crimes Against Humanity: Pinochet Faces Justice* (Chatelaine: International Commission of Jurists, 1999) at p19.

4　邱稔壤，同註 1，頁 50。

5　判詞見於 *R v Bow Street Metropolitan Stipendiary Magistrate and others, ex parte Pinochet Ugarte* [1998] 4 All England Law Reports 897-947。關於本案的評析，見周忠海主編：《皮諾切特案析》,（北京：中國政法大學出版社，1999 年）；陳致中：〈皮諾切特引渡案〉,《中山大學法律評論》，1999 年第一卷，頁 266-278；張輝：〈對 '皮諾切特' 案的若干國際法思考〉,《法學雜誌》，1999 年第 3 期，頁 21-23。

6　判詞見於 *R v Bow Street Metropolitan Stipendiary Magistrate and others, ex parte Pinochet Ugarte (No. 2)* [1999] 1 All England Law Reports 577-599。

7　判詞見於 *R v Bow Street Metropolitan Stipendiary Magistrate and others, ex parte Pinochet Ugarte (No. 3)* [1999] 2 All England Law Reports 97-192。

8　Christine M. Chinkin, "International Decision: United Kingdom House of Lords (Spanish request for extradition)" (1999) *93 American Journal of International Law 703*。

9　International Commission of Jurists，同註 3，頁 24。

10　Julia K. Boyle, "The International Obligation to Prosecute Human Rights Violators: Spain's Jurisdiction over Argentine Dirty War Participants" (1998) *22 Hastings International and Comparative Law Review 187*.

11　International Commission of Jurists，同註 3，頁 24；
William J. Aceves, "Liberalism and International Legal Scholarship: The Pinochet Case and the Move Toward a Universal System of Transnational Law Litigation" (2000) *41 Harvard International Law Journal 129 at 162*.

12　Aceves，同註 11，頁 162 以下。

13　International Commission of Jurists，同註 3，頁 115 以下。

14　Michael P. Davis, "Accountability and World Leadership: Impugning Sovereign Immunity" (1999) *University of Illinois Law Review 1357 at 1374*。

15　Aceves，同註 11，頁 164。

16　[1998] 4 All ER 897 at 922.

17　International Commission of Jurists，同註 3，頁 95；
Amnesty International, *United Kingdom: The Pinochet Case ― Universal Jurisdiction and the Absence of Immunity for Crimes Against Humanity* (AI Index: EUR 45/01/99, January 1999)。

18　Amnesty International，同註 17。

19　第 2 條的英文原文如下：

(1)　In this Act, except in Schedule 1, "extradition crime" means — (a) conduct in the territory of a foreign state, a designated Commonwealth country or a colony which, if it occurred in the United Kingdom, would constitute an offence punishable with imprisonment for a term of 12 months, or any greater punishment, and which, however described in the law of the foreign state, Commonwealth country or colony, is so punishable under that law; (b) an extra-territorial offence against the law of a foreign state, designated Commonwealth country or colony which is punishable under that law with imprisonment for a term of 12 months, or any greater punishment, and which satisfies — (i) the condition specified in subsection (2) below; or (ii) all the conditions specified in subsection (3) below.

(2)　The condition mentioned in subsection (1)(b)(i) above is that in corresponding circumstances equivalent conduct would constitute an extra-territorial offence against the law of the United Kingdom punishable with imprisonment for a term of 12 months, or any greater punishment.

(3)　The conditions mentioned in subsection (1)(b)(ii) above are — (a) that the foreign state, Commonwealth country or colony bases its jurisdiction on the nationality of the offender; (b) that the conduct constituting the offence occurred outside the United Kingdom; and (c) that, if it occurred in the United Kingdom, it would constitute an offence under the law of the United Kingdom punishable with imprisonment for a term of 12 months, or any greater punishment.

20　[1999] 2 All ER 97 at 177.

21　第 20(1) 條的英文原文：Subject to the provisions of this section and to any necessary modifications, the Diplomatic Privileges Act 1964 shall apply to — (a) a sovereign or other head of State; (b) members of his family forming part of his household; and (c) his private servants, as it applies to the head of a diplomatic mission, to members of his family forming part of his household and to his private servants...

22　第 39(2) 條的英文原文：When the functions of a person enjoying privileges and immunities have come to an end, such privileges and immunities shall normally cease at the moment when he leaves the country, or on expiry of a reasonable period in which to do so, but shall subsist until that time, even in case of armed conflict. However, with respect to acts performed by such a person in the exercise of his functions as a member of the mission, immunity shall continue to subsist...

23　同註 6。

24　[1999] 2 All ER 97 at 111.

25　"普遍管轄"是法院刑事管轄權的四種依據之一，其他的管轄權依據是"屬地管轄"原則、"屬人管轄"原則和"保護管轄"原則。根據"普遍管轄"原則，在某些國際犯罪的情況下，

甲國的法院可對乙國公民在乙國或丙國，對乙國或丙國公民的犯罪行使刑事管轄權。至於
“或引渡或起訴”，則是在有關條約規定的情況下，締約國須承擔的國際法義務。“普遍管
轄”和“或引渡或起訴”是兩者不同，但在某些情況下關係密切的概念。例如《禁止酷刑公
約》規定締約國就有關酷刑行為享有普遍管轄權，締約國並就這些罪行承擔“或引渡或起
訴”的義務。在這情況下，普遍管轄權可能構成“或引渡或起訴”的先決條件：除非甲國對
乙國公民在甲國以外對丙國或丙國公民的酷刑行為享有普遍管轄權，否則涉嫌在甲國以外對
非甲國公民犯酷刑罪的乙國公民，便不能在甲國法院被起訴和審訊。但是，如果涉嫌犯酷刑
罪的是甲國本身的公民，則“或引渡或起訴”原則的應用便與普遍管轄權無關，因為甲國可
根據屬人管轄原則對他進行起訴和審訊。

26　曹建明等主編：《國際公法學》，（北京：法律出版社，1998 年），頁 614-615。

27　張智輝：《中國刑法通論》，（北京：中國政法大學出版社，1993 年），頁 75。

28　[1999] 2 All ER 97 at 179.

29　(1992) 965 F 2d 699.

30　[1999] 2 All ER 97 at 189-190.

31　Amnesty International，同註 17，頁 16-18；Wedgwood，同註 2，頁 837 。

32　(1961) 36 ILR 5.

33　趙永琛：《國際刑法與司法協助》，（北京：法律出版社，1994 年，頁 148；張智輝，同註
　　27，頁 87；Amnesty International，同註 17，頁 15。

34　Chinkin，同註 8，頁 711。

35　Aceves，同註 11，頁 134。

36　趙永琛，同註 33，頁 149。

37　趙永琛，同註 33，頁 150。

38　[1999] 2 All ER 97 at 128.

39　(1996) 107 ILR 536.

40　[1999] 2 All ER 97 at 157.

41　(1993) 95 ILR 446.

42　(1989) 109 SCt 683.

43　(1992) 965 F 2d 699.

44　(1980) 630 F 2d 876；林欣：“論酷刑案件與美國國際人權司法”，《外國法譯評》，1994 年
　　第 1 期，頁 77-80。

45　Curtis A. Bradley and Jack L. Goldsmith, "Pinochet and International Human Rights Litiga-
　　tion" (1999) *97 Michigan Law Review 2129 at 2150-2151*.

46　Curtis A. Bradley and Jack L. Goldsmith，同註 45，頁 2155-2156。

47　Curtis A. Bradley and Jack L. Goldsmith，同註 45，頁 2155(尤其是該頁的註 131)。

48　Curtis A. Bradley and Jack L. Goldsmith，同註 45，頁 2156、2180-2181；
　　Ved P. Nanda, "Human Rights and Sovereign and Individual Immunities (Sovereign Immu-
　　nity, Act of State, Head of State Immunity and Diplomatic Immunity): Some Reflections"

(1999) *5 ILSA Journal of International and Comparative Law 467 at 471-472.*

49 但國家豁免權後來受到 1996 年的《反恐怖主義及有效死刑法》（Anti-Terrorism and Effective Death Penalty Act）的限制：見 Nanda，同註 48，頁 472。

50 Aceves，同註 11，頁 145。

51 Bradley and Goldsmith，同註 45，頁 2148。

52 (1994) 844 F Supp 128；Nanda，同註 48，頁 475-476。

53 (1994) 25 F 3d 1467;(1995) 115 SCt 934.

54 (1994) 25 F 3d 1467 at 1471。

55 同註 54，頁 1472。

56 [1998] 4 All ER 897 at 927.

57 (1990) 746 F Supp 1506 (S D Fla);(1997) 117 F 3d 1206 (11th Cir).

58 (1997) 117 F 3d 1206 at 1212.

59 Davis，同註 14，頁 1376；Nanda，同註 48，頁 476。

60 M.C. Bassiouni (ed.), *International Criminal Law, Vol. 1* (Ardsley, NY: Transnational Publishers, 2nd ed. 1999) chap. 1；

趙永琛，同註 33，頁 3；

曹建明等，同註 26，頁 562。

61 Steven R. Ratner and Jason S. Abrams, *Accountability for Human Rights Atrocities in International Law: Beyond the Nuremberg Legacy* (Oxford: Clarendon Press, 1997) at p8.

62 趙永琛，同註 33，頁 97。

63 高燕平：《國際刑事法院》，（北京：世界知識出版社，1999 年）；

王秀梅：《國際刑事法院研究》，（北京：中國人民大學出版社，2002 年）。到了 2002 年 4 月 11 日，已有 60 個國家批准加入《國際刑事法院羅馬規約》，因此，根據《規約》的規定，《規約》於 2002 年 7 月 1 日正式生效。到了 2012 年 7 月，已經加入及批准《規約》、成為《規約》的締約國國家共有 121 個。

64 Ratner et al.，同註 61，頁 3-4。

65 同註 61，頁 xxxiii。

66 Bassiouni，同註 56，頁 x。

第四章　法治的實踐

當代西方法律解釋學初探

一、導言

　　法律解釋活動是法官和律師的日常法律實踐工作中的重要環節，律師和法官必須掌握和熟習法律解釋的方法和技巧。代表當事人進行訴訟的律師在法庭進行辯論時，會就有關法律規範的解釋問題，提出論據。法官在作出判決、書寫判詞時，也須決定和說明有關法律應如何解釋、如何應用到案件上。適用法律和解釋法律這兩種活動或過程是關係密切、不可分割的，甚至可理解為同一件事情。

　　法律解釋活動在法律實踐中的重要地位，使它成為法理學（法哲學）所關注的一個課題。法理學家們希望了解法律的適用和解釋究竟是怎麼一回事。有些法理學家更嘗試進一步建立一些法律解釋原則，為司法實踐工作提供指引。法律解釋問題與法理學的某些其他重大課題也是息息相關的，如法律的性質問題、法院的職能問題、正義問題（甚麼是正義、如何達致正義），所以在建構宏觀、全面的法理學體系時，必不能忽視法律如何在個別具體案件中，適用和解釋這個微觀層次的問題。

　　在當代中國的司法實踐和法理學中，法律解釋學還是一門幼嫩的學科，前面成長之路將會是很長的。在這方面，學習、借鑒和吸收西方法律解釋的理論和實踐，是中國法治事業中的一項必需的工作。本文的目的便是就當代西方法律解釋的理論和實踐，作初步的探討。文章首先介紹在應用的、實用層次的法律解釋學（文章的第二部），然後進入較理論層次的法律解釋學（第三部）。最後，文章還討論到法律解釋學在人文社會科學世界中的位置（第四部）和西方法律解釋學對當代中國法制建設的意義（第五部）。

本文所依賴的材料都是英語的，所以偏重於英語普通法系世界中的法律解釋理論和實踐（包括已翻譯成英語，並在英語世界有重大影響的學說）。至於歐陸法系中的有關情況，便有待其他研究者的努力了。

二、應用層次的法律解釋學

本文所謂"應用層次"的法律解釋學，乃建基於法院（英美法系的法院）在其判詞中就法律解釋的一般原則和方法的討論，而非學術界中法理學家所創建的理論。在英國來說，一般關於"英國法律制度"或"法學方法"的教科書都有專章討論這種應用層次的法律解釋學，反而法理學（法哲學）的教科書則不一定有針對法律解釋這個課題的專章。

普通法系中的法官在判詞中討論法律解釋問題時，常常交替地應用三種方法，即在有些案件中使用其中一種方法，在另一些案件中卻使用另一種方法。我們不容易預測法院在某宗案件中會採用哪種方法，雖然在某個普通法系國家的某個歷史階段，可以一般地說哪種方法較佔上風。這三種方法[1]是：文理解釋（Literal Rule）、"黃金規則"（Golden Rule）、論理解釋（Mischief Rule）。

（一）文理解釋

文理解釋即按成文法條文的字面意義解釋，以取其最自然、明顯、正常和常用的意義，而毋須顧及應用這個意義所產生的結果是否公平或合理。這種解釋方法背後的理論依據是三權分立理論，即**法律是至上的，由立法機關制定，司法機關（法院）的職責是忠實地執行立法機關所制定的法律，在具體案件中實現立法機關的意願**。要明白甚麼是立法機關的意願，沒有其他方法，唯一的方法便是拿着立法機關所通過的條文本身，作為立法機關意願的唯一證據，看看立法機關透過條文表示了甚麼意思。

按照文理解釋原則，如果法律條文字面意義的應用，在個別案件中導致不合理的結果，法院毋須承擔責任，這是立法機關的責任，解決方法是由立法機關修改法律，避免以後出現同樣問題。但在法律修改之前，法院仍有義務予以貫徹執行，即使它已被發現是有漏洞的、在某些情況下導致不公義的。**法院沒有義務，也沒有權力去填補法律中的漏洞，法院不能越俎代庖，把自己放在立法機關的位置**。推想"如果立法機關面對現在這個案件的情況，它會願意有何種結果出現"，這樣做便等於是法院篡奪了立法機關在憲政架構中的職能。

文理解釋原則自從 19 世紀以來在英倫法院中長期佔主導地位，成為英倫法律文化的特色之一。雖然如此，英倫法制也孕育了以下兩種對文理解釋持批判態度的法律解釋方法。

（二）"黃金規則"

"黃金規則"可理解為對文理解釋原則的修正。根據黃金規則，一般來說，法律條文應按其字面的、文字的最慣用的意義來解釋；但這不應是一成不變的，因為有一種例外情況，就是字面意義的應用會在某宗案件中產生極為不合理的、令人難以接受和信服的結果，我們也不能想像這個結果的出現，會是立法機關訂立這法律條文時的初衷。

在這種情況下，法院應採用變通的解釋，毋須死板地依從字面上的意義，藉以避免這種與公義不符的結果。

黃金規則局限了文理解釋原則的適用範圍，可算是一種中庸之道。但是黃金規則也有其本身的缺點。例如在案件中甚麼樣的結果的不合理或不公正性的程度才算是足夠地高，足以排除文理解釋的適用，這是一個見仁見智的問題，不容易找到客觀標準。此外，在排除了文理解釋的情況，究竟應採用甚麼準則來給予有關法律條文非文理解釋的解釋，黃金規則並沒有提供指引。

（三）論理解釋

在英倫法律傳統中，論理解釋的原則源於 1584 年的黑頓案（Heydon's Case），原稱為"弊端規則"（Mischief Rule）。根據"弊端規則"，法院在解釋某成文法條文時，應先了解此條文制定之前的有關法律概況及其弊端，從而明白這一條文是針對何種弊端而設、為解決甚麼問題而訂，然後在解釋這條文時，儘量對付有關弊端和解決有關問題。

"弊端規則"的現代版本是論理解釋或目的論解釋方法（Purposive Approach），即在解釋成文法條文時，必須首先了解立法機關在制定此成文法時所希望達到的目的，然後以這個或這些目的為指導性原則，去解釋法律條文的涵義，儘量使有關目的得以實現。在這過程中，不必拘泥於條文的字面意義，而條文如果有缺陷或漏洞，法院甚至可以通過解釋來予以修正或填補，從而使立法機關立法時的意願，能夠更充分地得到實施。

相對於其他兩種法律解釋方法，論理解釋方法賦予法院在實際工作層次上較大的自由裁量空間，因為不同法官對某項立法背後的目的或意念，可以有不同的理解。在了解立法目的時，法院可考慮比法律條文本身更廣泛範圍的因素，包括政治、經濟、社會、公共政策、公共利益等因素，以致不同的解釋和判決將對社會構成的影響。

論理解釋在 20 世紀的美國法制中比較盛行，雖然另外兩種解釋方法在美國法律文化中也有一定影響力。在英國方面，它加入歐洲共同體後，英國法院也比從前更願意考慮論理解釋的觀點，尤其是在解釋實施與歐共體有關條約的成文法方面。傳統上，論理解釋在歐陸法系中的影響較英倫法制為大，這是由於兩個法律傳統中法律起草的風格有所不同。相對來說，歐陸法系的法律較為 "粗枝大葉"，以大原則為主；英倫法制中的成文法較多細微的規定，不少基本概念和原則均不是來自成文法，而是由普通法判例的累積而逐漸發展出來的。

（四）其他法律解釋規則

以上三方面是總體性的、關乎終極取向的法律解釋方法的分類，但英美法系中其實還有數量龐大的其他成文法解釋準則，在厚厚的、為執業律師而編撰的專書裏，我們可以翻查到這些規則。[2] 以下我們隨便抽選幾個例子來討論。

（1）字義與語境：在解釋成文法規中的一個字或詞時，需要留意它的語境（如它周圍的字），以至整套法規。

（2）類別中明文提及者：如法規中明文提及某類東西中的一些部分，可解釋為它無意包括同一類別中並未被提及者，如某古老的英國法規適用於 "土地、房屋……及煤礦"，沒有提及除煤礦外的其他礦場，則雖然 "土地" 一詞可廣義解釋為包括各種礦場，法院仍判定這法規不適用於煤礦以外的其他礦場。

（3）個別事項與一般性用語：如條文提及一系列事項，後面是較一般性的詞語，則法院將解釋這些一般性詞語為意指與前面的事項同類者。例如英國 1677 年的某法規規定"商人、技工、工廠工人、搬運工人或任何其他人"不得在星期天工作，法院便解釋"任何其他人"為從事類似上述工作的其他人，因而不包括農人或理髮師。

（4）英國法院在解釋成文法時往往使用一些關於立法機關意向的"推定"，都是這樣的形式：法院推定立法機關無意造成某種結果，除非立法機關在立法中非常清晰、明確地表明它的確願意達致這種結果。這些結果都是與法院所肯定的某些道德或正義的價值有衝突的，所以法院在解釋法律時，會儘量避免這些結果的發生。但法院在這方面所能作出的努力是有限的，因為基於英國議會"立法至上"原則，如果英國國會在立法中非常明確地訂立了一項法院認為是極不公平、極不合理的條文，法院便沒有其他選擇，而必須忠實地執行這項條文。所以法院運用上述推定去維護一些它所信奉的道德或正義價值的活動空間是有限的，只限於立法機關所用的立法語言存在含糊、不明朗、不確定的情況。

以上是這些推定的一些例子，法院會推定立法機關無意設定毋須證明犯罪意向便能入罪的刑事罪行，無意減損個人的人身自由，無意在不給予賠償的情況下徵用私有財產，無意訂立有溯及力的法規，除非立法機關在立法中十分清楚地表明它的確有意作以上的事。

（五）判例法的解釋

在結束本部分之前需要指出的是，這裏討論的應用層次的法律解釋學只限於成文法的解釋。但在普通法系國家，法律的淵源還包括由法院判例累積產生的、獨立於成文法體系的普通法判例法（包括狹義的"普通法"和衡平法），普通法中規範的適用也涉及解釋問題。這方面的解釋問題與成文法的解釋有根本的差異，因為任何一項普通法規範的內容（不像成文法規範）都沒有經過有立法權威性的語言文字固定下來，只能從法院過去判案時發表的判詞中尋求。只有在研究判例的具體案情、法院判詞的整體內容（尤其是判詞中所反映的分析和推理過程）和法院的最終裁決的基礎上，這件判例的"判決依據"（Ratio decidendi）才能被發掘出來。所以判例法的法律解釋方法和技巧，即是這樣從判例中發掘出來，作為法源和構成法律規範的"判決依據"的方法和技巧。

　　本文不準備探討這方面的法律解釋問題，但需要指出的是，普通法法學界一般同意普通法判例法的解釋方法，乃是一門藝術而非十分嚴謹的、邏輯化的科學，就如同一個判例，可以對其判決依據作廣義、狹義等不同內容的解釋，而在考慮怎樣把一個判例引用到一宗現有案件時，法院也可以通過區分（Distinguishing）、推翻（Overruling）、類比或直接適用等不同方法，作出靈活的處理。在這方面，法律解釋的難度和空間，比成文法的情況可說是有過之而無不及。

三、理論層次的法律解釋學

　　本文所指的理論層次的法律解釋學，是法理學家對法律解釋作為一種法制中的現象或活動的探討。西方法理學界有互相辯論的學派，各自形成不同的法理學思想體系，對於最基本的問題（例如"法律是甚麼"）都有不同的見解，相映成趣。對於法律解釋問題，這些不同學派也從不同角度貢獻其睿見，都是有價值和值得我們參考的。以下介紹的是較有影響力和洞察力的幾個學派中，一些有代表性的學者理論。這些學派和學者分別是：

（a）實證主義法學的哈特（H.L.A.Hart）和麥考密克（Neil MacCormick）；

（b）提倡法理的"整合性"和"建設性解釋"的德沃金（Ronald M.Dworkin）；

（c）把"溝通行為理論"和"對話理論"應用於法學的哈貝馬斯（Jürgen Habermas）；

（d）融合了美國現實主義法學、後現代語言哲學和實用主義哲學的波斯納（Richard A.Posner）和費希（Stanley Fish）。

（一）哈特和麥考密克的實證主義法學的法律解釋學

哈特是 20 世紀英語世界中法理學的泰斗，他在 1961 年出版的《法律的概念》一書，膾炙人口。[3] 他把法律理解為由規則組成的體系，並分析了不同層次和性質的規則，認為一個國家的法律體系的終極基礎，是一道得到國家官員接受和認同的、用以判別甚麼是法律的"承認規則"（Rule of Recognition）。他力證實證主義法學的基本命題，即法律和道德是可以明確地區分的，兩者不應混為一談。

哈特的法理學中與法律解釋問題最相關的是，他提出法律的開放性特質（Open Texture of Law，或譯作"法的空缺結構"）的論述，企圖在"形式主義"法學和"規則懷疑主義"之間，開出一條中庸之道。

根據哈特形容為"形式主義"的觀點，法律是一個包羅萬有、完整無缺的規則體系，每項規則便是一個一般性的命題，只需運用邏輯上的演繹法，把它適用至個別具體案件之中，便能得出正確的判決。

法院的職責，便是找出有關的法律規則，予以宣示，並機械性地應用於案件。由於法律體系是完備的，所以就每件案件來說，法院都能找到一個唯一的正確解決方法。法院毋須行使甚麼裁量權，法院的司法功能不包括創立新的法律規範，這屬於立法功能，應留給立法機關來行使。英國法律傳統中有所謂"普通法的宣告論"（Declaratory Theory of The Common Law），認為法院的功能限於尋求、宣告和適用早已存在的法律，沒有和不應有創立規範的功能，其實是建基於這種"形式主義"的。

至於哈特形容為"規則懷疑主義"的觀點，剛好是"形式主義"的相反面。它認為法院在作出司法裁決的過程中，其實並未真正受到所謂法律規則的制約。法官有高度的自由裁量權，可以隨心所欲地進行判決。法律規則只是達到法官所喜歡的判決的藉口和可供其利用與擺佈的手段，並不對法官達致判決結果的思考過程發揮規範作用，因為法律規則具有高度的不確定性，法官可以隨意解釋有關規則、製造例外情況或在適用規則時作出變通，從而得到他希望作出的結論。在 20 世紀 20 ～ 40 年代流行於美國的"現實主義法學"（Legal Realism），便是這種"規則懷疑主義"的典型例子。

哈特認為，"形式主義"和"規則懷疑主義"都是過於偏激的、以偏蓋全的看法，因而都是不可取的。他指出，一方面，語言文字和以語言文字表達的法律規則有一定程度的意義的可確定性：每一個字、詞語和命題在一定範圍（即"核心範圍"）內有明確的、無可置疑的涵義，其適用於某些案件的結果，也是顯而易見的、具有高度確定性和可預測性的。另一方面，語言和規則也有"開放性"的特質，因為語言不是絕對精確周密的示意工具，加上立法者在起草法規時，沒有可能預見到所有將來可能出現的情況，所以在某些範圍（即"邊緣地帶"，相對於"核心地帶"而言）內，語言和規則的適用具有不確定性。在這個範圍內，法官在決定作出怎樣的判決時，的確享有裁量權（Discretion）和能夠創建新的規範（實際上是"造法"的功能）。在這些案件中，並不存在一個由現有法律所決定的絕對正確的答案，法官需要在多種可能的解釋和可供採用的推理途徑中作出抉擇。在這個過程中，道德價值判斷、公共政策的考慮、不同利益的權衡、不同判決對社會的影響等因素，都會左右法官的最終判斷。

由於法律的開放性特質，形式主義對司法判決過程的理解是有所偏差的，形式主義所構想的司法判決模式並不適用於上述"邊緣地帶"的情況。反過來說，規則懷疑主義只適用於這些情況，它忽視了"核心地帶"的情況。哈特認為，法律規則在大多數情況下是可以順利地、客觀地應用的，而"法律的生命在很大程度上存在於確定的規則，對官員和私人的指導"。[4]哈特對於形式主義和規則懷疑主義的批判是有力的，但對於在"邊緣地帶"的案件，法院應如何處理，哈特卻未有深入的分析。在這方面，蘇格蘭法理學家麥考密克在哈特的實證主義法學的基礎上，進一步發展了關於司法判決的思維理論。[5]在哲學立場上，麥氏是主張理想規則的功利主義（Ideal Rule Utilitarianism）和結果論（Consequentialism）的。他認為在很多情況下，司法判決只需採用演繹推理，問題便可迎刃而解。但在某些情況下，例如沒有明顯的適用規範，或規範的內容可容納不同解釋，法院便有選擇如何判決的空間。麥氏認為在此情況下法院可以和應該考慮不同可能判決的後果，衡量不同後果的相對利弊。但這種功利主義的考慮必須局限於同屬某一個範圍之內的判決選擇，即任何被選擇方案都要：

（1）符合形式公義的要求（即可普遍化為具有一般適用性的規範）

（2）不會與法制中其他規則發生直接矛盾

（3）在目標、價值等取向上與法制中其他規則相容

（4）能夠以現存的法律原則（Principle）或通過與現有的法律規則（Rule）的類比予以證成和建立

　　以上的考慮方法只適用於現行法律中並沒有提供明確答案的疑難案件，但對於成文法有明確的適用條文案件，麥氏的主張是保守的。他贊成文理解釋，認為按照文字的慣常意義來解釋，最能實現立法者的意志，並有利於法治的客觀性，避免法院捲入政治性的爭議。

（二）德沃金的建設性解釋和整合法學

　　德沃金（1931-2013）是繼哈特之後，在英美法學界最負盛名的法理學大師，他從多方面批判哈特的實證主義法學，並建立起一個新的法理思想體系，稱為"整合法學"（Law as integrity，或譯為"作為整體的法律"或"法律的整體性"），提倡詮釋性（或譯作闡釋性）而非語言分析性的法理學，主張對法制中的事物、行為、制度和實踐的"建設性解釋"（Constructive Interpretation）。[6] 德沃金關注的一個中心課題是，如果正如哈特所說，法院在處理法律並無提供明顯答案的疑難案件時，享有高度的自由裁量權，法官可在不同處理方法、不同解釋之間作出取捨，並實際上有造法的功能。那麼，法院其實便是超越了憲制所賦予法院的司法職能，一定程度上篡奪了本應由民選議會掌握和行使的立法權。此外，如果有關法律規範真是由法院在這件疑難案件中創造產生的話，這便意味着這些法律規範享有溯及力（即適用至這次判決之前已發生的事情），有違基本的公義精神。再者，這種疑難案

件的處理模式也不符合律師和法官的經驗，和他們討論法律疑難問題時背後的前提，即假定就這問題來說，存在着客觀的、唯一的正確答案，這個答案在問題被提出之前，已經存在於法律之中，而在解答問題時，法院只是對一些原已存在的權利和義務予以確認和執行，而不是在設定新的權利和義務。

基於上述考慮，德氏認為哈氏對於法律和司法判決的理解是有所偏差的。哈氏認為法律是由規則組成的體系；德氏卻指出，法律體系中不單有規則，更有"原理"（Principles，或譯作原則）和"政策"（Policies）。哈氏認為在疑難案件中，法官有相當廣闊的自由選擇空間，法律不能提供一個唯一的正確答案；德氏卻指出，如果法官能夠掌握法律的原理，採用"建設性解釋"的方法，追求"整合法學"的理想，他便能找到正確的答案：這是他在法律上和道義上的義務，這義務是對他的裁量權的有力約束。

個人權利高於社會目標

甚麼是"原理"和"政策"呢？德氏所談的原理乃源於政治社會生活的道德向度，反映正義和公平的標準，更是關乎個人和團體的權利。政策則涉及社會性、集體性的目標，如關於如何促進經濟發展和社會進步，或維持政制的穩定。德氏認為個人權利是優先於集體化的社會目標，所以在判案時，法院的首要任務是保護權利，尤其要保證權利不受到國家權力的侵害。德氏第一本著作的書名便是《認真地看待權利》（*Take Rights Seriously*）。

對於德氏來說，**個人最根本的權利是獲得平等的關懷和尊重（Equal concern and respect），即國家和其政府應尊重每個人的尊嚴，視每**

個人為社會共同體的真正成員份子，並承認每個成員份子在政治、法律上是平等的，有權得到同等的關懷和尊重。這種獲得平等的關懷和尊重的權利，是民主政治的基石。

權利的優先性意味着原理相對於政策的優先性。德氏認為，在處理純粹普通法（即不涉及成文法）的案件時，法院應着意於原理和規則，確認和執行當事人應有的權利，不應進行政策性的、後果論的、集體性社會目標的權衡輕重，這項工作應留給立法機關去做。換句話說，**法院無權以集體性社會利益的理由來剝奪個人或團體的權利，但立法機關卻有權在一定範圍內（尤其是憲法所容許的範圍內）這樣做。**我們可以留意到，德氏這種以權利為中心的法理學，與上述麥考密克的實證主義和結果論的法理學是大異其趣的。

德氏所謂的原理是從哪裏來的？德氏不是自然法學者，不相信法學或正義的原理存在於宇宙和真理的結構之中。他所相信的原理乃是蘊藏於、隱含於、內在於一個社會共同體（主要是指各西方自由主義民主憲政國家）的歷史文化傳統、道德信念、政治制度和法制實踐之中。法學、法理學和法律實踐的一個主要任務，便是把這些原理發掘出來，予以闡明，發揚光大，從而繼往開來。德氏認為，西方自由民主社會的政治法律史是一個故事、一道史詩，有其主旨或主題（相當於他所謂的原理），法院的職責便是在掌握這個故事的精神基礎繼續訴說這個故事，繼續編織它的情節，使它更動人、更臻完美、更像出自同一位偉大作家之筆。

德氏所主張的建設性解釋，其層次不同於"文理解釋"、"論理解釋"等成文法條文的解釋方法，建設性解釋的目的是建構一套理論，一套能為現有的政治、法律制度和實踐的整體及它的過去和未來提供最佳的說明、證成和依據的理論。這個理論有指導性的作用，可以用來為疑難案件找到正確的答案。從另一個角度看，當法院適用建設性解釋的方法來判決一件案件時，它便是在嘗試使這個判決與法制的整體及其歷史發展，取得最佳的協調，找到共通的理論解釋的依據，從而使法制的內在整合性更為完美。

所以，建設性解釋所嘗試解釋的是，法院在案件中接觸到的各種社會活動、現象、做法和實踐背後的合理法理和道德依據，它所邁向的理想是法的整合性或整全性（Integrity）。德氏認為，法的整合性是一個政治共同體的核心美德，它體現了關於公平（Fairness，指公平的、用以決定社會分配的架構）的原理、關於正義（Justice，指正義的社會分配結果）的原理和關於程序公正性（Procedural due process）的原理，三者之間恰當比例的結合。

德氏認為他這套理論能說明為甚麼國家的強制力是有正當性（Legitimacy）的、為甚麼公民有遵守法律的道德義務。這套理論所描述的是一個以原理為基礎的社會共同體，其成員在一個關於公平、正義和程序公正性的共同理想中，形成政治上的結合，每個人都平等地受到共同體的公權力的關懷和尊重，所以這個公權力是有道義上的正當性、合法性和被認受性的。

（三）哈貝馬斯的對話理論和權利體系

哈貝馬斯是當代哲學和社會學大師，近年來轉向於政治和法律理論的研究。他在 1981 年出版了《溝通行為的理論》（或譯作《交往行為的理論》）一書，1992 年又出版了《在事實和規範之間》一書，相信這足以使他名垂青史。[7] 哈貝馬斯的抱負是宏大的，他企圖重建近代思想史上啟蒙運動所提出的理性觀念，在飽受思想文化的多元主義和相對主義衝擊的後現代世界，重新確立人類對理性，還有通過理性而認識的普遍真理和道德價值標準的信心。他嘗試把普遍理性植根於人與人之間的語言溝通交往行為之中，尤其是關注對話（Discourse，或譯作商談）的理論，即真正能尋求真理或達致共識的理性對話活動的先決條件、前提和基本假定。

在哈氏的政治哲學和法哲學中，他特別關注法律（包括立法和司法）的正當性（Legitimacy）或被理性接受性（Rational acceptability）的問題，包括法的確定性（穩定性）與它的正當性之間的張力。他認為德沃金的建設性解釋和法的整合性的理論，正是面對這種張力的理論設計、理想性的規範和要求。

自由主義與共和主義並存

哈氏認為，在自然法和啟示性的宗教不再被普遍接受的"後形而上學"時代，能夠證成法的正當性和有效性的唯一基礎，便是理性的、符合對話理論要求的民主立法程序。這個程序必須是法制化的。哈氏有關政治和法哲學的巨著《在事實和規範之間》的主要論點，便是民主（包括主權在民）和法制（包括法治、憲政和人權）之間存在着內在的、必然的聯繫而不只是歷史偶然性的關係。在論證民主和法制的關係的同時，哈氏指出現代西方兩大政治傳統——**自由主義（重視個人、追求自己的目標和快樂的自由權利，即"私人自主"，Private Autonomy）和共和主義（強調人作為公民參與政治共同體的生活，即"公共自主"，Public Autonomy）——不但並不矛盾，而且是相互依存的。因為只有在政治參與和公共討論對話中，各種權利的內容才得**

以彰顯；而只有依靠和通過法制所提供的權利保障（如言論、出版、結社、集會自由），公民才能真正有效地參與政治，實現公共自主的思想。所以，民主和法制、公共自主和私人自主都在同一基礎上達致統一，這基礎便是人類的語言溝通交往行為，構成的公共討論和對話。

哈氏提出的一個主要命題是，法律所設定的"權利體系"（哈氏認為這是法制、法治和憲政的核心）需要透過公共討論和對話來闡釋和塑造，權利體系的內容不是不證自明、一成不變的。反過來說，權利體系和法制又構成了公共討論和對話的有利條件，造就了民意和公意的形成，並把它所代表的"溝通能量"轉化為法律和"行政能量"。所以，權利體系中一個核心權利，便是平等參與導致民意、公意和法律的形成的公共討論和對話的權利。

哈氏指出，民主的立法程序（包括在議會之外的社會"公共領域"、"市民社會"的民意、公意形成過程）和公正的司法程序，有異曲同工之處，即它們都是在解釋、塑造和闡明那個同時體現私人自主和公共自主的權利體系。另一方面，法律（作為立法程序的最終產品）和司法裁決（作為司法訴訟程序的最終產品）的正當性和有效性，都同樣取決於有關的程序能否滿足對話理論所闡明的關於理性對話、商談或溝通的先決條件、前提和假設（例如有關資訊是否流通無阻，參與討論的機會是否平等，參與討論者是否持開放態度、是否願意在有足夠理由被提出時，放棄自己原有觀點和同意他人的論點，參與討論者是否願意不單從自己的角度出發、也嘗試站在他人的角度看同一問題，達到共識的過程是否真正自由，還是受到威迫利誘等權力因素扭曲等等）。

就司法理論來說，哈氏批判地繼承了德沃金的學說。哈氏不反對德氏提出的對法的整合性追求，不反對在法律解釋活動中，遵從一些規範性理想和重視權利的保護，但他嘗試把法理學的這個理想追求的寄託，從德氏所寄予厚望的、"赫拉克勒斯"（Hercules）型的、有超人才智的法官，轉移至司法程序的安排和原則之上。

對話理論不但適用於立法過程，也適用於司法審判活動。前者的對話是關於規範的證成對話，後者的對話是關於規範的適用對話。兩種對話的結構特徵有所不同。在關於規範的證成對話（如關於立法的討論）中，每位參與者都是規範的"作者"——他們都平等地參與規範的創造，而他們之所以受到最後被創造出來的規範約束，正是由於他們是規範的作者，規範是他們自己創造的。在這種對話中，每位參與者想像自己是有關規範的約束"物件"（Addressee），他們不但從自己的角度想像規範的適用性，也要從他人的角度看同一問題，把自己代入他人的位置，所以參與者位置的互換性，是關於規範的證成對話的基本原則。

在關於規範的適用（如司法訴訟過程）的對話中，有兩種不同性質的參與者，他們之間互換位置是有困難的。第一種參與者便是涉及在案件中的當事人，他們是案件中適用規範的"物件"，雖然他們也是這個規範的"作者"（曾經參與規範的創造），但現在他們的作者身分是暫停生效的。對話的第二種參與者是社會中的所有其他成員，即所有曾經參與有關規範的締造、並在分享和承受着規範拘束力的人。他們並沒有直接牽涉入這件案件中，並不是適用於這件案件的個別規範的具體"物件"，他們只是作為中立的旁觀者非常間接地介入這宗案件。在作為關於規範適用的對話訴訟中，法官便是他們的代表。公開審判，判決理由公諸於世、受到社會輿論的監督，便體現着法官作為他們的代表，向他們負責和交代的原則。正是因為法官只扮演着他們的代理人角色，所以法官無權在判決案件時創立新的規範，法官只能適用作為法律的作者的所有社會成員（包括案件當事人、法官本人和所有其他社會成員）以往在關於規範的證成的對話中，大家已經同意建立的規範。

哈氏指出，一個司法判決的正當性或可理性、接受性，不但取決於其所適用的法律規範本身的正當性（這又取決於作為關於規範的證成對話的民主立法過程，是否符合理性對話的標準和要求），還取決於作為關於規範的適用的對話的司法程序，是否符合理性對話的標準和要求。在這方面，把這種對話的辯論過程制度化、規範化的程序法具有關鍵性的作用。哈氏認為，人類溝通行為理論和對話理論說明了，為甚麼民主的立法程序證成了法律的正當性和可認受性，為甚麼公正的司法程序證成了司法判決的正當性和可認受性，而對話理論還可提供標準和指引，使人們更深入認識到甚麼才是真正民主的立法，甚麼才是真正公正的司法判決。

（四）波斯納和費希的實用主義法學觀

我們在第二點討論到哈特時，曾提到他所批評的"規則懷疑主義"和在 20 世紀 20 ～ 40 年代美國的現實主義法學，波斯納[8] 繼承了這種現實主義法學的傳統，在現今美國法學界有着重大的影響。波斯納現在是全職法官，但仍不斷發表學術著作，費希則是同時精通文學批評理論和法理學的教授。波氏和費氏有不少共通的觀點，他們都同意現實主義法學（Legal Realism）和當代批判法學（Critical Legal Studies）對於法律適用在具體案件時的高度不確定性的分析（即在判案時法官的直覺、價值判斷、個人偏好和政治取向是有最決定性的作用），對後現代主義的、對語言的意義、解釋的客觀性和普通真理的存在，持有懷疑態度，反對德沃金的希望對法制整體提供解釋和指引的宏觀理論建構，主張以實用主義哲學（Pragmatism）的精神來觀察法律現象。

波氏對於法律和司法判決的"客觀性"問題提出獨到的分析。他指出"客觀性"有三種不同的涵義：

（1）形上學式的客觀性，即符合和對應於宇宙結構中客觀存在的真理

（2）科學意義上的客觀性，即正如科學家做實驗一樣，不同的研究者就同一問題都能找到同樣的答案（相當於科學實驗結果的可重複性）

（3）"交談上的客觀性"（Conversational Objectivity），即是有說服力的根據所支援的、合理的而非基於純粹個人主觀、任意的判斷，因而是在大家交談中被一致認同的

上述（2）和（3）可理解為只有程度上而非本質上的分別，在一個社會或共同體中，成員和其思想文化、價值觀念和生活方式等各方面的同質性、純一性（Homogeneity）越高，多元性越低，那麼他們就某問題達成共識的機會便越大，法律和司法判決的客觀性的可能性便越高。簡言之，"客觀性"的唯一基礎便是文化背景、價值觀念、思想信仰、風俗習慣、思維和生活方式等各方面的齊一性、非多元性，而非哈貝馬斯所描述的溝通理性和理性對話。

正如費希所指出，對於人類經驗的多元性和齊一的不可能性的正確認識，便是實用主義的最大洞察。每個人都不能超越他所存在的境況（Context）。每個人的見識、視域、思想和判斷，都受制於他的文化背景、他所屬的社會共同體的價值觀念，以致他個人的人生經驗歷

程。這一切都是歷史的偶然，沒有理性的、必然性的根基。所以除非整個人類社會和文化世界由多元變成一元，否則人文、社會和法律等領域的問題的客觀性是不可能的。

這樣的情景是不是可悲的、令人感到無奈、甚至虛無的呢？放棄了德沃金、哈貝馬斯等人的理想，法學的意義何在？在這方面，波斯納和費希所找到的出路是有點不同的。

波氏認為，雖然德沃金所建構的整合法學只是一套美麗的神話，德氏對"規則"和"原理"的區分是任意和不能令人信服的，德氏關於可就每件案件找到一個唯一的正確答案的説法是荒謬的。但是，就着某些法律部門來説，某些關於怎樣造福社會的經濟學理論是可行的。例如，波氏認為普通法的侵權法可理解為以成本、效益的計算和比較，來為社會謀求最大利益的行為規範體系。反壟斷法更應根據這種經濟學的、為社會謀求最大福利的分析方法來解釋和實施。波氏也嘗試用經濟分析的方法，證明美國現行關於反對性別歧視法例不符效益原則，因而應予廢除。

此外，波氏主張法官在判案時應小心研究有關事實情況，即如果案件涉及社會政策、公共利益的考慮，那麼法官必須充分掌握有關的資料，不單是案件當事人的材料，而是包括有關社會現實情況和有關法律規範的實際運作資料，然後（在法律難於解釋、法官可自由選擇不同解決方法的情況下）憑良心、直覺作出判決。

波氏還對法律原則、概念和學說的過於抽象化、形上學化作出批評。他認為更理想的判案方法，是少依賴這些形上學的東西，集中精力弄清楚有關法律規範的社會目標和務實層次的功能，掌握有關事實情況（包括上述的社會現實概況），考慮不同解決問題的方案及帶來的社會後果，用經濟學的分析方法來評估利害、權衡輕重，然後作出判斷。

費希則對波氏的這些見解不以為然。他認為如果拋棄了法律和法學裏這些概念化、抽象化、道德化、形上學化的各種東西（如正義、公平、罪責、人權、憲治等），法制便不再能扮演它原來的社會角色，履行它原有的社會功能了。費氏認為法制之所以存在，是因為它確能滿足人類社會羣體生活的若干需要。人們要求社會生活有規範性、穩定性和可預測性，他們希望得到公理和正義，他們相信人人在法的面前應該平等，他們願意見到法律的客觀性，井井有條地應用於具體個案之中，得出公正的判決。

但是，正如上面指出，費氏不相信法律的客觀性，正義、公平等概念的實質性和其客觀的、普遍的依據以及法律規範對司法判決的確定指引性。那麼他是怎樣自圓其説的呢？在這方面，他指出一個發人深省的區分："理論"和司法實踐的區分。"理論"的目的是澄清司法實踐的本質，説明它究竟是怎麼一回事。司法實踐則屬於另一個世界，參與司法實踐者 —— 律師和法官 —— 毋須和不應理會 "理論" 所説的東西，正如進行實際科學研究的科學家（即 "實踐" 範疇的專業）毋須和不應理會 "科學社會學"（Sociology of Science）（一種 "理論" 範疇的專業）對於科學作為一種實踐的社會基礎和科學知識的局限性分析。換句話説，理論和實踐是互不相干的世界，理論上的發現（如實用主義哲學對司法活動的説明，或科學社會學對科學研究的社會基礎的説明）不可能為實踐（如司法活動或科學研究）提供任何指引或幫助。

在 "理論" 的層次，費氏指出法律規則和其他法律標準在司法判決的過程中，並不能產生規範性的作用，不可能通過簡單的演繹推理，導引出判決結果。甚至可以説，法官願意得出甚麼結果，便利用一些法律推理來證成這個結果，令人信服。法律規則、原則和概念不外是一些資源、工具或武器，法官可戰略性地動用它們，來為判決提供說服力和合法性。他這樣說道：法律命題並不產生它們被用來證成的結果，但它們的確是司法判決過程中的組成部分；它們不是判決結果的淵源（source），卻是法官動用的資源（resource）。對於法官和律師來說，與其說法律命題和法律話語是規範性的（即它們告訴你如何解答這個問題），不如說它們是修辭學性的（rhetorical）（即你可以利用他們來說服別人，相信你所提出的答案是對的）。

對於費氏來說，這便是司法活動的實相。我們認識這個實相之後，對我們的司法實踐可有益處或幫助？費氏的答案是沒有，絲毫沒有：律師仍一如以往地進行辯駁，法官仍一如以往地寫他們的判詞，甚麼也不會改變。他們是不可能像波斯納所希望的，離開這些形上學化的法律話語的。正是這種話語和其背後的傳統，塑造了律師和法官的社會角色，建構了他們的身分和自我認識，正是因為有了這種話語，法制才能發揮它本來的社會職能。

費氏還指出，雖然法律的規則、標準和話語沒有最終的客觀性、規範性和確定性，但這並不表示律師和法官便可以隨心所欲、不受制約。對於他們的專業實踐的制約來自這種實踐本身及其傳統，特別是來自所有參與這種實踐的人所構成的共同體——一個"解釋性的共同體"（Interpretative Community）。在這個共同體內，存在着一些公認的、約定俗成的標準（雖然這些標準是隨時間和社會變遷而移動的）。這些標準告訴共同體的成員，哪種法律論據是有說服力的，哪種證據處理的方式是可以接受的，哪種思維方法是可以在同僚中取得共鳴的。而律師和法官便在這些專業性、社會性的規範中進行他們

的工作 —— 一種修辭學性的、以在這個解釋性共同體內發揮說服力和贏取支援為目標的論辯性、對話性的實踐。

四、法律解釋學在人文社會科學世界的位置

法律解釋學不但是法理學和政治哲學的中心課題之一，它在整個當代人文社會科學世界裏也佔有重要席位。關於這點，當代德國哲學解釋學（Hermeneutics）大師伽德默爾（Hans Georg Gadamer）在 1975 年發表的經典之作《真理與方法》[9] 中作出了精闢的說明。

伽氏嘗試解決的主要問題是，在人文社會科學的領域，理解（或對事物的認識）是如何成為可能的？它是在甚麼條件之下進行的？在思考這些問題的過程中，他提出了不少洞見，說明了文本、作者、讀書（詮釋者）、當前處境（context，或譯作境況、語境）和傳統的相互關係，過去和現在的關係，一般（普遍）與特殊（個別）的關係，以至主體與客體的關係。

舉例來說，伽氏指出，我們身處於某一歷史傳統之中這個事實，是我們之所以能夠理解事物的先決條件，傳統是薪火相傳地從過去而來的，但它只能在當下、在此時此刻、在某一個具體處境中與我們相遇，向我們說話。

伽氏強調過去與現在的關係，同時重視歷史傳統和詮釋者當下的具體現實處境，他嘗試打破主體與客體的對立區分，更認為 "一般" 與 "特殊" 之間存在着不可逾越的鴻溝。他反對 "文本"（text）含有絕對客觀意義之說，對於固執於追求文本原作者的本意詮釋者，不以為然，因為詮釋者不可能抽離其身處的傳統和當下實際處境，而對文本進行理解和詮釋。理解和詮釋必須在每一個當下、每一個處境重新進

行。此外，他認為人類道德和法律生活，絕對不是普遍規則邏輯化、機械化地在個別事物中適用這麼簡單整齊的一回事。

伽氏特別強調 "理解"、"詮釋"（闡釋）和 "應用"（application，或譯作適用，即實踐）的統一性、不可分割性、互為一體性。在論證這一點時，他以法律解釋學和基督教的解經學為例，並指出法律解釋學可為整個人文社會科學世界的理解、認識問題的方法提供一個典範。對於法學界來說，他的這個觀點是特別令人鼓舞的。

伽氏認為法律解釋（即司法判決）和基督教解經（即神職人員講道）都是一種實踐，一種把規範性的文本應用到具體境況（訴訟當事人或教堂的會眾）的活動。法律文本或聖經章節的含義是不能脫離這種實踐活動、在這種應用性活動之外而被理解和詮釋的；應用（適用）便是詮釋，詮釋便是理解。而應用是在具體、特殊、個別的境況下進行的，也是在當下的，它絕不僅僅是一般、普遍規則的簡單的演繹運作結果。反之，在規範的具體化適用過程中，詮釋者（適用者）正在扮演一個創造性的角色，跨越着一般與普通之間的深溝，補充着一般原理的先天不足性。在伽氏那裏，解釋學的功能便是在一般普遍與個別具體之間建造橋樑，又同時作為過去和現在之間的仲介。

五、西方法律解釋學對當代中國法制建設的意義

我們從上面可以看到，無論是應用層次的法律解釋學，或是理論層次的法律解釋學，無論是法學方面的解釋學或一般哲學和人文社會科學的解釋學，現代西方學界都取得了卓越的成就，令人歎為觀止。不同層面和範疇的研究，不同學派的百家爭鳴，只是使人們對事物的認識更加豐富、更為全面。不同學派和大師的辯論和相互批評，讓我

們學習到從不同的觀點和角度看問題，發現各家各派其實都各有其睿見和建樹，真理是越辯越明的。

我們中國的現代法學、法理學和法制建設仍在剛起步發展不久的階段，可謂百廢待舉，要做的事情實在太多，前路漫漫。本文討論到的與法律解釋學有關的西方法理學和哲學思想，都是在相當成熟的資本主義、民主憲政國家的社會文化背景和法制實踐的環境中誕生的。對於很多論者來說，像三權分立、民主立法、公開審判、輿論監督、人權保障等等原則都是不言而喻、理所當然的。中國的情況與他們的世界仍有相當距離。

例如中國實行人民代表大會制度和民主集中制，在法律上有立法解釋、司法解釋、行政解釋的制度，司法解釋活動的範圍，遠較西方法院只在判決具體案件中解釋法律的範圍為廣，低級法院可向高級法院尋求指示、批復，法院沒有審查立法和行政法規的權力，這幾方面都使中國法制的運作難於被外國人了解和接受。上世紀九十年代以來中國法學界關於如何監督憲法和法律實施的討論、起草《立法法》時遇到的問題，還有關於立法解釋制度的存廢問題的辯論，都反映出我們對很多與法制和政制有關的根本理論問題認識仍有待深化，關於這些方面的共識仍有待形成。

現在中國的經濟和社會正處於一個轉型期，法制的建設可謂一日千里，政治體制的改革也終於會實現。中國法學界與外國和國際法學界的接觸和交流與日俱增，在思想觀念方面是開放的，是立足本國而面向世界的。隨着中國法制的現代化、法律體系的複雜化、社會利益的多元化，還有法院在裁決糾紛和整合各種利益方面的功能深化，呈現在法院面前的法律解釋問題的結構、性質和內容，將會更類似於其他現代化國家的法院，所面對的法律解釋問題。因此，我深信我們對西方法律解釋學這門學問的研究、學習、吸收和借鑒，將有助於推動中國法制現代化的事業，使中華法律文明重振雄風，在 21 世紀的世界放出異彩，為人類文明的發展作出新的貢獻！

註釋

1　Rupert Cross, *Statutory Interpretation* (London: Butterworths, 1976);

　　J.W.Harris, *Legal Philosophies* (London: Butterworths, 1980), ch12;

　　Michael Zander, *The Law Making Process* (London: Weidenfeld and Nicolson, 1980), ch2;

　　John H.Farrar and Anthony M.Dugdale, *Introduction to legal Method* (London: Sweet and Maxwell, 3rd ed. 1990), ch9.

2　P. St. J Langan , *Maxwell on the Interpretation of Statutes*(London:Sweet and Maxwell,12th ed. 1969).

3　哈特著、張文顯等譯：《法律的概念》（北京：中國大百科全書出版社，1996 年）。

4　哈特，同註 3，頁 134。

5　D.N.MacCormick, *Legal Reasoning and Legal Theory* (Oxford: Clarendon, 1978).

6　R.M.Dworkin, *Taking Rights Seriously* (London: Duckworth, 1978)；

　　R.M.Dworkin, *A Matter of Principle* (Cambridge, Mass.: Harvard University Press, 1985)；

　　德沃金著、李常青譯：《法律帝國》，（北京：中國大百科全書出版社，1996 年）。德沃金在九十年代的重要著作是 *Freedom's Law: The Moral Reading of the American Constitution* (Cambridge, Mass.: Harvard University Press,1996)。

7　哈貝馬斯著，洪佩郁、藺青譯：《交往行為理論》，第一卷：行動的合理性和社會合理化，第二卷：論功能主義理性批判（重慶：重慶出版社，1994 年)；

　　Jürgen Habermas, *Between Facts and Norms: Contributions to a Discourse Theory of Law and Democracy*, transl. by William Rehg (Cambridge, Mass.: MIT Press,1996)；

　　關於哈氏的理論在司法判決活動中的應用，參見 Klaus Günther, "Legal Adjudication and Democracy: Some Remarks on Dworkin and Habermas"，*European Journal of Philosophy* 3：1，pp36-54（1995）。

8　波斯納著、蘇力譯：《法理學問題》，（北京：中國政法大學出版社，1994 年）；

　　R.A.Posner, "Legal Reasoning from the Top Down and From the Bottom Up: The Question of Unenumerated Constitutional Rights"，*University of Chicago Law Review433*(1992)59；

　　R.A.Posner, *Law and Literature*: *A Misunderstood Relation* , Cambridge (Mass.: Harvard University Press,1988)；

　　R.A.Posner, *Overcoming Law* (Cambridge, Mass.: Harvard University Press, 1995)。

9　伽德默爾著、洪漢鼎譯：《真理與方法》，（上海：上海譯文出版社，1992 年)；

　　Hans Georg Gadamer, Gregory Leyh(ed.), *Legal Hermeneutics: History, Theory, and Practice* (Berkeley: University of California Press, 1992)。

從英、美、加的一些重要判例
看司法與傳媒的關係

一、引言

　　保障人權是現代憲法的金科玉律，而對於哪些人權應實施哪種程度的保障，則涉及個人權利和社會集體權益的權衡輕重，以至不同人權之間的權衡輕重等問題。**就司法與大眾傳播媒介的相互關係來說，所涉及的人權和社會利益包括言論、資訊和新聞自由、刑事被告人或其他訴訟當事人獲得公平審訊的權利、某些訴訟當事人的私隱權，以至維持法院的尊嚴和權威這種社會整體利益的考慮。**在某些情況下，這些權利、利益和價值是並無衝突的，甚至是相得益彰的，例如法院公開審判案件，傳媒予以廣泛報道，使社會大眾知道公義得以伸張。但在另一些情況下，有關人權、利益和價值之間卻可能存在一定的張力以至矛盾，立法者或一定程度行使着"造法"功能的法院，需要予以平衡和在不同價值之間作出取捨。

　　在這方面，新聞自由和公正審訊之間的可能矛盾，便是一個典型的課題。新聞媒體在案件審訊之前或審訊期間的誇張性、渲染性、失實性、導向性或某些其他形式的報道或評論，可能對法院（尤其是實行陪審團制的法院）產生影響，使它不能不偏不倚地判案；公共輿論所造成的社會壓力，也會對訴訟當事人，以至其代表律師產生影響，危及案件審判過程的正常進行。此外，由"傳媒審判"代替"法院審判"，便是篡奪了法院作為憲法所設定的司法審判機關的應有功能，有損法院的尊嚴和權威。如果公開審判和傳媒有權報道法庭新聞的原則是絕對的、不受限制的，那麼某些訴訟當事人應受保障的私隱權，以至因國家安全或其他公共利益理由，需要對某些資訊保密的原則，便不能得以維持。由此可見，傳媒在甚麼程度上可報道或評論正待審理的案件、審訊在甚麼範圍內應公開舉行、法律或法院在甚麼情況下可限制有關案件的消息發佈，在現代法治社會中是一個需要深思熟慮的課題。

本文的目的，便是介紹英、美、加三個主要普通法國家，在處理這個課題上累積了的一些司法判例，從中我們可以看到，他們的高層法院就有關問題的法理和司法思維是怎樣發展的；他們在互相衝突的人權、利益和價值之間是如何作出權衡、取捨和協調的。由於篇幅所限，本文只能選擇性地談及一些最著名的、影響力最大的判例。本文的重點在於有關判例所反映的思維模式和價值判斷的方法，而非全面介紹一個部門的實體法。希望這樣的研究，能對我國未來在這方面的立法以至司法工作，有一定的參考價值。

二、英國的重要判例：傳媒報道與司法程序

英國實行陪審團制度，英國普通法容許傳媒對尚待審理的案件的言論表達空間，相對於一些歐洲大陸法系的國家，較為有限根據歷史悠久的普通法藐視法庭（contempt of court）原則，傳媒中關於尚待審理的案件報道或評論，如可能危及案件的公正審理或影響司法公正，法院可治以藐視法庭罪。這個傳統原則與在現代西方日益提升的言論自由和新聞自由原則如何協調，在 1973 年的 Attorney-General v Times Newspaper [1] 案中就受到考驗。此案最終導致歐洲人權院判決英國政府

敗訴，即有關英國法有違《歐洲人權公約》第 10 條中關於表達自由的
保障（Sunday Times v United Kingdom[2]）。

　　在本案中，被議論的、尚待審理的案件，是對一間藥廠的一系列
300 多宗民事索償訴訟（這些訴訟無需以陪審團審理，由專業法官處理
便可）。原告人都曾在懷孕期間服用該藥廠製造的一種鎮靜劑，因而誕
下嚴重殘缺的嬰兒。《泰晤士報》刊登了一篇文章，認為藥廠在與原告
人正在進行的庭外和解談判中應更為慷慨，不應只顧依賴法律技術上
的論據來推卸自己的責任。其後，該報又準備刊登第二篇文章，詳列
有關証據和論點，以表明藥廠在製藥過程中未有履行其謹慎義務。英
國律政司於是以藐視法庭原則為依據，向法院申請禁制令，禁止第二
篇文章的出版。案件上訴至英國的上議院法庭（即英國的終審法院），
該庭決定就第二篇文章頒發有關禁制令，至於已刊登的第一篇文章是
否構成藐視法庭（鑒於該文章透過輿論施壓，要求某訴訟當事人不完全
堅持其法定權利），該庭法官中則有不同意見。

傳媒審判

　　上議院法庭指出，關於藐視法庭的法理原則，乃建基於公共政策
的考慮，而非只着意於保障訴訟當事人的私人權利。公共政策要求禁
止對司法工作的公正進行的干預，在這方面，必須在兩種公眾利益之
間取得適當的平衡，一是言論自由，另一是保護司法程序不受干預。
案中的第二篇文章詳細討論尚待審理的案件中的證據和論點，並試圖
說服公眾人士，某一方訴訟當事人是有過錯的一方，無論這是否會影
響到將來參與此案審訊程序的法庭成員或証人，總之對案件先行作出
自己的判斷便是不對的，"傳媒審判"是不容姑息的，這是對司法程序

的干預，構成藐視法庭。

後來，歐洲人權法院卻（以 11 對 9 的多數意見）裁定，上議院法庭在本案中頒發的禁制令，有違英國所締結的《歐洲人權公約》第10 條。根據公約及有關判例法，對作為基本人權的表達自由的限制，只能由法律予以設定，其限制背後的目的必須是正當的，而除非有關限制是在一個民主社會中所必須的、並與有關的正當目的相稱，否則該限制便不能成立。歐洲人權法院指出，在本案中上議院適用的藐視法庭原則，其背後的目的是維護司法機關的權威，這個目的本身是正當的。但是，這個限制表達自由的法則的實體內容，卻不是在民主社會中為了維護司法當局的權威所必須的，因為它過分地限制了表達自由，有關限制與其用以達致的正當目的並不相稱，並不存在迫切的社會需要去支持此限制。

在這方面，歐洲人權法院強調的是，傳媒的功能在於傳播資料訊息和意見，而公眾則有權取得資訊。因此，對於例外的、不容許表達自由的情況，應儘量狹隘地界定。在本案中，受害人及其家人得悉案中有關事實、背景及論點，是他們的合理權益，況且因服藥造成這麼大的社會禍害、因科技發展而造成苦難，這都是公眾極為關心的事情。案中涉及的文章帶出大量事實，有助於公眾對問題的認識，而且文章的語調溫和，並不完全一面倒地說事情只能有一個結論。因此，在這種情況下，禁止文章的出版是違反《歐洲人權公約》的。由此可見，歐洲人權法院比英國上議院法庭更加重視表達自由的價值，而兩法院對於本案涉及的文章的出版，是否會危害到司法機關的權威，也有不同的判斷。

修改藐視法庭法

一方面由於歐洲人權法院的這個判決,另一方面由於英國菲利摩委(Phillimore Committee)早於 1974 年便曾發表報告書,建議修改藐視法庭法,英國國會終於在 1981 年通過了《藐視法庭法》(Contempt of Court Act),對有關法則進行了修改和補充。這次立法並沒有完全取代原有的普通法,它只是改革了普通法中的某些法則,尤其是關於對尚待審理的案件,在報道和評論上的限制。根據新法,測試這種報道和評論是否違法的標準是,它是否構成司法公正受到嚴重妨礙或危害的重大風險。這樣,有關入罪標準比原有普通法的標準似乎是提高了(即更難入罪)。[3] 此外,新法(第五條)又設定了一個重要的抗辯理由,就是有關的言論是對於公共事務或其他公共利益問題的善意討論,而危害到有關司法程序的風險,只是有關討論所間接(而非直接)涉及的。

1982 年英國上議院法庭在 Attorney-General v English[4] 案的判決,為上述的抗辯理由提供了一個生動的說明。在本案中,被告人在地區選舉舉行一星期前,於報章發表一篇支持某候選人的文章。該候選人是天生殘疾,沒有雙手的,她的政綱是尊重生命、反對墮胎。該文章主張人的生命是神聖不可侵犯的,並提到如果該候選人出生於今天,便會有人提議讓她餓死,或以其他方法了結她的生命。文章發表的當日剛好是一宗審訊正在進行的第三天,在這宗案件中,被告人是一名醫生,被控謀殺一名患有唐氏綜合症的嬰孩。原訟法院裁定報章的編輯和所有人犯了藐視法庭,案件上訴至上議院法庭,法庭認為,《藐視法庭法》第五條的抗辯理由適用於本案,因為選舉期臨近,在過去三個月,"安樂死"和是否應讓剛出世的嚴重傷殘嬰兒死去的問題,一直是公眾討論的議題,而案中涉及的文章並沒有直接提及該名醫生的審訊。

三、美國的重要判例：重視新聞自由

雖然美國在獨立時，繼受了英國的普通法傳統，但在獨立後，美國普通法的發展在很多方面與英國分道揚鑣。此外，和英國不一樣，美國是有成文憲法的國家，憲法裏的某些明文規定，對於關於傳媒與司法的關係判例法的發展，具有指導性的作用。例如美國憲法第一修正案明文保障言論和新聞自由，自從第一次世界大戰以來，美國最高法院在其大量違憲審查的判例中，在第一修正案的基礎上發展出一套內容豐富和充滿哲理的法律規範體系。[5] 另一方面，美國憲法第六修正案，又明文確立刑事案件的被告人接受無偏見的陪審團公開審訊的權利。而正如上文所指出，新聞自由和公平審訊之間可能存在着一定程度的矛盾，所以便出現憲法保障此兩種權利之間的平衡與協調問題。

可能由於第一修正案的重大影響力，美國法院在處理傳媒與司法的關係時，比英國法院更加重視新聞自由。在需要對新聞自由與其他權益或價值作出取捨時，美國法院更傾向把新聞自由放在優先的位置。不少論者甚至認為，美國的憲法第一修正案所保障的言論和新聞自由，是整個美國政府制度的基礎，憲法所規定的其他自由和權利的存在，都有賴於言論和新聞自由的存在。[6] 至於言論和新聞自由為甚麼這麼重要，最常見的論據包括以下四種[7]：

（1）這種自由的行使，使政府的運作受到監察，防止權力的濫用和腐化

（2）言論和新聞自由是民主的必要條件，如果人民不能掌握關於各種公共事務的資訊和真相，他們便沒有可能通過民主選舉或其他途徑當家作主，自己管治自己

（3）在百家爭鳴、百花齊放的"思想意見的自由市場"裏，真理才

能越辯越明

（4）言論和表達自由有助於個人作為主體的自我實現，充分發揮其潛能

在美國，傳媒就尚待審理、正在審理或已經審理的案件的報道和評論空間，遠較英國為寬；雖然美國普通法中也有藐視法庭的原則，但它的適用範圍遠較英國為小。英美法在這方面的差異，可以追溯到 1940 年代美國最高法院的三個判例。在 1941 年，最高法院在同一個以五比四的多數判決中，處理了兩宗涉及藐視法庭的案件，即 Bridges v California 和 Times-Mirror v Superior Court。[8] 前者，一位工會領袖批評法院的一個判決"令人震怒"，並暗示如果法院執行判決，他將發動碼頭工人罷工，對他和他的工會不利的行動使碼頭不能運作，這些話並在報章發表。在 Times-Mirror 一案，被告報章在社評中就尚待判刑的一些案件發表評論，認為如果犯了襲擊一些非工會成員的工會成員而被輕判，將會是"嚴重的錯誤"。最高法院認為這兩種情況都不能入罪，因為新聞自由是十分重要的，應容許關於爭議性問題的評論，在公眾最關注這些問題的時刻及時發表。法院並採用了類似適用於煽動叛亂案件的測試，來決定在甚麼情況下可以藐視法庭為理由，懲罰關於案件及其審理的議論：除非有關議論對司法公正構成明顯和當前的危險，除非議論極大可能立刻造成極其嚴重的惡果，否則不構成犯法。

在 1946 年的 Pennekamp v Florida[9] 一案，最高法院再次應用了"明顯和當前的危險"這個要求極高的測試。本案涉及強姦罪，被告報章在案件審結之前，發表了一篇內容失實的社評，並指責法官保護罪犯多於奉公守法的人民，因而被控藐視法庭。最高法院指出，容許對社會問題的自由討論是美國奉行的基本原則，如果只容許在案件審結後

才有公眾討論，傳媒便不能有效地監察司法行為。在本案中，被告報章被判無罪。

　　雖然以上三宗案件都只涉及對案件的評論，而非對案情事實的描述，但是，由於這些案件訂出了"明顯和當前的危險"這個用以入罪的嚴格標準，美國便逐漸形成了一種與英國截然不同的實踐，就是不再就傳媒關於尚待審理、正在審理或已經審理的案件的評論或報道，以藐視法庭罪提出檢控。

新聞自由與公平審訊的矛盾

　　這樣大的新聞自由空間，無可避免地對公平審訊造成衝擊。1966年，美國最高法院在 Sheppard v Maxwell[10] 案作出的裁決，是美國法律史上的一個里程碑，突出了新聞自由和司法公正之間的矛盾，並指出了解決這個問題的路向。本案是七年內第五次因傳媒的行為，導致原審法院的刑事判決被最高法院推翻的情況。本案中，被告人在傳媒廣泛對他作不利報道的情況下，被判謀殺其妻子的罪名成立。在他入獄12 年及 3 次上訴失敗後，最高法院以他沒有獲得公平審訊為理由，推翻了原判。其後，他在重審中被判無罪，但在數年後便去世。

　　最高法院在判詞中重申憲法第一修正案的重要性，並強調傳媒在監察刑事司法的公正運作上的角色。最高法院不願意就傳媒對於公開審訊案件的報道，設立直接的限制。但是，最高法院認為原審法官有責任確保被告人得到公平審訊，不受偏見或衝動的影響。在本案中，原審法官在三方面未能盡此責任。首先，法官未能維持法庭的莊嚴氣氛，記者的喧嘩和拍照活動干擾了審訊，法庭變得像個嘉年華會。第二，法官未有適當地限制訴訟當事人、其律師和證人向報界發佈足以妨礙公平審訊的消息。第三，法官未有採取適當措施，去確保陪審團不會受到在本案審訊前傳媒對被告人作出不利報道的影響，這些措施可以包括轉移案件到較遠地區審訊、從較遠地區輸入陪審員、延期審訊、容許開審時多次盤問陪審員，以確定他們是否已有成見，警告陪審員不要受報界消息影響等等。

此外，最高法院指出，為了保障審訊能順利進行，不受傳媒報道的過分影響，法官還可以向案件的當事人、其律師和案中證人頒發命令，以禁止他們與傳媒討論案件的某些方面，例如誰可能出庭作證、證供可能包括的內容、關於被告是否有罪的推測等。

傳媒自訂報道守則

在 Sheppard v Maxwell 案之後，美國社會開始意識到，如果傳媒就待判案件的報道和評論完全不受約束，勢必危及案件的公正審理。於是在不少州份，報界和律師界自發地訂出了一些守則，以規範關於案件的報道和討論。在本質上，這些守則是自願性而非強制性的，那麼，法院是否有權在個別案件中，命令傳媒遵守這些守則，或以其他方法限制傳媒就案件的報道？這個問題在 1976 年 Nebraska Press Association v Stuart[11] 一案中，便訴訟至美國最高法院。

在本案中，被告被控謀殺其鄰居一家六口。案件發生於一個小鎮，卻受到全國新聞界的廣泛報道。為了保障日後正式審訊的公正，法官下令出席初級偵訊（一種預審程序）的記者，必須遵守該州的新聞界和律師界的自願性守則，不得報道初級偵訊內容中被告的招認、他對親人的陳述和一些醫學實驗的結果。報界認為此禁令有違憲法第一修正案保障的言論和新聞自由，訴訟至最高法院。

最高法院裁定，法官的禁令在本案的情況下是違憲和無效的。法院引用了類似於煽動叛動案件的"明顯和當前的危險"測試標準，指出有關禁令如要成立，必須滿足極高的舉證責任，證明沒有此禁令便不可能有公正的審訊。亦即是説，必須證明，禁令所針對的報道很大機會對案件的公正審訊造成嚴重破壞。在這方面，最高法院指出有三種考慮的因素。首先是欲禁止的報道性質和影響，是否足以對公正審訊構成明顯和當前危險？其次是法官在頒發禁令之前，必須考慮是否可通過其他方法（如改變審訊地點、或在開審前盤問陪審員以確保其沒有偏見），在不限制新聞自由的情況下保障公正審訊。第三要考慮的是禁令是否真是防止公眾輿論偏見的有效措施，例如在小鎮中，口傳的訊息可能已足以造成偏見，那麼針對傳媒的禁令便可能無濟於事。

Nebraska 案的總體意義在於表明，就司法程序的公開聆訊來説，新聞界報道內容的權利是受到憲法所保障的，除了極端例外的情況外，對於有關報道的限制是違憲的。美國最高法院在 1977 年的 Oklahoma Publishing Co v District Court[12] 一案進一步肯定了這個原則。本案乃涉及被控謀殺鐵路工作人員的一個 11 歲少年，Oklahoma 州的法律規定涉及青少年犯的案件一般不公開審訊，除非法院另有命令。在本案中，法院容許公開審訊，但指令新聞界不得刊登該少年被告的姓名和照片。新聞界對此指令提出挑戰，訴訟至最高法院。最高法院裁定，既然原審法院已決定容許新聞界旁聽此聆訊，便不應限制他們刊登有關報道的自由，因此有關指令是違憲的。

不公開審訊

那麼，法院能否以維護司法公正或保護當事人的私隱權為理由，決定不容許新聞界出席聆訊，從而杜絕出現危及司法公正或私隱權的報道的可能性？美國最高法院在 1980 年的 Richmond Newspaper v Virginia[13] 一案，便面對了在甚麼情況下審訊可以不公開這個問題。在本案中，被告被控謀殺，其審訊則一波三折。首先是第一審的有罪判決在上訴時被推翻，並下令重審。第二和第三次的審訊都因個別陪審員出現問題而中途夭折。到了第四次的審訊，被告的律師請求法院進行不公開審訊，得到法院的接受，結果被告被判無罪。Richmond 報業公司卻對法院關於不公開審訊的命令提出質疑，並訴訟至最高法院。

最高法院指出，公開審訊是英美普通法的優良傳統，也是一個十分重要的原則。公開審訊使法院的工作受到人民大眾的監督，他們可以親眼看到，法院是否在伸張正義。公開審訊的制度不但可增強人民對司法制度的信心，而且有助於減少司法權的濫用和證人作假口供。在嚴重罪行發生後，公開審訊也有助於人民大眾憤怒情緒的宣洩。

最高法院又把公開審訊原則和憲法第一修正案的言論自由、新聞自由和集會自由等人權聯繫起來。法院指出，這些自由權利的其中一個主要目的，便是促進民間對於政府和公共事務的關心和討論，人民從而參與社會公共事務的管理，民主原則因而得以實踐。進行刑事司法審訊，是人民十分關注的公共事務之一，因此，最高法院認為第一修正案已默示了一項權利，就是公眾人士出席和旁聽刑事審訊的權利。法院甚至指出，法庭有如街道和公園，都是公共地方，公眾人士以至新聞界人士都有權在公共地方聚集，並在那裏發言、行動（如遊行），或聆聽、觀察和學習（如在法院裏）。

　　此外，最高法院又指出，雖然第一修正案所隱含的出席審訊權利是所有公眾人士都享有的，但由於現實上絕大多數社會人士都倚賴傳媒提供案件審訊的資訊，所以新聞界出席審訊，可視為社會人士的代表。因此，在法庭中特別為他們安排記者席，或讓他們優先入座，也是合理的做法。

　　最高法院認為，在本案中原審法官未有解釋不進行公開審訊的原因，又沒有考慮能否通過其他（不用閉門聆訊的）辦法以確保司法公正，因此其關於閉門聆訊的命令是違憲的。但是，最高法院並非主張公眾人士或新聞界有絕對的、完全不可被限制的權利出席司法審訊。法院承認，在某些情況下，如可證明政府在確保公正審訊上的利益，優先於公眾出席審訊的權利，閉門聆訊仍是合憲的，在這方面，有些法官以涉及國家安全、商業秘密和年幼的被強姦者案件為例子。

性犯罪案的考慮

　　那麼，如果案件涉及性侵犯，而受害人又是未成年者，是否可以不進行公開審訊？在 1982 年的 Globe Newspaper v Superior Court[14] 一案，最高法院便要處理此問題。在本案中，有關法例規定，在涉及強姦、亂倫和其他性犯罪案件裏，如受害人未滿 18 歲，法院須禁止公眾人士出席旁聽審訊。此法例是否合憲，在本案中受到質疑。本案的被告人被控強姦，案中涉及兩位 16 歲和一位 17 歲的受害人。最高法院裁定，有關法例是違憲的，因為政府提出的兩個支持此法例的論點都未能成立。第一個論點是，本法例可使年幼的性犯罪受害人，免受當眾作證的痛楚和尷尬。最高法院認為，這個理由不足以支持在所有這類案件中，劃一舉行非公開審訊，法例應容許法院根據個別案件的不同情況，酌情決定是否進行公開審訊。法院在作出決定時，應考慮到受害人的年齡、其心智成熟程度、犯罪的性質等，又例如該受害人不介意當眾作證，那麼審訊便可公開進行。至於政府提出的第二個論點，即一律不公開審訊此類案件，有助於鼓勵未成年的性犯罪受害人勇於與執法人員合作，指證罪犯，最高法院則認為政府未能證明此點。

但是，最高法院在本案中並非裁定在任何情況下都不能閉門審訊，它仍願意承認，在有十分明顯的需要進行閉門審訊的情況下，這種審訊是合憲的。此外值得留意的是，本案只涉及未成年的受害人，至於如果案件涉及未成年的被告人，是否可不公開審訊，則不是本案所處理的問題。事實上，美國的很多州份都有立法規定，對涉及未成年的被告人的刑事案件不進行公開審訊，以免他們日後受到社會歧視。

至於法例是否可以限制傳媒報道未成年刑事被告人的姓名，美國最高法院在 1979 年的 Smith v Daily Mail Publishing[15] 一案曾作出判決。在本案中，一名 14 歲的少年涉嫌槍殺他的同學，記者通過採訪有關證人、警員和控方律師，獲悉該少年的姓名，並予以刊登。但 West Virginia 州的法例規定，報章如刊登未成年犯的姓名，屬刑事罪行，可處以罰款或入獄。最高法院認為，雖然政府力證法例的目的，在於協助未成年犯改過自新、免受社會歧視，但這方面的考慮須與言論自由和新聞自由原則權衡輕重。最高法院認為，有關法例對新聞界適用刑事處罰，這是過分的，而有關法例只適用於報章，不適用於電子傳媒（在本案中也有三個廣播電台播出了被告的姓名），這漏洞使被告的姓名可通過電子傳媒公之於眾，於是把被告姓名保密的目標便根本不能實現。因此，最高法院裁定，有關法例是違憲的。

四、加拿大的重要判例：權利憲章的應用

加拿大繼受了英國的普通法，也繼承了英國普通法中（如藐視法庭原則）關於如何平衡司法公正與新聞自由的一般處理辦法。但是，自從 1982 年加拿大在其憲法中加上《加拿大權利與自由憲章》（以下簡稱"權利憲章"）以來，加拿大法比以往更加重視新聞自由，因此，現時加拿大法在協調新聞自由和司法公正方面的取向，可算是介乎英國法和美國法之間。加拿大的《權利憲章》的第二條明文保障表達、新聞和其他傳媒的自由，而第一條則規定，如要對憲章所保障的自由和權利作出限制，該限制必須是由法律規定的、合理的和在一個自由民主社會中可被明顯證成的。

關於怎樣應用"權利憲章"第一條的標準，加拿大最高法院在 1986 年的 R v Oakes[16] 一案中創設了一套原則。根據這套原則，法院在應用第一條時，需要考慮兩方面的問題。第一是研究有關法律對於有關權利作出限制，究竟是為了達到甚麼目標，這是否一個可支持對有關權利作出限制的目標，這目標是否涉及迫切和重大的問題。第二是考慮有關法律所採用的、用以實現上述目標的手段或方法，是否與上述的目標相稱，因而得以證成。這個問題又可分為三方面。第一是限制權利的有關方法與上述的目標是否有合理的聯繫，還是任意的、不公平的或基於非理性的考慮。第二（而這點在很多案例中都是最關鍵性的[17]）是相對於其他可用以實現同一目標的方法，有關法律現在採用的方法，是否已把對有關權利的減損限於最低的程度。第三是限制權利的有關措施的後果，是否與上述目標相稱。總而言之，法院需要在有關權利和對此權利作出限制背後的目標、作出限制時使用的手段之間，權衡輕重，從而判斷限制有關權利的有關立法是否違憲。

　　加拿大《權利憲章》的制定及有關判例法的發展，對加拿大從英國普通法傳統繼承的藐視法庭原則構成一定的衝擊，並導致關於報道法庭新聞的限制和關於閉門審訊的規定的放寬。從以下案例中，我們可以看到這些趨勢。

　　正如上面指出，為了保證案件的公平審訊，英國普通法對新聞界在案件審訊之前的表達自由，作出一定程度的限制，但這些限制卻不適用於美國。在這方面，加拿大在《權利憲章》制定後的主要判例是 Dagenais v CBC，[18] 這是加拿大最高法院在 1994 年的判決。在此案中，加拿大廣播公司被下級法院禁止在一宗案件的審訊前播放一個電視節目，該案涉及四名天主教神父，被控虐待一些他們收容的兒童，而該電視節目雖屬虛構故事，但情節與案情接近，法院認為該節目的播放可能危及案件的公正審理。

　　案件上訴至加拿大最高法院，最高法院以六對三的大多數決定撤銷有關禁制令。最高法院指出，傳統普通法的規則過於強調得到公平審訊的權利，對於表達自由則不夠重視。最高法院認為在本案中，下級法院未有足夠考慮是否可以透過其他（不涉及禁止在有關神父審訊前播放該電視節目的）方法去保障公正審訊，例如延期審訊、改變審訊地點、把陪審員隔離以確保其不受輿論影響、容許對陪審員的盤問以確保他們沒有偏見、或由法官提醒陪審員不要受偏見影響等。因此，下級法院在本案中採用的對表達自由的限制措施，並未能通過上述 R v Oakes 案中訂立的測試標準。

律師的言論自由

英國傳統普通法中藐視法庭原則的其中一個分支是，對法院的惡意中傷或誹謗構成藐視法庭罪，因為這種行為損害法院的權威，對整個司法制度構成威脅。加拿大 1987 年的 R v Kopyto[19] 案中，一位律師在代表其當事人向警方進行民事起訴失敗後，對記者說法院的這個判決是"對正義的嘲弄"，又說加拿大的法院都是偏袒警方的，因此"法院和警方好像是用膠黏在一起的"。該律師因此被控藐視法庭，並在原審法院被裁定罪名成立。

安大略省的上訴法院卻裁定，對這個律師的定罪是違憲的。《權利憲章》保障個人的言論和表達自由，原審法院應用的藐視法庭原則限制了這些自由，於是便須研究這個限制背後的目標及其用以實現目標的方法是否合理和得以證成。上訴法院認為，有關目標是保護司法制度，這本身是正當的。但是，有關方法並未能通過"相稱性"的測試。在本案中，律師的發言在審訊結束之後，因此並不危及案件的審訊。而即使他的發言對加拿大法院的聲譽有負面影響，卻未能證明此發言對於司法制度的運作構成實際的威脅。因此，在這情況下以言入罪，是對言論自由的不合理的、過分的限制。

禁止報道某些案件的訴訟

現在讓我們再看加拿大法在另外兩個領域的發展，即法庭新聞和公開審訊。關於前者，加拿大最高法院的兩個判例是值得留意的。在 1989 年 的 Edmonton Journal v Alberta[20] 一案，最高法院審查了阿爾拔達省法律中關於禁止新聞界報道婚姻訴訟的規定，並裁定該規定違反了憲法中新聞自由的保障。法院指出，司法活動應受公眾的監察，因此法庭新聞的報道是應受保障的。雖然訴訟當事人的私隱權也應受保障，並可用以支持對於法庭消息的報道的某些限制，但在本案中，被質疑的法律所設定的限制過於嚴厲，所以該法律是違憲的。

在 1988 年的 Canadian Newspaper v Canada[21] 一案，被質疑的法律是加拿大《刑法》中，一個關於限制報道性侵犯案中投訴人身分的規定。根據該規定，在此類案件中，如果投訴人或控方要求法院頒發禁止傳媒透露投訴人身分的命令，則法院必須作出這樣的頒令；至於在其他情況，法院則可酌情決定是否作出這樣的頒令。最高法院裁定，這個規定並沒有違憲：雖然它限制了新聞自由，但是它是可以根據《權利憲章》第一條證成的。這個規定的目的是消除性侵犯案件的受害者挺身而出去報案的顧慮，而惟有規定法院必須應受害者的要求作出有關頒令，才能給予當事人其所需的心理保證。

關於在甚麼情況下法律可對公開審訊原則作出例外性規定，加拿大安大略省上訴法院作出了兩個重要判例。在 1983 年的 Re Southam (No. 1)[22] 案中，被質疑的立法是《青少年犯罪者法》中的一項規定，根據該規定，所有以兒童為被告人的審訊都不公開審訊，即報界和公眾人士不能旁聽。上訴法院裁定這規定是違憲的，它承認該規定用以保護兒童的利益，這本身是一個正當的目標，但規定要求所有兒童案件一律不公開審訊，這便不能證成為用以達到有關正當目標的、對有關權利（新聞自由）的減損限於最低程度的方法。

由於此判決，立法機關修訂了有關法例，賦予法院酌情權，在兒童案件中根據個別案件的情況，去決定是否在案中進行公開審訊。在 1986 年安大略省上訴法院在 Re Southam (No. 2)[23] 案中審查了這個修訂後的規定，並裁定此規定為合憲。

五、小結

從上文所論及的英、美、加國的有關判例中可以看到，就新聞自由和司法公正，以至其他值得保障的利益或價值之間的可能矛盾，究竟應如何協調、平衡和解決，最終來説是道德價值判斷的問題。個別國家、民族和其法制都需要根據自己的歷史、社會和文化情況，作出自己的抉擇。在這方面，似乎並不存在放諸四海皆準的標準。

雖然如此，但不可否認的是，在當代法學思潮和外國的司法實踐中，總的趨勢是加強對於人權的保障，在傳媒與司法的關係上，更加重視言論自由、新聞自由的保護，並對傳統法中對於這些自由受到限制的合理性和可取性，進行自我檢討和反思，從而建構一個更符合現代民主開放社會需要的法律體系。這樣的反思，包括反思新聞自由的價值和它在現代民主、法治社會中所肩負的使命。**在民主法治的社會中，人民越來越關心司法機關的運作，而新聞自由則是人民獲得他們所需資訊的先決條件。**

我們可以從本文所介紹的判例中，看到一些西方國家的最高法院如何思考新聞自由和司法公正等問題。由於國情和政治、社會制度的不同，他們思考的結論未必適用於中國，但是，從他們思考的過程、模式、經驗和方法，我們仍可以得到或多或少的一些啟發。例如，他們如何嚴謹地進行法理分析，以確定對言論和新聞自由的某項限制是否能予以證成，這是甚為動人的。又例如，他們怎樣通過判例法的累積，逐漸發展出一套法理思維，去處理一些充滿困難的政策和價值抉擇的法律問題，這也是發人深省的。我國的現代法學起步較遲，仍需更多吸收他人的經驗和智慧作為自己成長的營養。

註釋

1　[1974] AC 273.

2　2 EHRR 245 (1979).

3　關於原有普通法中的有關判例，參見 S.H. Bailey, D.J. Harris and B.L. Jones, *Civil Liberties: Cases and Materials* (London: Butterworths, 1995), ch6。

4　[1983] 1 AC 116.

5　關於第一修正案判例法的發展史可分為三個階段，參見 Daniel A. Farber, *The First Amendment* (New York: Foundation Press, 1998), pp12-13。

6　Don R Pember, *Mass Media Law* (Boston: McGraw-Hill, 1999), p45.

7　林子儀：《言論自由與新聞自由》（台北：元照，1999 年，第 1、2 章）；
Kent R. Middleton, Bill F. Chamberlin and Matthew D. Bunker, *The Law of Public Communication* (New York: Longman, 4th ed. 1997), pp25-31。

8　314 US 252 (1941).

9　328 US 331 (1946).

10　384 US 333 (1966) .

11　427 US 539 (1976) .

12　430 US 308 (1977) .

13　448 US 555 (1980) .

14　457 US 596 (1982).

15　443 US 97 (1979) .

16　[1986] 1 SCR 103.

17　Peter W. Hogg, *Constitutional Law of Canada* (Toronto: Carswell, 4th student edition 1996), pp682-683.

18　[1994] 3 SCR 835.

19　(1987) 62 OR (2d) 449.

20　[1989] 2 SCR 1326.

21　[1988] 1 SCR 122.

22　(1983) 41 OR (2d).

23　(1986) 53 or (2d) 663.